서울 아파트
마지막 폭등장에
올라타라

서울 아파트
마지막 폭등장에
올라타라 | 오윤섭의 부동산
투자 인사이트 |

오윤섭 지음

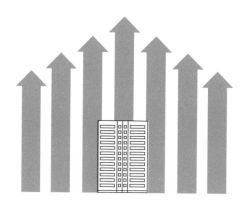

일에일북∫」

서울 아파트
마지막 폭등장에 올라타라

돈 버는 가장이라고 하더라도 가정사를 계획대로 실행하기가 힘들다. 하물며 국가 대사는 더욱 그럴 것이다.

2021년 2·4대책이 나왔다. 2020년 8·4대책에 이은 특단의 공급대책이라고 한다. 과거 참여정부에서 아파트를 조기 공급하겠다고 허겁지겁 발표한 2006년 11·15대책, 2007년 1·11대책 때문인지 기시감이 느껴진다.

모든 일은 시간이 필요하다. 밥을 짓더라도 뜸을 들이는 시간이 필요한 법이다. 그런데 수급 밸런스가 무너진 서울 아파트시장에 특단의 공급대책을 내놓는다면서 2·4대책을 발표했다. 변창흠 국토교통부 장관은 서울 도심에 2025년까지 아파트 32만 3천 가구를 공급하겠다고 밝혔다. 입주도 가능하다고 한다. 그런데 변 장관의 말을 신뢰할 서울 주택시장 참여자들이 얼마나 있을까?

2008년 글로벌 금융위기 이후 미국 주택 착공 건수가 금융위기 이전 수준으로 회복되는 데 얼마나 걸렸을까? 무려 13년이 걸렸다. 2020년 하반기에 이르러서야 이전 수준으로 회복되었다. 문재인 정부는 2020년 7월까지도 서울 아파트 공급물량이 부족하지 않다고 강변했다. 그러다 한 달 만에 돌변해 8·4대책을 발표했다.

주택시장에서 가장 이상적인 신축 주택공급은 민간 70%, 공공 30%라고 생각한다. 그런데 2·4대책에서 보듯 문재인 정부는 공공 70%, 민간 30%로 '역주행'을 하려고 한다. MB정부의 보금자리주택으로 인해 서울 도심 정비사업 신축 공급이 중단된 후 박근혜 정부에서 시장의 역습, 서울 정비사업 신축 집값 폭등을 초래했음을 잊어서는 안 된다.

2·4대책에서 가장 이슈가 되고 있는 도심 공급대책은 공공주도 주택사업이다. 이 중에서도 공공 직접시행 정비사업이다.

2025년까지 공급하겠다는 83만 6천 가구 중에서 서울은 총 32만 3천 가구다. 공공택지가 없고 모두 도심 재정비사업이다. 이 중 공공시행 정비사업은 9만 3천 가구를 차지한다. 서울 공급에서 가장 큰 비중을 차지한다. 이어 승강장 350m 이내 역세권을 개발하는 도심 공공주택 복합사업의 역세권(주거상업고밀지구)이

7만 8천 가구다.

공공시행 정비사업은 역사상 처음으로 시도되는 서울 도심 아파트 공급방식이다. 토지 등 소유자의 2/3 이상의 동의를 받아 공공기관을 시행자로 지정해서 5년 이내 아파트를 입주시키겠다는 것이다.

어떤 일이든 처음 시도하는 것은 힘들다. 시간이 오래 걸린다. 공공기관이 서울 도심에 비싼 땅을 최악의 경우 강제 수용해야 한다면 더더욱 그렇다. 택지개발지구, 아파트지구, 상업지역에 속한 재건축은 왜 사업 속도가 느릴까? 목동, 압구정, 여의도 재건축사업 속도가 토지 등 소유자의 재건축 의지가 약해 느릴까?

이보다 난이도가 2단계 이상 높을 공공시행 정비사업과 도심 공공주택 복합사업을 통해, 서울 도심 아파트 21만 가구를 2025년까지 공급하는 게 과연 가능할까?

공공시행 정비사업은 정비구역으로 지정된 곳이 우선 타깃으로 보인다. 그런데 시행자를 조합에서 공공으로 바꾸기 위해서는 조합원(토지 등 소유자) 과반수의 동의로 정비계획안 변경이 필요하다. 이어 정비사업 시행자를 조합에서 공공으로 바꾸려면 조합원 2/3 이상, 토지면적 1/2 이상이 동의해야 한다.

공공기관이 공공 시행자로 최종 확정되면 정비사업에 동의하지 않은 토지 등 소유자는 현금청산 대상이다. 협의보상을 수용하지 않을 경우 토지는 강제 수용된다. 1단계 종상향, 재건축 초과이익 부담금 면제, 재건축 조합원 거주의무 2년 면제라는 당근책으로 인해 조합설립인가를 받지 않는 정비사업지 중심으로 소유자 간의 갈등이 커질 것이다.

공공시행 정비구역으로 지정되면 소급 적용되어 2021년 2월 5일 이후 매매가 사실상 금지된다. 매수자가 현금청산 대상이 되기 때문이다. 그런데 사업지연으로 아파트 입주가 장기간 지연되면 공공시행자가 책임질 것인가? 사업이 지연되면 당연히 개발이익도 크게 줄어들 것이다.

도심 공공주택복합사업 중 역세권 사업을 기대하는 사람이 많던데 나는 회의적이다. 승강장 350m 이내 역세권이라면 상가, 꼬마빌딩 등 건물주가 많을 텐데 건물주는 정비사업에서도 학교, 교회와 함께 대표적인 사업지연 리스크다. 공공택지 토지보상에서도 마찬가지다. 서울 도심에 용적률 최대 700%로 지을 수 있는 역세권이 얼마나 있을까? 인근 건물 및 주택 소유자로부터 LH, SH에 대한 민원 폭탄을 쉽게 추론할 수 있다.

공공시행 정비사업이든 도심 공공주택 복합사업이든 사업부지에서 아파트 공급물량 중 공공분양, 공공임대 등의 공공주택 비중은 최소한 60% 이상이 될 것이다.

민간분양은 조합원분을 제외하면 전체 공급물량의 10%나 될까? 민간분양을 늘려야 조합원에게 수익을 나눠줄 수 있는데 어떻게 수익(기존 계획 대비 추가 수익 10~30%)을 보장한다는 것인지 알 수 없다. 분양가상한제가 적용되지 않더라도 지금 서울 아파트의 일반분양가는 시세의 60% 수준인데 말이다.

또 상가, 다가구 등 아무리 감정평가액이 높더라도 우선공급권은 1세대 1주택이 원칙이다. 토지 등 소유자가 보유한 자산으로 신축 아파트·상가 분양대금을 현물 납부하고 정산한다고 하는데 공공기관이 책정한 감정평가액은 과연 민간 정비사업의 감정평가액보다 높을까, 낮을까?

또 사업예정 지역은 토지거래허가구역으로 지정해 낡은 주택에 실거주하지 않는 사람은 매수할 수 없다. 그런데 어차피 공공주택지구로 지정되면 2월 5일 이후 매수한 사람은 현금청산인데 누가 매수한다고 토지거래허가구역으로 지정한다는 것인지 모르겠다.

사업예정 지역 부동산 가격이 급등하면 사업대상에서 제외하거나 지구 지정을 제외하겠다고 하고, 토지 등 소유자 2/3 이상이 동의해도 부동산 가격이 급등하면 결국 지구 지정을 하지 않겠다고 한다. 그럼 그동안 소유자의 기회비용 손실은 어떻게 해야 할까?

2·4대책은 2025년까지 서울 도심에 아파트 32만 3천 가구를 공급할 부지를 확보하겠다는 의지를 밝힌 선언으로 본다. 한마디로 2·4선언이다. 2025년까지 서울 도심에 아파트 사업승인(사업시행인가·사업인정고시)을 받아 공급 실적에 포함시키겠다는 것이다.

2·4선언으로 2025년까지 사업승인을 받으려면 결국 토지 등 소유자의 '표심'이 가장 중요하다. 시간이 걸리더라도 민간 정비사업으로 고수익을 노릴까? 아니면 파격적인 인센티브(재건축, 역세권

등)를 제안한 공공시행으로 안정적인 수익을 노릴까?

　분명한 사실은 토지 등의 소유자들이 개발이익의 일부를 순순히 정부에 '헌납'하지 않을 것이라는 점이다. 소유자 2/3 이상 동의를 받아 공공주택지구로 지정되는 경우는 매우 이례적인 케이스가 될 것이다. 차기 정부에서도 말이다.

　최소한 3기 신도시 입주가 본격화되는 2028년 이전까지 서울 아파트시장은 상승폭이 적지 않을 것이다. 유동성 장세에 2023년 전후 금리인상이 본격화될 때까지는 서울 주택시장은 폭등장이 올 가능성이 크다. 폭등장은 역시 전용면적 84타입을 기준으로 시가 15억 원 초과의 고가든, 시가 20억 원 이상의 초고가든, 입주 5년 전후 정비사업 신축이 주도할 것이다.

오윤섭

이 책은 2019년과 2020년 오윤섭의 부자노트 블로그(blog.naver.com/rpartners01)에 연재된 '오윤섭의 부자노트' 원고를 엮었습니다. 글의 시작점에 원고가 게재된 날짜를 적어 독자의 이해를 도왔습니다.

목차

서울 아파트 폭등장에서 매수해도 될까?

PART 4 폭등장에서도 흔들리지 않는 투자 인사이트

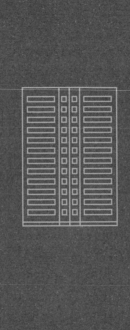

PART 1

마지막 폭등장에서의
부동산 정책과 시장 전망

공급 사이클로 본
2021년 주택시장 예측

2020.12.31.

아파트시장 공급 사이클로 보는 2021년

아파트 인허가 실적 등 아파트시장 공급 사이클로 2021년 이후 집값을 예측해보려고 한다. 2021년 수도권 주택시장은 3기 신도시 사전 청약으로 대표되는 공급 확대 시그널과 역대급 입주물량 감소라는 공급 감소 시그널이 공존하는 한 해가 될 것이다.

또 수도권과 지방 모두 입주물량이 줄어드는 시기로 매매와 전세의 동반 상승장이 지속될 것이다. 전세가율(매매가 대비 전셋값 비율)이 바닥에 이르지 않는 상황에서 전셋값이 폭등하면서, 실수요

서울 아파트 마지막 폭등장에 올라타라

는 물론 투자수요까지 매매수요를 자극해 전국 동시다발로 매매가를 끌어올리고 있다.

2021년 전국 아파트 입주물량은 부동산지인(aptgin.com) 기준으로 26만 6천 가구다. 2000년 이후 가장 적었던 2011년(24만 5천 가구)에 버금가게 적다. KB국민은행 기준으로 2011년 전국 아파트 전셋값은 무려 16.2% 폭등했다. 하락장에 들어섰던 서울도 13.2%나 급등했다. 한 해 거르고 2013년 수도권 전셋값은 9.0% 올랐다. 서울 등 수도권 전셋값 안정에 기여했던 경기 입주물량이 2013년 5만 8천 가구로 역대급으로 적었다.

2018~2020년 전국 아파트 분양물량은 연평균 32만 가구에 그쳤다. 이는 2013~2017년 38만 가구에 비해 연평균 6만 가구 이상 줄어든 수준이다. 분양물량이 줄어든 이유는 수도권과 지방에서 동시다발로 공공택지 물량이 소진되었기 때문이다. 여기에 2017년부터 시작된 문재인 정부의 정비사업 규제책, 즉 신축 공급 감소책도 큰 몫을 했다. 2018~2020년 분양물량 감소는 3년 뒤인 2021~2023년 입주물량 감소로 이어질 것이다.

전국 아파트 인허가 실적 추이(12개월 이동평균선)를 보면 2016년 하반기부터 감소세가 시작되어 2020년까지 3년 이상 지속되었다. 2016년 6월 4만 9천 가구(월평균)로 정점을 찍었다가 이후 지속적으로 줄어들어 2020년 10월 기준 2만 9천 가구로 바닥을 다지고 있다.

수도권도 추세가 유사한데 차이를 보이는 시기는 2017년이다. 인허가 추세가 일시적으로 늘어났다. 재건축 초과이익 환수제와

아파트 인허가실적 추이(12월 이동평균)

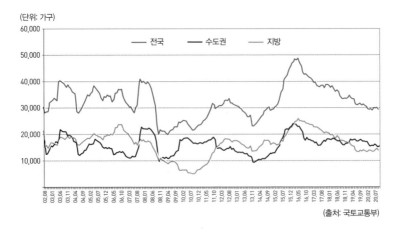

(단위: 가구)

(출처: 국토교통부)

투기과열지구 관리처분인가 후 재개발 조합원지위 양도금지로 인해 밀어내기 사업시행인가가 많았기 때문이다.

인허가 실적은 2021년 이후 감소세에서 증가세로 돌아설 가능성이 높아지고 있다. 수도권의 경우 인허가 실적 추이가 2020년 10월부터 증가세로 돌아섰다. 아파트 인허가 실적은 3~5년 뒤 입주물량이 된다. 이 중 정비사업은 5~7년 뒤 입주물량이 된다고 보면 된다. 분양물량의 선행지표는 인허가 실적이다. 또 인허가 실적이 늘어나면 착공 실적도 늘어난다. 같은 방향으로 움직이는데 시차가 6개월에서 1년이다. 당연히 인허가가 선행한다.

서울 등 수도권 정비사업 입주물량은 2023년부터 점차 증가하는데, 인허가 실적과 입주물량 시차를 비교하면 흥미롭다. 하락장에 정비사업 규제가 완화되고 상승장에 사업 속도가 빨라지면서 2015~2017년에 사업시행인가를 받은 재개발·재건축 아파트가

서울 아파트 마지막 폭등장에 올라타라

2023년부터 본격적으로 입주한다. 최소한 2025년까지 입주물량이 늘어날 것이다. 2025년 이후 수도권 입주물량은 3기 신도시가 주도할 것이다. 2028년부터 신도시 입주물량이 늘어날 것이다.

2018~2020년 수도권 정비사업 인허가 실적이 감소했으니 2025년부터 정비사업 입주물량은 다시 감소세로 돌아선다는 것을 의미한다. 투기과열지구로 규제 수위가 높고 중층 재건축단지가 몰려 있는 서울이 2025년 이후 감소폭이 클 것이다.

3기 신도시가 답이 될 수 있을까

문재인 정부는 2022년까지 급감하는 입주물량 감소를 3기 신도시로 메우려고 한다. 공공재개발은 신도시와 전혀 다른 공급 확대책이다. 2021년 상반기에 후보지를 선정한다고 하더라도 사업시행인가까지는 최소 5년이라는 시간이 필요할 것이다.

토지보상을 (문서상) 시작한 3기 신도시의 주택 공급물량은 17만 4천 가구다. 1기 신도시의 59% 수준이다. 아직도 분양물량이 남아 있는 2기 신도시(평택 고덕국제도시, 인천 검단신도시, 파주 운정신도시, 양주 옥정신도시 등)의 28% 수준이다.

참여정부의 유산인 2기 신도시도 아직 광역교통대책이 마무리되지 않았는데 3기 신도시 광역교통대책을 2021년 1월에 발표했다. 2028년까지 철도망과 도로망을 완료하겠다는데, 이게 무슨 의미일까? 결국 3기 신도시 아파트는 2028년이 되어야 입주가 가능하다는 게 아닐까?

3기 신도시 등 수도권 공공택지에서 2021년 하반기와 2022년에 사전 청약하는 공공분양분 6만 2천 가구를 인근 시세의 50%에 분양하더라도 수도권 아파트값은 안정되지 않을 것이다. 전셋값도 마찬가지다. 유량(流量, Flow)인 분양물량(사전 청약 월평균 3,400가구)이 저량(貯量, Stock)인 재고아파트(수도권 539만 가구)에 비해 턱없이 적기 때문이다.

더욱이 사전 청약하는 공공분양은 토지보상이 시작되는 시점에 분양하는 것으로 5년 뒤에 입주할지, 8년 뒤에 입주할지 아무도 모른다. 또 주택시장 수급에 영향을 미치는, 즉 유통물량으로 나오는 시기는 입주 후 7년이 지나야 한다. 전매제한 기간(최대 10년)과 거주의무 기간(최대 5년)을 모두 충족해야 마음대로 매도할 수 있다.

이번 사전 청약 공공분양분은 환매조건부 및 토지임대부 공공분양이 될 가능성도 배제할 수 없다. 중도금 대출을 받으면 입주 시점에 전세를 줄 수 없다. 무조건 입주해 거주의무 기간을 채워야 한다.

2020년 하반기 과천지식정보타운(지정타)이나 위례 공공분양에서 보듯 분양가가 인근 시세보다 낮을수록 로또시장으로 변질된다는 것이다. 평균 청약 경쟁률이 100대1 이상이라면 청약자의 99.9% 이상이 낙첨자가 된다. 상승장에서는 인근 아파트값 상승을 부추기는 요인이 된다. 과거 2006년 판교 동시분양 후폭풍처럼 말이다.

결론을 정리하자면

누구나 살고 싶어 하는 구도심과 신도심의 새 아파트 입주물량은 역대급으로 감소하고 있다. 재고아파트 중 신축(입주 5년 이내), 준신축(입주 10년 이내) 비중도 갈수록 낮아지고 있다. 2019년부터 2022년까지 전국 동시다발로 입주물량이 감소세다. 2017년부터 2020년까지 인허가 실적이 감소세였다. 또 2018~2021년 분양물량이 감소세다.

2021년은 박근혜 정부의 공공택지 건설 중단과 문재인 정부의 정비사업 규제라는 미스매치로 인해 공급 감소의 후유증이 심각해질 것이다. 2021년은 분양물량과 입주물량이 동시에 줄어드는 시기다. 주택수급 불균형이 절정으로 치달을 것이다. 분양 및 입주의 동반 감소세는 최소한 2022년까지 지속될 것이다.

이런 가운데 부동산 증세 3종 세트(취득세·종부세·양도세 중과)로 다주택자는 팔지도 못하게 하고 유주택자는 추가로 사지 못하게 했다. 임대공급의 80% 이상을 차지하는 다주택자의 전세공급이 끊긴 것이다. 전셋값은 두 자릿수 상승하며 전세대란이 2021년에도 계속될 것이다.

전셋값 급등으로 줄어든 매매·전세 갭으로 인해 실수요자는 물론 투자수요자의 매매수요를 자극할 것이다. 수도권, 지방 대도시는 물론 중소도시도 매매가가 두 자릿수 상승할 것이다. 신규 조정대상지역 또는 투기과열지구로 지정된 곳을 제외하고는 말이다.

30대 무주택자의 내 집 마련 고민에 대한 질문을 받았다. "2025년 이후 하락장이 온다면 지금 아파트를 사지 말고 청약하면서 하락장까지 기다려야 할까요?" 여기에 이렇게 답한다.

지금 9억 원에 사면 2024년에 16억 원까지 오를 것이다. 2025년 이후 하락장이 와서 13억 원까지 떨어진다면 그때 가서 살 것인가? 투자 고수도 힘든데 무주택 또는 내 집 마련 무경험자가 과연 바닥에 살 수 있을까? 불가능하다. 그리고 무주택자는 하락장이 오면 다시 상승장이 올 때까지 집을 사지 않을 확률이 99.9%다.

2021년 서울 주택시장 예측 시나리오

2020.12.14.

2020년 12월, 시가 20억 원 초과 초고가 아파트가 몰려 있는 강남 아파트시장은 2021년 1월부터 거주요건 강화로 장기보유특별공제가 축소되는 양도세 부담 회피 매물이 나와 막바지 거래가 한창이다. 또 2021년 5월 말까지 다주택자 양도세 가산세가 10% 포인트 늘어나기 전 팔려는 양도세 회피 매물과 2021년 2배 이상 오를 다주택자 종부세 회피 매물도 꾸준히 거래되고 있다.

2021년 서울 아파트시장을 '상저하고(上低下高)'로 예측하는 사람이 많다. 결국 시장참여자들이 결정할 것이다. 2020년 11월부터 양도세·종부세 부담으로 다주택자가 내놓은 고가 아파트 매물이 쌓이지 않고 소진되고 있다. 갈아타려는 1주택자 등 실수요자들이 적극적으로 매수하고 있다.

2020년 8월 이후 임대차2법 강행으로 촉발된 1차 전세대란은 역대급으로 매매·전세 물량이 줄어드는 2021년 1~2월 연중 극성수기 이후에도 계속될 것이다. 이러한 전세대란 속에 양도세·종부세 회피 매물은 2021년 4월까지 실수요자에 의해 대부분 소진될 가능성이 높다. 따라서 2021년 서울 아파트시장은 '상저하고'가 아니라 오히려 '상고하저'가 될 가능성이 높다. 아니 '상고하고 (上高下高)'가 될 가능성이 높다.

2021년 주택시장은 상고하고?

지난 2018년 4월 이후 다주택자 조정대상지역 양도세 중과를 피하기 위해 2017년 11월부터 2018년 3월까지 월 1만 건 안팎씩 거래량이 폭발하면서 매매가가 폭등했다. 2021년에도 그 흐름이 반복될 것이다. 2021년 1분기 거래량 폭발 후 소강상태를 보이다 9월 전후 거래량이 다시 폭발하면서 재상승할 가능성이 높다. 추가 규제책이 나오지 않는다면 말이다.

활활 타오르는 전국 아파트시장에서 정부가 할 수 있는 것은 규제지역 확대, 특히 투기과열지구 확대가 거의 유일하다. 담보인정비율(LTV)을 축소하더라도 급등한 매매가와 전셋값으로 유동성은 계속 확대되고 있다. 팔고 다시 투자하려는 다주택자가 늘어나면서 시가 9억 원 이하 서울 저가 시장은 취득세 12% 허들도 무너지고 있다.

내 예상대로 서울권 투기과열지구에서 2021년 1분기에 LTV 0%가 적용 중인 시가 15억 원 초과 아파트값이 폭등할 경우 정부는 주택거래허가제를 도입할 가능성도 있다. 2021년 여름과 가을은 문재인 정부가 규제책을 내놓을 수 있는 마지막 타이밍이다.

정부는 전세대란 중 무주택 세입자를 진정시키기 위해 공공임대를 중심으로 새 아파트 공급계획을 계속 내놓을 것이다. 이재명 경기도지사는 경기도 3기 신도시 공급물량 중 85%를 장기 공공임대로 공급해야 한다고 주장하고 있다. 문재인 정부 집권 말기 3기 신도시라는 배는 산으로 갈 가능성이 커졌다. 짜깁기한 시나리오(졸속계획)로 웰메이드 영화(기반시설과 자족시설이 풍부한 3기 신도시)가 나올 수는 없다.

정부는 2021년 3월 말 공공재개발 후보지를 선정할 예정이다. 그런데 공공재개발 후보지 선정 발표는 집값 안정책일까, 집값 상승책일까? 20년 이상 지지부진하던 재개발사업을 정비구역(주택활성화지구) 지정 후 5.8년 만에 입주시키겠다고 하고, 최근 설명회에서는 10년 걸린다고 입장을 바꿨다는데 말이다.

정비구역 지정 이전에 매입한 조합원만 조합원분양가를 적용한다고 하는데, 그렇다면 정비구역 지정 이후 매입하더라도 조합원분양가를 일반분양가보다 높게 책정할 수 있을까? 분양가상한제가 적용되지 않더라도 서울 등 고분양가 관리지역의 재개발구역 일반분양가는 인근 시세의 70% 수준이다. 100% 당첨권(신축)을 인근 시세의 70%에 살 수 있다면 사람들은 어떻게 할까?

2021년 4월 서울시장 보궐선거는 정비사업에 터닝 포인트가 될 것이다. 재개발은 물론 재건축에도 호재로 작용할 가능성이 높다. 집값이 올라 목동, 여의도, 강남 재건축을 허용해줄 수 없다는 고(故) 박원순 시장의 유지를 받들 서울시장이 취임할 가능성은 희박하다.

강남4구에서 재건축 정비구역 지정이 늘어나지 않을까? 지지부진한 성수전략정비구역을 비롯해 목동, 여의도, 압구정 등 택지개발지구와 아파트지구단위계획안에 대한 서울시의 고시도 속도가 날 것이다.

공공택지 사전 청약과 2차 전세대란

2021년 서울 입주물량은 놀랍지도 않지만 서울 25개 구 중 0가구인 곳이 9개 구에 달한다. 총 2만 8천여 가구(공공분양·임대 포함)가 입주 예정으로 2020년(6만 3천 가구)의 절반에도 못 미친다(부동산지인 기준).

다만 6월 이후에는 분양물량과 전세물량 관련해 큰 이벤트(?)가 2개 있다. 하나는 3기 신도시 등 공공택지 사전 청약이다. 또 하나는 1만 4천 가구에 달하는 고덕명일 입주아파트의 2년 전세 만기 도래다.

2021년 7~8월 인천계양지구(1만 1천 가구), 의왕청계2지구(3천

서울 아파트 마지막 폭등장에 올라타라

가구) 등을 시작으로 남양주왕숙지구(3,900가구), 고양창릉지구(1,600가구), 과천지구(1천 가구), 부천대장지구(2천 가구), 하남교산지구(1,100 가구) 등 공공주택지구에서 공공분양 3만 가구(계획)를 사전 청약할 예정이다.

토지보상 시작과 동시에 사전 청약을 한다? 아무리 공공을 우선으로 하는 공공주택지구 개발사업이라고 하지만 개인 땅을 사지도 않고 선선분양(사전 청약)을 한다? 토지보상을 끝낸 곳부터 순차적으로 사전 청약을 한다는데, 과연 어떨까? 과거 2기 신도시 토지보상 기간을 보면 3~5년 걸렸다. 정부가 주장하는 3기 신도시 2023년 민영아파트 분양은 불가능하다고 본다. 3기 신도시는 2025년 이후 분양, 2028년 이후 입주가 실행 가능한 계획이다.

그런데 2021년 3기 신도시 등 공공택지 3만 가구 사전 청약은 수도권 집값 안정책일까? 집값 불안정책일까?

2020년 11월 과천지정타 당첨자 발표 이후 수도권 집값은 어떻게 움직였나? 낙첨자 57만 명이 당첨자 발표 후 어떻게 행동했나? 12월 위례 두 블록 공공분양·일반분양분 290가구에 7만 8천 명이 몰렸다. 낙첨자 7만 8천 명은 어떻게 행동하고 있나?

만약 3기 신도시 사전 청약 경쟁률이 100대1 이상 기록한다면 2021년과 2022년에는 집값 상승책이 될 가능성이 높다. 3기 신도시 중 과천, 교산, 창릉 공공분양 사전 청약은 최소 200대1 이상으로 예측한다.

2021년 가을에는 임대차2법으로 인한 2차 전세대란이 강남권에서 시작될 것이다. 우선 2021년 1월부터 재계약이 돌아오는 송파헬리오시티(총 9,510가구)의 경우 84타입 전셋값은 2년 전 입주할 때 7억 원 안팎에서 현재 13억 원 안팎으로 폭등했다. 이어 2019년 3~4월에 입주가 많았던 개포 래미안블레스티지(1,957가구)도 전세 만기가 돌아온다. 84타입 전셋값이 8억 원대에서 17억 원대로 치솟았다. 2021년 6~7월 서초그랑자이(1,446가구)와 디에이치자이개포(1,690가구) 등 대단지가 입주한다고 강남 전셋값이 하락할 것으로 예상하는 사람은 없을 것이다.

강남발 2차 전세대란은 2021년 9월부터 2022년 4월까지 1만 4천 가구에서 전세 재계약이 도래하는 고덕명일에서 폭발할 것이다. 6월 이후 래미안명일역솔베뉴를 시작으로 9월 이후 고덕그라시움, 2022년 3~4월 고덕아르테온(4,066가구)까지 전세대란이 계속될 것이다. 총 4,932가구에 달하는 그라시움은 재계약이 도래하는 전월세물량이 1천 가구에 달하는 것으로 알려졌다. 재계약 시점에 매도 또는 집주인 입주로 전세물량은 지금보다 줄어들 것이다. 전월세물량의 비중(총가구의 20% 이상)이 높은 것은 조합원 수 대비 일반분양(그라시움 2,023가구, 아르테온 1,397가구, 고덕롯데캐슬베네루체 1,859가구 중 867가구)이 많았기 때문이다. 2년 전 입주장에서 6억 원 안팎에 거래된 솔베뉴와 그라시움 전셋값은 2021년 하반기에 최소 12억 원 이상(현재 10억 원 이상)이 될 것이다.

서울 아파트 마지막 폭등장에 올라타라

2021년 하반기 주택시장 전망

2021년 하반기 주택시장은 안팎으로 시끄러울 것이다. 포스트코로나 시대를 맞아 정부는 적극적으로 경기부양책을 펼 것이다. 슈퍼 재정확대로 나라 빚은 급증할 것이다. 또 하반기부터 3기 신도시 등 공공택지 중심으로 45조 원에 달하는 토지보상이 시작될 것이다.

11월에는 여야 대선 후보가 결정이 날 것이다. 동시에 2021년 종부세 폭탄이라는 기사가 쏟아질 것이다. 12월 종부세 폭탄을 맞은 다주택자가 더 이상 못 견디고 보유 중인 고가 아파트를 헐값에 던질까? 특히 2주택자는 안 던질 가능성이 99.9%다. 증여 취득세 12%를 물더라도 증여할 것이다. 반전세 또는 월세로 보증금을 받으며 버티거나 말이다.

과거 2005년과 2006년처럼 최근 수도권 시장참여자들은 정권은 유한하고 상승장은 영원하다는 확증 편향이 강해지고 있다. 적어도 시장에 매물이 쌓일 때까지(수도권 미분양이 1만 5천 가구 넘을 때까지) 부동산 버블 붕괴는 안중에도 없을 것이다. 2021년에도 '자산 폭등 열차'에서 내려오지 않을 것이다. 꼬리 칸에서 1등급 칸으로 갈아타려고 몸부림칠 것이다.

강남 실수요자들은
중층 재건축단지로 집결한다

강남 실수요자들은 사업 속도가 빠를 것으로 기대되는 강남3구 재건축단지를 적극적으로 매수하고 있다. 재건축 초과이익 환수제(재초환)와 민간택지 분양가상한제에 상관없이 말이다. 왜 그럴까? 돈이 많아서? 똘똘한 아파트를 선호해서? 상승장 후반기 최고의 안전자산이라서? 나중에 철거되면(멸실신고되면) 입주권은 종부세 부담이 없어서? 아니면 차기 정부에서 재건축 규제 완화를 기대하고?

5층 이하 저층 재건축 시대에는 강남2구에 평당(구축 공급면적 기준) 1억 원 이상 아파트가 아주 흔했다. 물론 재건축단지는 단지별 평균 대지 지분과 대지 지분 평당가가 더 의미 있지만 구축 평당 1억 원이라는 것이 더 와닿는다.

이제 강남2구에서는 중층 재건축단지 구축도 평당 1억 원 시대가 다가오고 있다. 개포주공5단지 25평형이 2020년 12월에 21억 원에 육박한 가격으로 거래되었다. 조합설립요건인 동의율 75% 이상을 모두 채운 압구정1~5구역 중에서 3구역 구현대 한강 조망

라인 35평형이 12월에 30억 원을 돌파했다. 11월에는 현대13차 35평형이 30억 4,500만 원에 거래되었다. 11월에 조합설립인가를 받은 서초구 신반포2차 35평형도 30억 원 돌파가 머지않았다. 한강 조망 라인 매도호가는 32억 원까지 나와 있다.

물론 이게 상승장 후반기 투자의 정답은 아니다. 하지만 분명한 사실은 지금 강남(강남을 선호하는) 실수요와 투자수요는 사업 속도를 예측할 수 있는(이 점이 중요함) 중층 재건축단지에 자본을 집중 투입시키고 있다. 참고로 강남3구에서 정비구역이 지정되면 최대 2억 원 이상 오른다. 정확히는 매도호가가 그렇다. 당장 거래되지는 않지만 몇 달 안에 결국 거래된다. 안전진단과 정비구역을 통과한 재건축단지의 희소가치가 워낙 높기 때문이다.

조합설립인가 후에도 마찬가지로 매도호가는 2억 원 안팎 오른다. 조합원 매매금지로 압도적 매도자 우위 시장이 형성되어 추격매수를 할 수밖에 없다. 건축심의가 통과되면 최소한 1억 원 이상 오른다. 또 사업시행인가가 확정되면 2억 원 안팎 오른다. 2020년에 재초환이 적용된 단지 중 관리처분인가(관처)를 받은 곳이 없어 관처 후 얼마나 오를지 알 수 없지만 최소한 2억 원 이상 오를 것으로 보인다.

강남3구에서는 재초환이 적용되는 대단지 중 송파구 문정 136이 최초로 2019년 4월에 관처를 받은 것으로 알고 있다. 다음 타자는 2021년 상반기 이후 반포주공1단지 3주구가 있고, 이외에 사업시행인가를 받은 대치동쌍용1, 2차도 있다. (2020.12.7.)

가점 69점 낙첨 시대,
상승장에서 전세가율 상승의 의미

2020.8.27.

수색증산뉴타운 증산2구역, DMC센트럴자이 당첨자 발표 결과 84타입에서 청약가점 69점이 대거 떨어졌다. 서울권 인기 단지는 이제 가점 69점 낙첨, 70점대 당첨 시대가 왔다.

민간택지 분양가상한제(분상제)로 2020년 9월 이후 분양 가뭄이 장기화되고 있다. 9월부터 정비사업 등 민간택지에도 생애최초 특별공급물량이 늘어나 인기 단지는 가점 커트라인이 더욱 높아질 것이다. 또 9월부터 수도권 및 지방 광역시 등 전국 대도시에서 소유권이전등기 시점까지 분양권 전매가 전면 금지되었다.

7월 29일 이후 분양승인 신청분부터 민간택지 분상제가 시행되

서울 아파트 마지막 폭등장에 올라타라

었다. 서울 등 민간택지 분상제 적용지역에서는 전매제한 기간이 최대 10년(시행 중), 거주의무 기간이 최대 3년(2021년 2월 19일 이후 입주자모집공고분부터)이다. 앞으로 청약 쏠림 현상이 심해질 것이다.

2020년 가을 수도권 아파트시장 전세시장을 통해 2021년과 2022년 주택시장을 예측해볼까 한다.

한 번도 가보지 않은 길을 걷는 전세시장

전세시장은 100% 실수요 시장이라고 말한다. 100% 실수요장이라고 하면 내 집 마련 자금이 부족해 순수하게(?) 전월세를 사는 것을 의미한다. 하지만 구매력은 있으나 지역우선공급으로 당첨 확률을 높이기 위해 주소를 이전하고 1주택자가 무주택자가 되어 전세를 살고 있다면? 또 3기 신도시 당첨 확률을 높이기 위해 과천, 고양, 하남 등에 무주택자로 전입신고를 한다면? 해당 지역에서는 전세시장이 100% 실수요라고 볼 수 없다. 그럼에도 전세시장은 90% 이상 실수요장이라고 본다.

문재인 정부는 3기 신도시 등 수도권 공공택지에서 3만 가구를 2021년 하반기부터 사전 청약을 한다고 한다. 수요심리를 안정시키기보다는 새 아파트 공급계획의 불확실성을 높이고 전세시장과 청약시장 가수요를 부추길 것이다.

문재인 정부는 집값 안정을 위해 아파트 수급 밸런스를 맞추는데 집중했어야 했다. 하지만 그동안 수요 억제 드라이브만 걸었다. 뒤늦게 2020년 8·4 공급 확대책을 발표했지만 늦었다. 지금 수도권 아파트시장은 매매·전세 모두 수급 밸런스가 완전히 무너졌다. 특히 전세시장은 한 번도 가보지 않는 길을 가고 있다.

KB국민은행의 전세수급지수는 심리적 요인(집주인과 전세입자)이 반영된 전세시장 시황이라고 보면 된다. 전세수급지수가 140을 넘으면 전세난이, 160이 넘으면 전세대란이 시작되었다고 본다. 전세수급지수는 아파트 외에 단독, 다가구, 다세대, 연립주택까지 포함한 것이다.

2020년 8월 17일 기준 서울 등 수도권 전세수급지수는 187.9에 달한다. 전월세상한제, 계약갱신청구권 등 임대차2법이 시장에 반영된 7·10대책 이후 전세수급이 악화되고 있다. 서울 전세수급지수는 2020년 6월 초 160.5에서 8월 초 189.6으로 무려 30포인트 가까이 치솟았다.

지금 전세수급 상황은 과거 참여정부 어느 시점과 유사할까? 2005년 8·31대책 이후 전세수급지수가 172까지 치솟은 2005년 9월과 비슷하다. 이후 전세수급은 계속 악화되어 2006년까지 160~170을 유지하며 전세대란이 일어났다. 역사가 그대로 반복되지 않겠지만 그 흐름은 반복될 것이다. 2005년과 2006년의 전세대란도 반복될 가능성이 매우 높다.

그럼 왜 8·31대책 이후 전세공급이 급감했을까? 왜 수도권 전셋값 상승폭이 커졌을까? 8·31대책은 7·10대책처럼 다주택자 종부세와 양도세 중과를 더욱 강화한 '징벌적 과세'가 핵심이다.

2005년 8·31대책 이후 전셋값 급등의 근본적 원인은 규제의

서울 아파트 마지막 폭등장에 올라타라

누적적 증가로 인한 수급 불균형 때문이었다. 양도세 중과로 다주택자의 전세공급이 줄어들면서 전세수급이 악화되었다. 또 보유세 강화로 매매수요로 돌아서는 무주택자가 줄어든 반면 전세수요가 늘어났다. 또 민간임대주택의 80%를 차지하는 다주택자들이 추가 구입을 포기했다. 다주택자 매물이 2004년 1년간 양도세 중과 한시적 유예 기간(양도세를 일반과세하고 추가 주택 구입을 금지)에 소진되어 전세공급이 급감했기 때문이다.

거래량을 동반하지 않는 폭등장에 대비하라

문재인 정부의 규제책은 7·10대책으로 완성(?)되었다고 본다. 폭압적인 부동산 증세 3종 세트가 시행 중이다. 수요 억제를 위해 보유세를 늘리면 거래세(취득세·양도세)를 낮춰 거래량이 늘어나게 해 수급 밸런스를 맞춰야 한다. 하지만 거래세까지 늘려 수요와 공급을 모두 줄이면서 매매·전세 모두 가뭄이 심해지고 있다.

정부는 부동산 증세 3종 세트가 모두 시행되는 2021년 6월 이전에 다주택자 매물이 시장에 나올 것으로 기대하고 있다. 하지만 시장은 정반대로 움직이고 있다. 서울권은 매수세 감소폭보다 매도세 감소폭이 더 커 매도자 우위 시장이 계속되고 있다. 조정대상지역 다주택자의 양도세 중과 한시적 유예 등 유통물량 확대책이 나오지 않는 한 최소한 2022년까지 계속될 것이다.

다주택자는 양도차익이 많은 서울권 아파트를 증여하거나 임대사업자 자동말소 또는 자진말소가 될 때까지 계속 보유할 생각이다. 7·10대책 이후 거래량이 감소했지만 거래될 때마다 최고가를 기록하고 있다. 8월에 거래된 서울 아파트 실거래가는 절반 이상(시세미에 따르면 8월 26일 기준 57.7%)이 최고가다. 시가 12억 원 초과 고가 아파트는 최고가로 거래될 때마다 매도호가가 5천만 원씩, 1억 원씩 뛰고 있다.

거래량을 동반하지 않는 서울권 폭등장이 머지않아 다가올 것이다. 반면 투자수요 급감으로 지방 주택시장은 침체가 장기화될 것이다. 이제 주택시장은 정상화에서 멀어지고 비정상화에 가까워지고 있다. 따라서 30~40대 패닉바잉이 9월 이후에도 계속된다는 데 한 표 던진다. 1주택을 무주택으로 만들어 전용면적 85m² 초과 추첨물량을 노리는 블런더(Blunder, 체스 용어로 '큰 실수'를 의미)를 저지르면 안 된다. 가장 나쁜 실수가 될 것이다.

로또청약은 투자가 아니다. 도박이다. 대신 현재가치는 분양가보다 30~40% 비싸지만 미래가치가 높은 100% 당첨권, 입주권을 매수하라. 돈이 모자라면 입주권이 입주할 때까지 전세자금대출을 받아 전셋집 또는 반전셋집을 얻으라.

마지막으로 전세대란이 지속될 경우 전세입자가 매매수요로 전환하는 데 참고할 만한 수치 2가지를 소개한다. 서울 아파트 전세가율은 2020년 8월 기준 53.3이다. 2005년 8월에는 47.2이었다. 8·31대책 후유증으로 전셋값 상승폭보다 매매가 상승폭이 더 큰 상승장임에도 전세가율이 2006년 4월까지 일시적으로 상승했다. 버블세븐 지역(강남·서초·송파·목동·분당·평촌·용인)을 중심으로 매매가 폭등이 일어난 시기다.

전세대란이 일어나면 과거 노도강(노원·도봉·강북구)처럼 전세가율이 60 이상인 곳에서 전세입자의 매매수요가 강해진다. 이후 2007년부터 전세가율이 떨어져 2009년 1월 38.2로 바닥을 쳤다. 그리고 1년 뒤 수도권 주택시장은 하락장이 시작되었다.

서울, 인천, 경기 등 수도권 미분양은 2020년 6월 기준 2,772가구다. 역대급 최소물량이다. 역대 최저치(2002년 11월 982가구)로 향하고 있다. 2005년 6월에는 수도권 미분양이 9,370가구였다. 소폭 등락을 반복하며 2006년 상반기까지는 1만 가구 미만을 유지했다. 그해 하반기에 4,600여 가구까지 급감했다. 이후 2007년 5월 3,500여 가구로 바닥을 치고 증가세로 돌아섰다. 2008년 1월 2만 1천여 가구로 폭증하며 하락장이 시작되었다.

2005년, 2006년처럼 상승장에 다시 전세가율이 오른다면? 참여정부보다 돈은 3배 이상 넘쳐나고 입주 가능한 유통물량은 '0'을 향하고 있다면? 시장의 역습이 '매미'급 태풍으로 서울권 중심부를 향하고 있다.

부동산 세금을 올리면 집값 잡을 수 있나?

2020.11.5.

2020년 7·10대책은 문재인 정부가 추진 중인 부동산 대책의 방향을 단적으로 드러낸 정책이었다. 한마디로 부동산 세금을 늘려 집값을 잡겠다는 것이다.

최근 정부와 여당은 종부세, 재산세 등 보유세를 늘리는 공시가격 현실화를 밀어부치고 있다. 역시 타깃은 시가 20억 원 초과(공시가격 15억 원)의 초고가 아파트다. 5년 안에 공시가격을 시세의 90%까지 현실화할 계획이다. 반면 공시가격 6억 원 이하(시가 9억 원 이하) 중저가 주택(전국 주택의 55%, 서울 아파트의 31%) 1주택자에게는 3년간(2021~2023년) 재산세를 한시적으로 인하해주겠다고

서울 아파트 마지막 폭등장에 올라타라

한다.

다시 말해 시가 20억 원 안팎 초고가 주택을 보유 중인 다주택자에게는 보유세 폭탄을, 시가 9억 원 이하 중저가 주택을 보유 중인 1주택자에게는 재산세를 찔끔 줄여주겠다는 것이다. 징벌적 보유세 과세로 서울권 아파트값도 잡고 세수도 늘리겠다? 지지기반인 무주택자와 중저가 1주택자는 보호해 재집권을 하겠다? 그러나 역대 정부에서 부동산 증세로 집값이 잡힌 적이 없다. 특히 보유세와 거래세(취득세·양도세)를 동시에 늘리면 거래량만 줄어들 뿐 시장은 요동친다.

상승장에서 징벌적 과세정책을 남발하면 기대수익률이 높은 쪽으로 돈이 몰리면서 주택시장을 불안하게 만든다. 지금 투자수요가 몰리는 대도시 비규제지역 풍선효과가 대표적이다. 나아가 규제가 5년 이상 지속되면 규제지역인 서울권 주택시장은 침체되고 결국 내수침체로 이어진다.

이번에는 7·10대책 이후 부동산 증세 3종 세트(취득세·종부세·양도세 중과)가 주택시장에 어떤 부작용을 초래할지 정리했다.

부작용 1: 동결효과

부동산 자본소득(시세 차익)에 대한 지나친 양도세 부과는 다주택자가 매도 대신 계속 보유를 선택하는, 즉 자본이득 실현을 늦추는 동결효과(Lock-in Effect)를 초래한다. 2019년 이후 급증한 증여도 동결효과다. 매물잠식에 전세물량 가뭄까지 현재 주택시장 수급상황은 최악이다. 래미안대치팰리스 등 강남2구는 전용면적 84타입의 전셋값 20억 원 시대가 왔다.

이와 관련해 서울 세대수는 2020년 9월 말 기준 2019년 한 해보다 1.81%(8만 세대)가 증가했다. 서울 세대수 증가율을 보면 2016년 0%대에서 2017년 0.72%, 2018년 1.04%, 2019년 1.49%, 2020년(9월 말 기준) 1.81%로 갈수록 증가폭이 커지고 있다.

2020년 서울 세대수 증가율은 2017년보다 3배 이상에 달할 것이다. 2017년 422만 세대에서 2020년 441만 세대(11월 말 기준)로 19만 세대가 늘어났다. 같은 기간 인구는 985만 7천 명에서 967만 9천 명으로 17만 8천 명이 줄었다.

부작용 2: 신규주택 공급 감소

더욱 심각한 상황은 아파트 대체재인 다세대, 다가구 등 비아파트 주택의 공급이 지속적으로 감소하고 있다는 것이다. 다주택자들이 주택을 추가로 사지 않으니(살 수 없으니) 건축업자들이 빌라, 도시형생활주택 등의 주택을 짓지 않고 있다.

주택 인허가 실적 기준은 건축허가다. 2020년 8월 말 기준 수도권 주택(아파트 제외) 인허가 실적은 전년 동기 대비 12.3% 줄었다. 2019년에도 전년보다 22.9% 감소했다. 2018년에도 21%, 2017년에도 16.2% 각각 줄었다. 이제는 비아파트 주택 전세대란

서울 아파트 마지막 폭등장에 올라타라

까지 걱정해야 할 상황이다.

상승장에서 신규주택 공급이 부족해 매매가와 전셋값이 오르고 있는데 아파트는 물론 다세대, 다가구, 도시형생활주택 등 모든 주택 공급물량이 감소하고 있다. 문재인 정부에 들어와서 다주택자를 위한 주택임대사업자 세제혜택도 대폭 축소되었으니 주택 공급은 더욱 감소할 것이다.

결과적으로 부동산 증세는 다주택자의 투기수요를 억제하는 효과보다는 공급을 감소시키는 효과라는 큰 부작용을 초래해 집값 안정에 실패할 수밖에 없다.

부작용 3: 주택시장 경착륙

부동산 증세 3종 세트로 인해 서울권 다주택자들은 추가로 주택을 구입하기 힘든 상황이다. 지식산업센터, 상가, 꼬마빌딩 등 비주택 부동산시장으로 자본을 투입하거나 아니면 자녀를 세대분리 시켜 아파트를 마련해주고 있다.

상승장에서 집값이 많이 오른다는 이유로 단기처방으로 부동산 세금을 올려버리면, 하락장이 왔을 때 역시 단기처방으로 세금을 내려야 한다. 세금 정책을 단기처방으로 남발하게 된다. 불과 8년 전인 2013년에도 미분양을 구입하면 입주 후 5년간 양도세를 면제해줬다.

만약 2025년 이후 3기 신도시 입주 폭탄으로 하락장이 오더라도 주택공급의 비탄력성으로 인해 공공택지 아파트 공급은 계속해야 한다. 지금처럼 분양시장에서 무주택 실수요자만 살 수 있다면 미분양은 급증할 것이다. 주택시장이 경착륙할 것이다.

주택시장이 경착륙했을 때 과연 실수요자만으로 주택경기를 부양할 수 있을까? 세 부담 증가로 거래량이 급감하면 주택시장은 정부의 부동산 정책 목표인 정상화가 아닌 비정상화로 갈 것이다. 내수침체로 이어지고 주택시장은 하락장에서 경착륙하게 된다. 그때의 최대 피해자는 다주택자가 아니라 서민이다.

지금 풍선효과로 지방 비규제지역 중저가 아파트값이 폭등하고 있다. 정부가 서울 집값만 잡아서는 안 된다. 결국 펀더멘털이 취약한 지방은 투자수요 비중이 높을수록 규제책에 따라 단기 폭등이 단기 폭락으로 이어져 경착륙 가능성이 높다.

단기 급등하고 있는 부산, 대구, 울산, 창원, 김포를 조정대상지역 또는 투기과열지구로 지정한다고 주택시장이 안정될까? 돈은 언제나 아래에서 위로 흐르고, 기대수익률이 낮은 쪽에서 높은 쪽으로 흐르게 마련이다. 수도권에서 지방 대도시까지 확산 중인 새 아파트 공급부족 상황을 개선하지 않으면, 즉 공급이 충분하지 않으면 풍선효과는 계속될 것이다.

부작용 4: 조세저항

주택시장 사이클에서 상승장은 짧으면 5년, 길어야 최대 10년으로 본다. 투기를 억제한다는 명분으로 다주택자에게 징벌적 과세를 강행하고 장기화할 경우 조세저항을 초래할 가능성이 높다.

조세 정책은 국민이 납득할 수 있도록 장기간 안정적으로 시행되어야 한다. 하지만 정부는 서울권 집값이 상승한다는 이유로 3년 만에 양도세 중과에 이어 종부세 중과, 취득세 중과까지 징벌적 증세를 강행했다. 여기에 공시가격 현실화라는 명목으로 전국 아파트 공시가격을 현재 시세의 60% 후반대에서 2030년까지 90%까지 끌어올리겠다고 발표했다.

공시가격 인상은 재산세, 종부세만 늘어나는 게 아니다. 건강보험료, 국민연금 등 사회보험료 인상으로 이어든다. 중저가 주택을 보유한 1주택자의 보유세를 완화해준다고 하더라도 직장이 없는 지역가입자는 주택 한 채를 소유하고 있다는 이유로 건강보험료 폭탄을 맞을 수 있다. 취약계층은 물론 은퇴한 중산층도 준조세 부담이 늘어나 피해를 입을 것이다.

결과적으로 부동산 증세 정책은 다주택자보다 소득이 적은 1주택자가 체감하는 세 부담이 더 크다. 늘어난 취득세는 결국 매매가에 반영될 것이다. 늘어난 다주택자 종부세 부담으로 전세물량이 급감하고 반전세나 월세가 늘어날 것이다. 나아가 종부세, 재산세 등 보유세 부담이 전세금 또는 월세 인상으로 세입자에게 전가될 것이다.

마지막으로 지난 2008년 9월 MB정부에서 기획재정부가 발표한 종부세 개편 관련 보도자료 내용이다.

"주택 종부세 최고세율 3.6%로 20년 이상 과세하면 재산(주택)의 원본을 잠식하는 수준"

종부세율 3.6%는 2021년부터 시가 23억 3천만~69억 원 주택을 보유한 조정대상지역 2주택 이상 다주택자에게 부과하는 세율이다.

부동산 규제책이 누적될 때
발생하는 가장 심각한 부작용

2020.10.8.

2020년 9월 서울 아파트 매매 실거래가에서 단연 화제는 비강남 3구 신축 전용면적 84타입의 20억 원 돌파다. 흑석뉴타운 흑석7구역 아크로리버하임이 그 주인공이다.

비강남3구 84타입 신축 20억 원 돌파 차기 주자 후보로는 신촌그랑자이, 마포프레스티지자이, 과천푸르지오써밋 등이다. 정비사업을 추진하지 않는 구축으로는 이촌동한가람이 최근 19억 2,500만 원에 거래되어 20억 원 돌파를 눈앞에 두고 있다.

8월 행당동 서울숲리버뷰자이가 17억 2천만 원에 거래되면서 인근 옥수동 옥수파크힐스, 래미안옥수리버젠과 성동구 신축 최고가 경쟁이 흥미롭다. 동작구에서는 이수-사당 라인 신축 대장주인 래미안이수역로이파크가 16억 5천만 원에 거래되었다. 투기과열지구의 시가 15억 원 초과 고가 아파트값은 2019년 12·16대책으로 LTV 0%에도 불구하고 1년 전보다 10% 이상 올랐다.

2016년 박근혜 정부 시절 청약조정대상지역 제도를 도입한 11·3대책부터 2020년 문재인 정부 7·10대책까지 그동안 누적된 부동산 규제책의 가장 심각한 부작용을 분석해보자.

전세대란을 일으키는 부동산 규제

역대 정부에서 부동산 규제의 역사를 보면 참여정부 2005년 8·31대책, 2006년 3·30대책은 문재인 정부 2020년 6·17대책, 7·10대책과 유사하다. 공급 확대책인 2006년 11·15대책은 2020년 8·4대책과 유사하다. 과거 참여정부 시절보다 문재인 정부에서 수도권 규제 수위는 2배 가까이 높아졌다. 그렇다고 수도권 집값이 안정된 것은 아니다.

4년간 규제책이 누적되면서 가장 심각한 부작용은 바로 전세대란이다. 전셋값은 현재 전세시장의 수급, 즉 수요와 공급에 따라 결정된다. 전셋값이 오르는 것은 현재 전셋집이 필요한 수요자에게 전세물량이 부족하다는 것이다. 2020년 4월 이후 수도권 전셋값이 본격적으로 상승하면서 수급 밸런스가 무너지기 시작했다. 서울권 1급지의 84타입 전셋값은 평균 10억 원을 향하고 있다.

더 큰 문제는 앞으로도 최소한 3년 이상 전세시장은 수요초과 공급부족에 시달릴 것이라는 사실이다.

문재인 정부는 민간 임대시장 전세공급의 80% 이상을 차지하는(전 국민의 1/3 이상에게 임대주택을 공급하는) 다주택자의 주택 구입을 철저히 차단하고 있다. 7·10대책으로 양도세, 종부세에 이어 취득세까지 중과를 강행했다. 또 8월 18일부터 아파트 임대사업제도를 폐지했다. 앞으로 다주택자는 사지도 보유하지도 말라는 '경고장'을 보냈다. '백기'를 들고 2021년 5월까지 팔라고 한다. 이로 인해 다주택자의 전세공급이 갈수록 줄어들고 있다.

전세공급을 늘리는 정책은 없다. 정부는 전세공급이 감소하더라도 계약갱신청구권 등 임대차2법으로 전셋값을 안정시킬 수 있다고 자신한다. 하지만 수도권 주택시장은 정반대로 움직이고 있다. 전세공급은 갈수록 줄어들고 전세수요는 갈수록 늘어나고 있다. 결국 전셋값이 급등해 전세대란이 발생했다. 앞으로가 더욱 큰 문제다.

- 종부세 중과, 양도세 중과, 취득세 중과 및 아파트 임대사업자 폐지로 다주택자의 전세공급이 더욱 감소할 것이다.
- 다주택자들이 종부세 중과로 보유 중인 주택 일부를 처분함으로써 전세공급이 감소할 것이다.
- 다주택자들이 종부세 부담으로 전세를 반전세 또는 월세로 전환해 전세공급이 감소할 것이다.
- 다주택자들이 급증하는 종부세 부담을 세입자에게 전가해 전

셋값이 상승할 것이다.

- 2010년대 정비사업 규제 완화 시대(2017년 서울 인허가 실적 7만 4천 가구)에 사업시행인가를 받은 수도권 정비사업이 늘어나 2023년 전후까지 이주철거로 전세수요는 늘어나고 전세공급은 줄어들 것이다.

- 2021~2024년 수도권 입주물량 감소에다 전매제한 기간(최대 10년) 및 거주의무 기간(최대 5년), 양도세 비과세 2년 거주요건 등으로 신축 전세물량이 감소할 것이다.

- 2017년 하반기 이후 서울 등 수도권 정비사업 규제를 강화해 직주근접, 학군 등 입지가 뛰어난 도심 신축이 갈수록 줄어들어 전셋값이 상승할 것이다.

- 사실상 무주택자만 당첨을 받을 수 있는 청약시장에서 3기 신도시 사전 청약 등을 기다리는 대기수요로 인해 전세수요가 늘어날 것이다. 고양(창릉지구), 하남(교산지구)은 이미 늘어나고 있다.

정비사업 규제에서 오는 후유증에 대비하라

KB국민은행 기준 서울 아파트 전세가율이 9월(53.6%)에 전달보다 0.3% 상승했다. 상승장 후반기에는 이례적인 현상이다. 매매가 상승폭보다 전셋값 상승폭이 더 컸기 때문이다. 상승장 후반기 전세가율의 일시적 반등은 과거 참여정부 시절 8·31대책, 3·30대책 전후에도 발생했다. 전셋값 급등으로 전세대란이 일어나고 매매가도 폭등했다.

당시 서울 아파트 전세가율은 47% 안팎으로 전셋값이 매매가를 끌어올렸다고 보기 어렵다. 당시 서울 전셋값은 지금과 마찬가지로 수급 불균형, 즉 전세물량 부족으로 올랐다. 8·31대책과 3·30대책으로 다주택자의 전세공급이 줄어들고 서울·경기의 입주물량 감소까지 겹쳐 전세대란이 발생했다. 당시 매매가 급등 원인은 수급요인 외에 금리가 올랐음에도 집값 상승에 대한 기대감(미래가치)이 높았기 때문이었다. 특히 지속적으로 도심 신축 공급이 부족해 매매가가 오를 것이라는 기대감이 높았다.

2020년 10월 기준 서울 전세가율은 53%대다. 2020년 8월 이후 임대차2법으로 전셋값이 급등하면서 전세가율이 60% 이상 되는 단지가 늘어나고 있다. 전세가율 60%가 넘으면 서울 아파트시장에서 전셋값이 매매가를 끌어올릴 가능성이 매우 높다. 즉 전세 재계약이나 전세난민을 포기하고 매매수요로 돌아서는 세입자가 늘어난다. 강남3구는 50%로 본다.

2017년 이후 역대급 정비사업(특히 재건축) 규제로 2018년 이후 인허가(사업시행인가) 실적이 급감하고 있다. 주거 선호도가 가장 높은 서울 도심에 정비사업이 각종 규제로 중단되거나 지연되고 있다. 그 후유증은 차기와 차차기 정권이 감수해야 할 것이다. 2003~2007년 강도 높은 정비사업 규제의 누적적 증가는 2010년대에 서울 도심 신축 공급을 급감시켰다. 결국 2015년 이후 수도권 상승장에서 희소가치가 높은 정비사업 신축·준신축은 가격이 폭등했다. 문재인 정부 들어서도 재건축 추진 단지나 재건축된 신축·준신축 매매가는 지난 3년간 최소 60% 이상 올랐다. 100% 이상 오른 곳도 있다.

수요는 탄력적이다. 예측하기 힘들다. 반면 공급은 비탄력적이다. 정비사업 인허가 실적을 보면 6~7년 뒤 신축 공급을 예측할 수 있다. 정비사업으로 새 아파트를 공급하는 데 평균 10년 이상(정비구역 지정에서 입주까지) 걸린다. 3기 신도시(지구지정~지구계획승인~토지보상~택지조성공사~택지분양~아파트사업승인~아파트분양~입주)도 마찬가지다. 참여정부 규제의 역사가 문재인 정부에서 그대로 반복되지는 않겠지만 그 흐름은 반복될 것이다.

8·4대책과 문재인 정부의 심각한 현실 인식 오류

2020.8.6.

수도권 주택시장은 매년 여름마다 폭등장이 오면서 휴가철에 규제책이 나오고 있다. 2020년 여름에는 6·17대책, 7·10대책에 이어 8·4대책까지 굵직한 대책이 장마철 물 폭탄처럼 쏟아지고 있다. 이번에는 8·4대책을 통해 주택시장에 대한 문재인 정부의 심각한 현실 인식 오류를 들여다보겠다.

8·4대책 정부 합동 발표전문을 보자마자 문재인 정부의 심각한 현실 인식 오류를 발견했다.

"금년 발표된 6·17대책, 7·10대책 등 수요관리 대책들은 주택

투기에 대한 기대수익률을 확 낮춰 투기수요를 차단하겠다는 정부의지를 시장에 보여주는 조치였다."

정말 정부가 주택 수요를 관리할 수 있다고 믿고 있는 걸까? 공급은 관리가 가능하지만 수요는 관리가 불가능한 영역이다. 하락장에서는 1주택자도 집을 팔고 상승장에서는 3채를 가진 유주택자도 추가로 아파트를 구입하기 마련이다.

이런 시장참여자들의 수요심리를 규제지역 확대 및 부동산 증세 3종 세트(취득세·보유세·양도세 중과)로 관리할 수 있다고 생각하는 건 심각한 현실 인식 오류다. 또 기대수익률을 낮추는 근본적인 정책은 증세가 아니라 공급(특히 서울권 도심 대단지에 4세대 아파트를 짓는 것)을 많이 해 시장에 물량이 쌓이게 하는 것이다.

"공급 부족 우려라는 불안심리를 조기에 차단하고 미래 주택 수요에도 선제적으로 대응하기 위해 금번 '서울권역 등 수도권에 대한 주택공급 확대방안'을 마련했다."

공급부족 불안심리는 지금 시장에 전세물량, 매매물량이 급감하기 때문에 실수요자들이 불안해하며 발생한다. 무주택자가 패닉바잉 하는 것이다.

지금 주택시장에 필요한 건 미래수요가 아니다. 현재수요다. 하루빨리 주택시장에 현재수요를 충족시킬 수 있는 유통물량을 늘려야 한다. 그런데 보도자료를 보면 지금은 서울 아파트 공급물량이 부족하지 않고 2023년 이후 안정적인 주택공급이 이루어질 수 있도록 대응방안이 필요해 8·4대책을 발표했다고 했다. 심각한 현실 인식 오류다.

규제 남발로 지금 시장에 유통매물이 씨가 마르고 있는데 앞으로 5년 이상(입주 기준)을 참고 견디라니 받아들이기 어렵다. 또 미래수요에 부합하는 아파트는 '정부미' 아파트가 아니다. 지분적립형 주택이 아니다. 투룸 소형이 아니다. 공원 대신 임대아파트를 지어 기부채납해 때려 짓는 아파트가 아니다.

> "정부는 서울권역을 중심으로 실수요자를 위하여 양질의 신규 주택이 지속적으로 공급된다는 견고한 믿음을 국민들께 드린다는 자세로 이번 대책을 준비했다."

정부는 정말 양질의 새 아파트가 무엇인지 모른다는 말인가?

이번 8·4 공급 확대책의 핵심은 공공재건축이다. 공공참여형 고밀 재건축으로 앞으로 5년간 5만 가구 이상을 공급한다고 한다. 여기서 5년간 5만 가구는 아마 정부 통계에서 주택공급실적으로 잡는 인허가 실적, 즉 정비사업 사업시행인가 기준 가구 수를 의미하는 것으로 유추할 수 있다.

서울시 재개발·재건축 클린업시스템(cleanup.Seoul.go.kr)에 따르면 5년 이내 사업시행인가가 가능한 추진위원회(추진위) 승인~사업시행인가 전 재건축단지는 131곳이다. 단지당 평균 1천 가구씩 재건축한다고 하면 50곳 이상이 공공재건축을 선택해야 가능한 수치다.

추진위를 구성하려면 먼저 안전진단을 통과하고 정비구역 지정을 받아야 한다. 서울을 기준으로 추진위 승인 단계에서 조합설립인가까지 평균 1년 정도 걸린다. 조합설립인가에서 사업시행인가까지, 즉 인허가 실적으로 잡히는 데 평균 3년 정도 걸린다. 사업속도가 빠른 기준으로 보면 된다.

공공참여형 재건축은 가능할까

공공참여형 재건축은 아무래도 추진위 승인을 받은 압구정, 여의도, 대치 은마와 조합설립인가를 받고 건축심의에서 멈춘 잠실주공5단지가 타깃으로 보인다. 하지만 해당 조합에서 거부감이 상당하다.

사업성 수익성이 뛰어난 재건축단지에서 소유자 2/3 이상 동의를 받아 공공참여형 재건축을 하게 하려면 공공의 '내정간섭'을 감수할 정도의 분명한 '당근'이 있어야 한다. 심각한 현실 인식 오류의 하이라이트는 개발이익의 90% 이상을 토해내라는 것이다.

용적률 최대 500%, 층고 35층이라는 인센티브를 주겠으니 늘어난 용적률의 50~70%를 공공임대 등으로 기부채납하고 재건축 초과이익 환수제(재초환)에 따른 재건축 부담금으로 개발이익의 90% 이상을 토해내라는 것이다. 그것도 SH, LH를 공공관리자 또는 공동시행자로 참여시켜서 말이다. 또 기부채납하는 주택

서울 아파트 마지막 폭등장에 올라타라

중 최소 50% 이상은 장기공공임대(아마 30년)를, 나머지는 지분적립형 주택을 지어야 한다.

도대체 조합원의 이익은 어디에 있나? 재초환 부담금, 기부채납에다 민간택지 분양가상한제(분상제) 적용을 받아(공공재개발처럼 분상제를 적용받지 않는다고 하더라도 인근 시세의 70% 안팎에 분양해야 함) 분양물량이 많을수록 오히려 손해를 본다.

더 심각한 것은 SH, LH의 '신탁통치'를 받으며 과연 서울 3도심 핵심입지에서 개포 래미안블레스티지나 디에이치아너힐스 같은 4세대 신축 아파트를 지을 수 있을까? 이렇게 지어진 재건축아파트는 정부미 아파트가 될 뿐이다.

결론적으로 공공참여형 재건축은 문재인 정부에서 지지부진하다 차기 정부에서 흐지부지될 공급대책이다. 공급계획의 20%인 1만 가구도 실제 공급이 쉽지 않다. 다만 역세권에 위치한 15층 이상, 용적률 300% 안팎 리모델링 추진 대단지는 공공재건축으로 돌아설 수 있는데 재건축 연한 30년과 안전진단을 통과해야 한다. 100% 민간 재건축사업에서 조합원의 이익을 우선하기보다 공공의 이익을 대변하는 공공 정비사업이 가능하다고 생각하는 것 자체가 심각한 현실 인식 오류다.

공공재건축보다 상대적으로 실현 가능성이 높은 게 공공재개발이다. 서울시가 원하는 1순위 공급 확대책이다. 2023년까지 2만 가구를 공급한다는데 역시 사업시행인가 기준 물량을 의미할 것이다. 실제 공급물량은 1만여 가구로 본다.

정비예정 구역과 정비해제 구역이 공공재개발 후보지다. 시는

2020년 8월 14일 합동설명회를 열고 9월 공공재개발 후보지를 공모할 예정이다. 이후 12월까지 토지 등 소유자 과반수 동의로 SH, LH와 공동시행할(또는 조합 단독으로 시행하되 소유자 2/3 이상, 토지면적 1/2 이상 동의로 SH, LH를 공공관리자로 지정할) 공공재개발 정비구역을 지정하고 2023년까지 사업시행인가를 받는다는 계획이다.

종상향과 용적률 상향, 분상제 제외 등을 인센티브로 사업 초기 정비구역을 공략할 예정이다. 2, 3종 일반주거지에서 준주거지로 종상향이 가능한 역 승강장 반경 350m 이내 재개발구역이 최대 수혜지가 될 것으로 보인다.

물론 주거정비지수(주민 동의율·노후도·도로 연장률·세대밀도) 70점을 통과해야 정비구역 지정이 된다. 서울에서 해제된 역세권 재개발구역은 중랑구, 종로구, 성북구, 영등포구, 강동구, 강북구, 마포구 순으로 많다. 조합원 분양물량을 제외한 분양물량 중 50%를 30년 장기임대주택으로 공급하고 나머지 50%는 지분적립형 주택(공공분양·민간분양)으로 채울 것으로 보인다.

한편 인구밀도를 높여 추가로 늘어나는 3기 신도시 분양물량이 2만 가구다. 사전 청약으로 당겨쓴다고 해도 입주시기는 일러야 2025년 이후라는 것은 변함이 없다. 3기 신도시 등 공공택지 사전 청약이 3만 가구라면 입지열위에 있는 인천·경기권에서 미분양이 늘어날 것이다. 이미 7월부터 인천·경기에서는 선호도가 떨어지는 공공택지와 구도심 정비사업에서 미분양이 늘어나기 시작했다.

눈여겨보아야 할 유휴부지 활용

8·4대책에서 유의미한 공급계획은 '유휴부지 활용'이다. 태릉CC, 용산 캠프킴 등 신규택지 3만 3천 가구다. 이 중 서울권 무주택 청약자에게 인기 있을 곳으로 용산 캠프킴, 상암DMC, 서부면허시험장, 반포 서울조달청, 서초2동 국립외교원, 과천정부청사 유휴부지가 손꼽힌다. 그런데 마포구와 과천에서 사전협의 없이 자족시설 부지에 임대아파트만 공급한다고 반대가 거세다. 서울권은 기반시설이 충분하니 빈 땅(노는 땅이 아닌 자족시설이 들어서기로 한 땅)에 아파트를 때려 지어도 된다는 건 어느 시대 발상인가?

이와 관련해서 서울시는 상암DMC, 서부면허시험장, 서울의료원(8·4대책 증가분 2,200가구) 등 시유지·구유지·SH 보유지 11곳, 아파트 1만 2천 가구 공공분양 및 청약자격을 구체적으로 밝혔다. 이는 다음과 같다.

50대 이상 무주택자에게 절대 유리한 청약가점제로 공급하지 않는다. 지분적립형 분양주택의 경우 100% 추첨제로 30~40대 무주택 세대주에게 우선공급한다. 신혼부부, 생애최초 등 특별공급으로 70%를 공급하고, 나머지 30%는 월평균 소득 150% 이하 무주택 세대주에게 공급할 계획이다. 지분적립형 분양주택은 신혼희망타운처럼 전용면적 40~50타입 투룸으로 공급할 것으로 보인다.

그런데 지분적립형 분양주택은 전매제한 기간이 무려 20년이다. 서울시는 10년이라고 하는데, 거주의무 기간도 5년이다. 또

20년 이상 걸려 나머지 지분을 100% 확보해야 내 집이 된다. 참여정부의 토지임대부 아파트에서 보듯 이런 특수 분양아파트는 환금성이 떨어져 시세 차익을 얻기 어려운 임대 아닌 임대아파트가 될 것이다. 차라리 분양 전환되는 10년 공공임대가 낫다고 본다.

지금 수도권 주택시장은 '보릿고개'에 직면하고 있다. 보릿고개처럼 쌀보리가 없어 먹을 게 없는 시기다. 그런데 8·4대책은 5년 뒤 쌀(새 아파트)을 많이 생산할 테니 참고 견디라는 정책이다. 지금 당장 전세물량과 매매물량이 없어 패닉바잉을 하는데 5년을 기다리라니 말이 되는가?

문재인 정부는 과거 보릿고개 시절 경주 최 부자처럼 곳간을 열어 '쌀'을 나눠줘야 한다. 그게 바로 1년 이상 양도세 중과 한시적 유예로 시장에 유통물량을 단기간에 늘리는 것이다. 그래야 30~40대 무주택자들이 '소나무 껍질'을 먹지 않고(패닉바잉) '춘궁기'를 이겨낼 것이다.

부동산 정책 급변침에
어떻게 대응해야 할까?

2020.7.30.

저가 시장인 인천 중구 영종국제도시에서 7·10대책 이후 수도권
미분양 증가세 신호탄을 쐈다. 남동구, 미추홀구, 부평구의 입주
권·분양권 급매가 누적되고 있다. 반면 초고가 시장인 압구정은
다시 신고가 행진이 시작되었다. 한마디로 초양극화 시대다.

7·10대책 이후 급발진하는 부동산 정책에 대해 유주택자의 피
로감이 상당하다. 특히 보유 중인 아파트 전세 재계약을 앞두고
있는 유주택자는 전월세상한제, 계약갱신청구권 등 임대차3법에
피로감을 호소하고 있다. 2020년 하반기 이후 2년 만기 재계약이
돌아오는 초신축 아파트를 보유한 유주택자들의 피로감은 극에

달하고 있다. 2018년 하반기 및 2019년 상반기 수도권 입주아파트는 현재 전셋값이 2년 전보다 최소한 2억 원 이상 올라 임대차 3법 소급 적용 시 직격탄을 맞게 된다. 이 시기의 입주물량은 서울 5만 가구, 경기 18만 6천 가구 등 수도권 26만 3천 가구다.

서울에서는 송파헬리오시티, 아크로리버하임, 래미안명일역솔베뉴, 고덕그라시움, 개포 래미안블레스티지 등이 피해(?)가 클 것이다. 수도권 신도시에서는 특히 2018년과 2019년 입주물량이 3만 8천 가구에 달한 화성 동탄2신도시가 대표적이다. 또 남양주 다산신도시도 1만 가구가 7월 이후 재계약을 앞두고 있다.

지금부터 2018년 이후 문재인 정부의 부동산 정책 급변침(급선회)의 과정을 정리하고 유주택자의 대응전략을 제시한다.

급변침 속 피해를 보는 무주택자

'급변침'이란 말은 지난 2014년 4월 세월호 참사에서 처음 알았다. 이 말을 쓰고 싶지 않지만 그만큼 문재인 정부의 부동산 정책이 급선회하고 있다는 뜻이다. 급변침이 잦을수록 최대 피해는 서민이 본다. 다주택자에게는 스트레스를 줄 뿐 결과적으로 부자와 빈자의 자산격차는 갈수록 벌어질 것이다.

문재인 정부 부동산 정책의 급변침은 2018년 12월 3기 신도시 발표부터 시작되었다. 2017년 8·2대책까지 정부는 강남 등 서울 주택공급이 부족하지 않다고 했다. 하지만 2017년 9월부터

서울 아파트 마지막 폭등장에 올라타라

2018년 3월까지 폭등장이 이어지고 그해 4월 조정대상지역 양도세 중과로 조정장세를 보이다 2018년 6월 이후 다시 폭등장이 재연되었다. 정부는 이에 2018년 하반기부터 허겁지겁 3기 신도시 건설계획을 졸속 추진했다. 그리고 그해 12월 3기 신도시 1차분을 발표했다.

졸속으로 추진된 3기 신도시는 차기 정부에 엄청난 부담을 안겨줄 것이다. 2기 신도시, 판교 같은 신도시를 기대해서는 안 된다. 더욱이 무차별 규제책으로 전매제한 최대 10년, 거주의무 최대 5년으로 분양받은 무주택자가 2025년 이후 입주시점에 하락장을 맞을 가능성이 높다. 3기 신도시 공급(입주) 타이밍은 주택시장 사이클상 늦을 가능성이 높다.

급변침하는 부동산 세제와 공급정책

두 번째 정책 급변침은 부동산 세금이다. 2019년 12·16대책 이후 정부는 수도권 집값 하락에 대한 자신감 때문인지 종부세를 올리고 거래세(취득세)를 낮추는 세제 개편안을 추진한다고 했다. 2019년 12월 24일 기획재정위원회 민주당 간사인 김정우 의원은 "당정은 보유세를 강화하면서 거래세는 낮추는 방향을 검토하고 있다."라고 밝혔다. 이에 앞서 12월 20일 홍남기 경제부총리 겸 기획재정부 장관도 "보유세를 높이고 거래세를 낮추는 방향으로 나갈 것"이라고 말했다.

그러나 2020년 6월 이후 수도권 집값이 폭등하자 6·17대책, 7·10대책을 잇달아 발표하면서 부동산세제 정책이 급변침했다. 양도세와 보유세는 더욱 늘리면서 취득세도 늘리는 부동산 증세 3종 세트를 추진하겠다는 것이다. 취득세 인하를 밝힌 지 6개월 만에 취득세 중과로 급변침했다. 이에 정부는 취득세율 최대 12%는 다주택자의 기대수익률을 낮추기 위한 불가피한 선택이라고 변명했다.

우리나라는 OECD 국가 중 거래세와 양도세가 이미 최고 수준이다. 선진국보다 낮다는 보유세도 이제는 미국(2.7%)을 따라잡고 있다. 조정대상지역에서 총 시가 23억 3천만 원 이상인 2채를 보유한 개인 종부세율은 2021년부터 최소 3.6%다.

문재인 정부의 조바심이 극에 달하고 있다. 7·10대책 이후 갑자기 재건축 용적률을 완화해 공급을 늘리겠다고 급변침했다. 서울 등 투기과열지구에서 재건축단지는 조합설립인가 후 거래를 금지시키고 재건축 초과이익 환수제(재초환)로 개발이익 부담금을 추징하겠다면서 갑자기 용적률을 올려 재건축을 허용하겠다니?

압구정 현대 등 중층 재건축단지는 재초환을 피하고 임대주택을 짓지 않기 위해 1대1 재건축까지 추진 중이다. 그런데 용적률을 높여줄 테니 원가 이하로 임대아파트를 지으라고? 임대주택이 싫으면 원가 이하로 공공분양을 지으라고?

핵심으로 들어가 조합 분양수입의 대부분을 차지하는 일반분양가는 얼마에 책정해주겠다는 건가? 이미 주택도시보증공사(HUG)의 분양가 통제에 시달리고 있는데 이제 공동시행사로 참여하는 LH, SH의 간섭까지 받으면 어떻게 되겠는가?

8월 이후 민간택지 분양가상한제(분상제)가 적용되면 국토부의 통제(일반분양가 책정에서 최종 승인권자는 국토부 장관)를 받아야 한다. 공공재건축에 분상제가 적용되지 않더라도 이미 HUG의 분양가 통제로 분양물량이 많을수록 사업성과 수익성이 떨어지고 있다. 또 4세대 중대형 아파트를 지향하는 조합과 초소형 소형 3세대 정부미 아파트를 대량 공급하려는 정부는 공존이 불가능하다.

용적률 상향 최우선 타깃은 잠실주공5단지 또는 여의도로 보인다. 하지만 이들 단지는 용적률 상향이라는 당근과 공공임대라는 채찍을 뺀든 공공재건축에 거부감을 나타내고 있다. 압구정, 반포 잠원, 대치동 은마는 언급할 필요도 없다.

분양가 자율화 및 4세대 고급화 설계가 선행되지 않는다면 기존 아파트는 용적률이 낮고 땅값이 비쌀수록 일반분양 물량이 늘어나 사업성이 악화될 것이다. 최악의 경우 재초환 부담금만 늘어나는 정부미 아파트가 될 것이다. 래미안원베일리가 1+1을 늘리고 상가 조합원에게 추가 분양해 일반분양분을 500여 가구에서 200여 가구로 줄인 이유다.

공공임대 대신 토지임대부로 공공분양을 한다는 것은 MB정부의 사전 청약에 이어 참여정부의 토지임대부까지 화려한 컴백인가? 실패한 편법을 쓰지 말고 지속 가능한 정공법(정비사업 규제 완화로 조합, 즉 민간주도형 공급 확대)을 써야 한다.

비강남3구에서 공공재건축을 추진할 수 있는 대규모 단지는 양천구 목동신시가지나 상계주공, 창동주공 등 노도(노원·도봉구) 중층 단지가 있다. 그런데 대부분 안전진단도 통과하지 못했다. 안전진단 통과 권한이 2021년부터 시도로 넘어가니 서울시장과의 협의만으로 안전진단을 통과시키겠다는 것인가?

참 답답하다. 재개발이든 재건축이든 정비구역 지정에서 입주까지 평균 13년 이상이 걸린다. 즉 3기 신도시보다 더 시간이 오래 걸리는, 고난이도 공급 확대책이다. 반드시 이주철거를 해야 하니 이번 정부에서는 멸실주택 증가로 매매가·전셋값 동반 상승이라는 부작용이 불가피하다.

임대차3법도 대표적인 급변침 사례다. 2020년 5월까지는 전월세신고제를 2021년 12월 먼저 시행하고 1년 뒤 전월세상한제, 계약갱신청구권을 도입하기로 했다. 하지만 4월 총선에서 여당이 압승하고 6·17대책 전후로 전셋값이 급등하자 급변침했다. 전월세상한제 및 계약갱신청구권을 우선 8월 중 소급 적용해 시행하기로 했다. 전월세신고제는 전산시스템을 구축하는 2021년 6월 이후 시행하기로 했다.

2021년 상반기까지 전세금을 시세에 맞춰 올리려는 집주인과 재계약을 하려는 세입자 간 '밀약'이 가능해져 전월세시장은 혼란이 극에 달할 것이다. 모든 게 뒤죽박죽이다.

급변침에 흔들리지 말고 복지뇌동하라

부동산 정책이 급변침 중인 '문재인호'에서의 생존전략은 복지뇌

동(伏地腦動)이다. 머리를 굴리되 움직임을 최소화하고 '존버(Buy&
Hold)'해야 한다.

7·10대책 이후에도 상위지역 갈아타기 전략은 여전히 유효하
다. 자산소득을 늘리고 싶다면 재건축 등 정비사업 한 채는 내 것
으로 만들어야 한다. 입주시점에 84타입 기준으로 최소한 20억
원 이상 될 곳에 투자하라. 문재인 정부에서 사업시행인가까지 가
능하다면 좋다. 자산을 극대화하고 싶은 일시적 2주택자는 과감
히 연말까지 모두 처분하고 '1정비사업주택+1대체주택'으로 갈아
타는 것을 추천한다.

일단 보유주택을 모두 처분해 무주택으로 만들고 관리처분인
가 전 단계인 재개발·재건축 등 정비사업 종전주택을 매수하고
(1주택) 바로(사업시행인가 후) 대체주택을 매수하라(2주택). 종전주
택 취득 후 1년이 지나지 않아 대체주택을 매수해도 일정요건을
갖추면 2채 모두 양도세 비과세 혜택을 받을 수 있다.

종부세가 부담된다면 똑똑한 1주택을 남겨두고 나머지를 연내
처분하라. 동시에 연내에 입주권을 매수해 '1주택+1입주권'으로
세팅하라. 역시 일정요건을 갖추면 2채 모두 양도세 비과세 혜택
을 받을 수 있다.

2021년 6월 이후 종부세 폭탄을 맞는 다주택자는 2021년 5월
이전, 2022년 5월 이전, 2023년 5월 이전에 양도차익이 적지만
종부세 부담이 큰 주택부터 처분해 주택 수를 줄여야 한다. 최소
한 2024년까지는 7·10대책의 종부세 안이 유지될 것이다.

7·10대책 이후
시장참여자들의 심리와 대응전략

2020.7.23.

7·10대책 이후 주택시장은 한마디로 정중동(靜中動)이다. 여름 휴가철과 부동산 법률 개정안 국회 본회의 의결을 앞두고 있어 거래는 소강상태다. 특히 종부세 직격탄을 맞은 초고가 아파트시장은 관망세가 짙다. 보합세다.

동마용성(동작·마포·용산·성동구), 서대문구, 강동구, 과천, 동판교 등의 84타입 15억 원 초과 고가 아파트시장은 지난해 12·16대책 이전보다 1억~2억 원 올랐다. 7·10대책에도 매물 부족이 심해 강보합세다. 6억 원 이하 저가 아파트와 9억 원 안팎 중가 아파트도 실수요자 매수세가 계속되어 강세장이 유지되고 있다.

서울 아파트 마지막 폭등장에 올라타라

반면 6·17대책으로 규제지역으로 지정된 인천, 부천, 시흥, 안산, 고양일산, 의정부, 양주 등은 급매물이 나와 소화 중이다. 투기과열지구가 된 수원과 성남 수정구도 마찬가지다. 약보합세 또는 조정장세가 끝나려면 6개월 안팎의 시간이 필요할 것이다.

7·10대책 이후 시장참여자들의 심리와 대응전략을 소개한다.

7·10대책 이후 시장참여자들의 심리

우선 정부가 늦어도 2021년 5월까지 팔라고 강요하는 다주택자들의 심리다.

역대급 규제책이 나왔다고 다주택자들이 바로 급매로 쏟아내지는 않는다. 다주택자들은 대부분 참여정부에서 규제책에 단련된 사람들이다. 특히 초고가 아파트를 보유한 사람들은 말이다. 대응능력이 뛰어나 조바심에 섣불리 매물을 내놓지 않는다.

다주택자가 가장 스트레스를 받는 규제책은 종부세 부담과 5% 전월세상한제로 대표되는 임대차3법이다. 7·10대책 이후 초고가 아파트 매물이 종부세 부담으로 일부 나오고 있지만 많지 않다. 아직 2021년 5월까지 매도할 시간이 남아 있고 종부세안이 확정되지 않았기 때문이다.

다주택자 초고가 매물은 종부세안이 확정되고 2020년 종부세액을 납부하는 12월 이후에 조금씩 나올 것으로 보인다. 특히 법인 명의 또는 단독 명의로 보유해 종부세 부담이 크게 늘어나는 다주택자의 매물이 나올 것이다. 매물량은 지난 6월 말에 끝난 다주택자 양도세 중과 유예 때보다는 좀 더 많을 것으로 예상된다.

법인이 보유 중인 수도권 중저가 아파트 매물량도 2020년 12월 이후 늘어날 것으로 예상된다. 반면 시장을 이끄는 서울권 핵심입지 15억 원 안팎 고가 아파트는 매물량이 증가하지 않을 것이다. 똘똘한 아파트 쏠림 현상으로 전세난과 매물난 이중고가 갈수록 악화될 것이다.

다주택자가 스트레스를 받는 또 다른 규제책은 임대차3법이다. 특히 송파헬리오시티처럼 2020년 하반기 이후 입주 2년을 맞는 초신축이 그렇다. 전월세상한제와 계약갱신청구권이 소급 적용된다면 전셋값을 5%만 올려서 재계약을 해야 하는 형편이다.

다주택자들은 전월세상한제 5% 리스크를 헤지하기 위해 전세를 반전세로 돌리고 있다. 매매·전세 동반 상승 중인 고덕 초신축, 그라시움과 아르테온의 84타입은 매매가 16억 원 이상, 전셋값 8억 원 이상으로 호가가 나오고 있다.

결국 종부세, 재산세 등 보유세 급증은 전월세 폭등을 초래할 것이다. 7월에 20% 안팎 오른 서울권 재산세 고지 이후 본격적으로 전월세에 전가되고 있다.

6월 아파트 매매거래량을 보면 서울이 1만 5천 건 이상, 경기가 3만 5천 건 이상에 달할 것으로 보인다. 다주택자든 1주택자든 매도한 사람이 손에 쥔 돈은 어디로 갈까? 6월에 동시에 팔고 산 사람보다 팔고 나서 7월에 현금을 쥐고 있는 사람이 더 많을 것이다. 여기에 2년 전보다 서울권 초신축·신축 전셋값은 2억 원 안팎 올랐다. 주변에 2억~3억 원을 갖고 있는 사람들이 많은 이유이기도 한다. 8월 하순 이후 실수요자가 이끄는 유동성 장세가 주목되는 대목이다.

7·10대책 이후 시장참여자들의 대응전략

7·10대책 법안이 예정대로 시행된다고 하더라도 서울권 상승세는 지속될 것이다. 1주택자와 일시적 2주택자가 주도하는 실수요 장세가 계속될 것이다. 이에 따라 비강남2구 84타입 신축 20억 원 돌파가 2020년 안에 나올 것으로 예상된다. 송파헬리오시티를 비롯해 마포(마포프레스티지자이, 신촌그랑자이), 동작(아크로리버하임), 과천(과천푸르지오써밋, 위버필드)이 유력하다.

서울권 중저가 시장에서는 신축 10억 원 시대가 열렸다. 강북구에서는 지난 6월 29일 미아동 송천센트레빌 84타입이 최초로 10억 원대에 진입했다. 꿈의숲롯데캐슬이 뒤를 이을 것이다. 이에 앞서 하남 미사강변도시 미사강변푸르지오1차가 10억 원 클럽에 가입했다.

7·10대책에 따라 취득 시, 보유 시, 양도 시 세 부담을 모두 증가시킨 세법 개정안은 한마디로 극약처방이다. 지속 가능한 규제책은 아니라고 생각한다. 결국 다주택자의 추가 주택구입을 차단함으로써 전월세 공급물량이 끊길 것이다. 전월세 가격이 폭등할 것이다. 특히 자가점유율과 전세가율이 모두 낮은 강남3구 초신

축(입주 2년 이내)·신축(입주 5년 안팎)·준신축(입주 10년 안팎)은 전셋 값이 폭등할 것이다.

7월 말 부동산 법안 국회통과 후 시행일이 결정 나면 무주택 자·유주택자 모두 적극적으로 대응해야 한다.

시가 총액 30억 원이 넘는 다주택자는 종부세에 대비해야 한 다. 증여는 서두르고 매도는 2021년 1월 이후 하면 될 것이다. 매 도 후 갈아타기 상품은 입주권을 추천한다. 철거 완료된 입주권은 종부세 부담이 없고 다주택자도 취득세율이 4.6%이기 때문이다.

임대사업자 법인 투자자는 각자도생이다. 다만 시세 차익형으 로 투자했지만 규제지역 확대로 보유가치가 떨어지는 비서울권 구축은 과감히 정리해야 할 것이다. 아무리 늦어도 2022년 5월까 지 말이다. 가급적 2021년 말까지 매도를 추천한다.

임대등록을 하지 않고 3주택 이상을 보유 중인 다주택자는 2020년 12월까지 똑똑한 2채로 과감히 구조조정을 하는 게 좋다.

일시적 2주택자는 취득세 중과와 양도세 중과에서 자유롭다. 또 3년 이상 보유했다면 9억 원 초과분에 장기보유특별공제를 받 을 수 있다. 자금 여력이 있다면 2020년 12월까지 일시적 2주택 으로 세팅하는 게 가장 이상적이다.

똑똑한 아파트로 갈아타려는 일시적 2주택자는 '1주택+1입주 권'을 추천한다. 종전주택을 취득한 지 1년이 지났다면 입주권을 매수하라. 입주권을 사면 대부분 3년 이내 완공되기 힘들어 종전 주택을 입주권 새 아파트 입주 2년 이내만 팔면 양도세 비과세 혜 택을 받을 수 있다. 처분조건부로 이주비대출을 승계받으면 새 아파트 등기 6개월 이내 기존주택을 양도세 비과세를 받고 처분하면 된다.

서울권(서울 3대 도심을 지하철로 30분 이내 도착할 수 있는 곳. 2020년 7월 기준 신축 10억 원 돌파 생활권) 중 직주근접성과 리테일(소매점) 접근성(슬세권; 슬리퍼처럼 편한 복장으로 편의시설을 이용할 수 있는 주거 권역)을 갖춘 2005년 이후 입주 아파트를 추천한다. 물론 가장 똘똘한 아파트는 강남 접근성이 좋은 정비사업 신축·준신축이다.

여기에 더 추가하자면 3기 신도시보다 확실한 비교우위에 있는 1, 2기 신도시의 구축·신축을 추천한다. 1기는 분당처럼 재건축이 가능해야 한다. 2기는 판교, 광교처럼 성숙기나 위례처럼 성장기에 진입하는 대규모 공공택지가 좋다.

무주택자의 경우 인서울을 고집한다면 가점 50점 미만은 과감히 청약을 포기하라. 인서울을 고집하지 않는다면 인천으로 이사 가면 된다. 서울권 준신축에서 앞에 언급한 입지 조건을 갖춘 재고아파트를 매수하라. 분양권과 입주권도 적극 공략 대상이다. 입주까지는 전세자금대출을 받아 버티기만 하면 될 것이다.

1억~3억 원 소액 여유자금 투자처를 규제지역에서 찾는다면 매우 제한적이다. 무주택자라면 서울권 분양권으로 하는 내 집 마련을 가장 추천한다. 취득세 중과에서 자유로운 아파텔(아파트와 오피스텔의 합성어로 주거용 오피스텔을 의미) 분양권도 추천한다. 무주택자가 오피스텔 분양권을 보유해도 청약 가점을 유지할 수 있다. 다만 입주 후 주택으로 사용할 경우 무주택 가점이 사라진다. 오피스텔 분양권은 다주택자도 중도금대출 규제를 받지 않는다. 입주시 취득세 중과도 적용되지 않는다. 또 아파트 분양권처럼 양도세 중과 대상도 아니다.

수도권 전역이 규제지역으로 지정되어 앞으로 100실 이상 분양한 오피스텔 분양권도 전매가 금지된다. 또 수원광교, 안양평촌처럼 비규제 시절 분양한 오피스텔 분양권을 투기과열지구로 지정된 후 매수할 경우 소유권이전등기까지 매도할 수 없다.

서울 아파트 전세가율 54%는 참여정부 폭등장이 시작된 2005년 40%대 후반보다 높은 수준이다. 2006년에 비해 10%포인트 높다. 물론 전세대출이 전세가율 하방경직성에 기여하고 있다. 그러나 갈수록 전세대출 규제 수위가 높아지고 2020년 4월 이후 매매·전세 동반 상승세가 이어지고 있다. 이것이 무엇을 의미하는지 한번 생각해보기 바란다.

6·17대책, 7·10대책 등 정부의 규제책에 시장은 어떻게 역습할까? 역습의 전조는 이미 지은 지 40년 되는 재건축아파트 전셋값 상승에서 시작되었다. 9월이면 준공된 지 만 41년이 되는 대치동 은마는 총 4,424가구 중 전세물량이 2020년 7월 23일 기준 67건(아실 기준 인터넷 매물, 중복 제외)이다. 불과 한 달(313건) 전보다 80%가 줄었다. 연내 조합설립인가 신청이 힘들어 조합원 분양을 받으려면 2년 거주요건을 채워야 하는 재건축 규제책 영향도 크다.

반등했는데
아직도 급매만 찾는 사람들

이미 반등했는데 과거 실거래가에 집착하는 사람들을 보면 참 답답하다. 강남 초고가 시장이 반등해 1억 원 오른 가격에는 사지 않겠다고 급매만 기다리는 사람들이 있다. 비단 강남 초고가 시장뿐만 아니라 고가 시장, 중저가 시장에도 이런 사람들이 적지 않다.

직전 실거래가보다 높은 가격에 매수하는 것을 왜 꺼릴까? 비정상적인 시장에서 거래되었던 지난 실거래가가 무슨 의미가 있단 말인가? 반등한 가격을 인정하지 않고 과거(실거래가)에 집착하는 사람은 자신만의 투자원칙이 없기 때문이다. 아니면 부동산 투자에 맞지 않는 멘탈을 갖고 있거나 말이다.

2020년 5월 중순이 지나며 이미 급매는 소진되었고, 갈수록 급매물의 희소가치가 높아지고 있다. 그런데도 3~4월 가격의 급매를 찾는 사람들을 보면 이번 수도권 상승장에서 소외된 사람이 대부분이라는 공통점을 갖고 있다.

송파헬리오시티의 경우 과거 18억 원대일 때는 17억 원대 매물을 찾고, 지금 17억 원대로 하락했는데 16억 원대 매물을 찾고 있다. 등기 후 급매물이 쏟아진다고? 지금 17억 원대에 로열동 로열층을 매수하겠다는 역발상 투자를 왜 하지 못할까? 갈수록 높아지는 희소가치에 왜 베팅하지 못할까? 비단 돈이 부족해서만은 아닐 것이다. 돈이 부족하다면 84타입을 포기하고 59타입에 투자하면 된다.

일부에서는 2020년 반등장이 2019년 반등장과 다르다고 하지만 그렇지 않다. 흐름은 반복된다. 시장참여자들의 심리는 바뀌지 않기 때문이다. 다만 2019년 반등 시기보다 2020년 반등이 6주 정도 늦었을 뿐이다.

5월 들어 매주 거래량이 갈수록 늘어나고 있다. 거래량 추세가 이미 변했다. 전셋값도 신고가 행진이다. 2년 전보다 전셋값이 2억 원 안팎이 오른 강남의 전세입자는 어떤 선택을 할까? 주택시장 동행지수인 매수우위지수도 서울은 5월 넷째 주 65.8로 0.8포인트 반등했다. 수치로 보면 5월 셋째 주인 5월 11일 이후 매수세가 강해지기 시작했다.

5월 24일 이후 즉 5월 다섯째 주 주말이 지나면 강남 초고가 시장뿐만 아니라 수도권 시장은 이전과 다른 흐름을 보일 것이다. 추격매수가 시작될 가능성이 크다. (2020.5.18.)

서울 아파트 마지막 폭등장에 올라타라

7·10대책 이후
다가올 전세대란에 대비하라

2020.7.16.

6·17대책 이후 폭포수처럼 쏟아지는 부동산 규제책으로 인해 시장참여자들 모두 혼란의 도가니에 빠졌다. 임대차3법의 소급 적용 위헌성 논란이 불거지면서 이제 세무사 수준의 세무지식은 물론 변호사 수준의 법률지식까지 갖춰야 하는 시대다. 진정 소급(眞正遡及)과 부진정 소급(不眞正遡及)의 의미를 알아야 한다. 누군가의 말처럼 이제는 임시국회 소집기간과 본회의 일정까지 알아야 할 지경이다. 7월 임시국회가 16일에 열렸다. 지방세법, 주택임대차보호법 등 각종 부동산 법률 개정안이 8월 4일 본회의에서 의결될 예정이다.

7·10대책 중 종부세, 주택 및 아파트 분양권 양도세 중과는 2021년 6월 이후 시행된다. 취득세 중과(2020년 7월 10일까지 계약하고 지방세법 시행령 개정안 시행일 이후 3개월 이내 잔금지급 시 제외) 및 아파트 장단기 등록 매입임대사업 폐지는 7월 11일부터 시행되었다. 전월세상한제, 표준임대료 등 임대차5법은 이르면 8월 이후, 양도세 과세 시 1주택자도 분양권 주택 수 포함은 2021년 1월 이후 시행될 예정이다.

이번에는 지난 4월 이후 심상치 않은 수도권 아파트 전세시장을 다뤄볼까 한다. 씨가 마를 정도로 전세수급이 심각하다.

서울 재건축단지 대부분의 전셋값이 오르고 있다. 반포주공1단지처럼 재건축 초과이익 환수제를 피하고 이주예정인 단지에서부터 압구정 현대, 대치 은마, 개포주공5, 6, 7단지처럼 안전진단을 통과하고 정비구역 지정 또는 조합설립을 추진 중인 재건축 초기단지까지 모두 전셋값이 상승세다. 심지어 지은 지 50년이 다 된 여의도 시범아파트도 전셋값이 오르고 있다.

6·17대책에 이어 7·10대책으로 다주택자의 전세공급이 끊어지고 있어 전셋값 상승폭은 더욱 커질 것으로 보인다. 참여정부 시절 2005년 8·31대책 이후 1년 이상 지속된 전세대란이 재연될 조짐이다.

전세대란의 근본적인 원인은 크게 2가지다. 정책요인과 수급요인이다.

전세대란의 원인 첫 번째, 정책요인

먼저 정책요인을 보겠다. 참여정부 집권 3년 차에 8·31 대책이 있었다면 문재인 정부에서는 집권 3년 차에 12·16대책이 있다. 참여정부 4년 차에 3·30대책이 있었다면 문재인 정부 4년 차에 7·10대책이 있다. 15년 차이에도 불구하고 참여정부와 문재인 정부의 부동산 대책의 방향(정책 목표)은 너무나 똑같다.

바로 다주택자의 투기수요를 억제하기 위해 양도세·종부세를 중과하고, 정비사업(특히 재건축)을 차단하는 것이다. 문재인 정부는 여기에 취득세 중과까지 더해 부동산 중세 3종 세트를 완성했다.

참여정부 부동산 대책의 종합세트 또는 완결판이라는 8·31대책(종부세 세대별 합산과세, 2주택 이상 다주택자 양도세 50~70% 중과, 분양가상한제, 전매금지 등)이 발표되고 다음 해인 2006년까지 수도권 전셋값이 폭등했다. 한마디로 전세대란의 시기였다. KB국민은행 통계 기준으로 8·31대책 이후 1년간 서울 아파트 전셋값 상승률은 10%를 넘었다. 전셋값 두 자릿수 상승은 매매시장이 시장을 주도하는 상승장에서 매우 드문 현상이다. 2000년대 수도권 상승장, 즉 전세가율 하락기(2000년 10월~2009년 1월) 7년 4개월간 서울 전셋값 누적 상승률은 20.1%에 불과했다. 같은 기간 서울 매매가는 109.5% 올랐다. 8·31대책 이후 전세대란은 2006년에도 계속되어 결국 서울 아파트 매매가 폭등(24%)으로 이어졌다. 당시 전셋값 폭등을 분석한 2006년 12월 보고서를 인용해보겠다.

- 보유세 부담이 늘면서 집주인들이 전세를 월세로 돌리거나 세입자에게 보유세를 전가하고 있으며, 부동산 정책의 부작용으로 주택공급이 감소함에 따라 서울지역의 전셋값이 폭등하는 현상이 나타나고 있음
- 전셋값 상승은 계절적 요인에 의한 일시적인 수급 불균형으로부터 발생했다기보다는 전세가 월세로 전환되는 구조적 변화에 기인되는 것으로 평가
- 2005년도 인구통계에 따르면 2000년도에 비해 월세는 42.5% 증가한 반면 전세는 12.0% 감소해 전세와 월세는 거의 반반 수준에 이르고 있음
- 전셋값 상승의 근본적 원인은 부동산 정책 강화에 따른 수급 불균형 때문인 것으로 평가됨
- 양도세 부담이 증가함에 따라 전세를 월세로 전환하여 공급부족 발생
- 보유세 강화에 따라 주택 수요를 지연하는 구매자가 발생하는 한편 다주택자가 보유세를 세입자에게 전가함에 따라 전세값이 상승하고 있음
- 그동안 임대주택 공급에 크게 기여했던 다주택자들이 보유세 강화로 인해 주택을 처분함에 따라 전세주택 공급이 감소하고 있음
- 규제 강화에 따른 주택공급의 부족도 전셋값 상승의 원인으로 작용

조경엽의 『참여정부의 부동산 정책 평가와 향후 전망』 중에서

전세대란의 원인 두 번째, 수급요인

이제 수급요인을 살펴보겠다. 참여정부와 문재인 정부는 모두 이전 정부의 규제 완화책, 공급 확대책(DJ정부의 외환위기 후 주택시장 부양책과 MB정부의 보금자리주택 및 박근혜 정부의 정비사업 공급 확대책)으로 인해 집권 초기에는 수도권 입주물량이 충분했다. 참여정부 집권 2년차였던 2004년은 유일하게 매매가와 전셋값이 모두 안정되던 한 해였다. 이때 서울 8만 8천 가구, 경기 13만 3천 가구 등 수도권 입주물량이 24만 1천 가구에 달했다. 하지만 2005년부터 규제책, 공급 감소책의 후유증이 나타나기 시작해 입주물량이 감소세로 돌아서면서 2007년에는 15만 가구까지 줄어들었다.

문재인 정부에서도 똑같은 추세다. 집권 2년차인 2018년에 수도권 입주물량이 2000년 이후 가장 많았다. 27만 1천 가구에 달했다. 하지만 2019년부터 줄어들기 시작해 2021년에는 14만 2천 가구에 불과하다. 입주물량 감소세는 2024년 이후에야 증가세로 돌아설 것으로 보인다.

수도권 전셋값 안정에 크게 기여했던 위례, 광교, 동탄2 등 2기 신도시 입주물량이 사라졌다. 설상가상으로 2021년 서울 입주물량은 2만 8천 가구에 불과해 2000년 이후 최저치다. 3기 신도시는 일러도 2028년 이후 입주가 시작될 것이다.

부동산 증세책으로 다주택자가 공급하는 전세물량이 급감하니까 문재인 정부는 전월세상한제, 계약갱신청구권, 표준임대료 등 임대차5법을 서둘러 도입하려고 한다. 그런데 정부가 애지중지하는 실수요시장인 전세시장에서 공급부족으로 전셋값이 오르는데 임대차5법으로 전셋값을 억누를 수 있을까? 집주인이 전세를 반전세나 월세로 돌리면? 그리고 다주택자만 아파트 전세를 주는게 아니다. 1주택자나 일시적 2주택자 중 전세를 주는 사람도 적지 않다. 서울 자가점유율 42.7%가 이를 방증하고 있다.

이번에는 다르며, 참여정부보다 규제책 강도가 세졌고 더욱 정교해져 흐름이 반복되지 않을 것이라고 하지만 그렇지 않다. 7·10대책 이후 전세대란 가능성은 99%다. 다주택자가 공급하는 전세물량이 끊기고 다주택자의 전세물량이 반전세 또는 월세로 전환이 가속화되면 2005년 8·31대책 이후 전세대란이 반복될 것이다.

규제책으로 인한 시장 왜곡으로 전세가율이 상승하는 기현상까지 일어난다면 매매가까지 폭등할 것이다. 시가 15억 원 초과 LTV 0%라는 12·16대책 이후 2020년 4월 한때 초신축인 개포래미안블레스티지 전세가율이 60%까지 치솟은 적 있었다. 그리고 다음달 5월 매매가가 반등했다.

현재 54%대에 머물고 있는 서울 아파트 전세가율이 60% 넘는 단지부터 전세수요가 매매수요로 급속히 전환할 것이다. 이미 2019년 12·16대책 이후 전세가율이 65% 안팎인 성북구, 노원구, 수원, 광명, 분당, 서판교 등 서울권 중고가 시장은 무주택자 등 실수요자의 매매수요가 증가하고 있다.

2020년 7월 기준 수도권 아파트시장은 실수요자에 의해 전셋값이 오르고 매매가도 오르는 시장이다. 이게 정말 무서운 팩트다. 실수요자가 시장에서 다수를 차지하고 있기 때문이다. 서울 재고아파트 180만 가구 중 110만 가구는 1세대 1주택자가 보유하고 있다. 여기에 서울 아파트를 매수할 수 있는 무주택 유효수요가 100만 세대로 추정된다.

시간 싸움에서는 언제나 무주택자보다 1주택자가, 1주택자보다 다주택자가 승리자가 된다. 폭락장이 오지 않는 한 말이다. 갈수록 규제 수위가 높아진다는 것은 갈수록 집값 상승폭이 커진다는 것이다. 다주택자의 대응전략은 플랜 A부터 C까지 있다. 7·10대책이라는 '폭풍'에 더욱 옷깃을 여밀 것이다. 갭 투자 대상이 될 수 없는, 다주택자가 장기보유할 생각으로 사들인 도심 핵심입지 아파트는 갈수록 매물잠김이 심해질 것이다.

반면 역대급 규제책에 순응하는 무주택자는 어떤 플랜을 갖고 있나? 둔촌주공이 후분양하면 2022년 이후까지 기다린다? 아니면 3기 신도시 사전 청약을 기다린다?

돈은 아래에서 위로 흐른다. 지금 당신은 계층이동의 사다리에서 어느 곳에 머물러 있는가.

참여정부와 문재인 정부
집권 4년차에 집값이 폭등한 이유

2020.7.9.

서울권 집값 상승폭이 선을 넘고 있다. 2020년 서울 아파트 상승률이 평균 20%를 넘을 기세다. 만약 그렇게 된다면 상승폭이 지난해보다 2배 이상이다.

폭등장에 조급한 문재인 정부와 거대여당은 부동산 정책에서 선을 넘고 있다. 주택임대사업자의 기 등록된 임대주택도 종부세 합산배제 혜택을 폐지하는 법률 개정안을 추진하는 등 소급 적용을 남용해 다주택자의 분노가 폭발하고 있다.

6월 폭등장으로 급변한 수도권 아파트시장은 전셋값도 급등하고 있다. 송파헬리오시티의 세입자 4천여 가구는 2021년 1월 이후 전세 만기 시 재계약하려면 84타입 기준 2년 만에 전세금을 6억 원 이상 올려줘야 한다. 계속 거주하고 싶은 세입자는 오른 전세금만큼 월세 150만 원 이상을 추가로 부담해야 할 것이다.

최근 실거래가 15억 5천만 원으로 신고가를 기록한 고덕그라 시움 84타입의 경우 2019년 9월 이후 입주장 초기만 해도 전셋값이 5억 5천만 원 안팎에 불과했다. 현재 입주 1년도 안 되어 7억 원대에 진입했다. 대체재인 미사강변신도시도 마찬가지 상황이다. 미사강변골든센트로 84타입은 2년 전 전셋값이 3억 5천만 원이었는데 현재 5억 원을 넘어서고 있다. 수도권 전셋값 안정에 크게 기여한 동탄2, 판교, 광교, 위례, 미사강변, 다산 등 모든 대규모 공공택지 신축 전셋값은 2년 전보다 적게는 5천만 원, 많게는 2억 원이 올랐다.

2022년 시행예정인 전월세상한제와 계약갱신청구권이 서울권 전세난민을 줄여줄 것이라고 기대하는 사람은 없다. 6월 이후 서울 아파트시장은 매매가·전셋값 동반 폭등 시대에 진입했다. 매매가 상승폭과 전셋값 상승폭이 비슷해질 정도로 전세난이 심각한 수준이다. 그런데 정부는 공급 감소책만 쏟아내고 있다.

문재인 정부 공직자의 부동산 해프닝

노영민 청와대 비서실장이 보유 중인 반포 아파트 처분 해프닝을 보면서 느낀 점을 적어본다. 노 실장이 청주를 먼저 팔고 반포를 보유하는 것은 너무나 당연한 2주택자 매도전략이다. 노 실장이 문재인 정부에서, 또 입각해서 반포 아파트를 매수한 것도 아닌데, 2주택자가 양도차익이 적은 아파트를 먼저 팔고 1주택자로 양도세 비과세(9억 원 이하분) 및 장기보유특별공제(9억 원 초과분) 혜택을 받고 적당한 시점에 반포 아파트를 팔려고 하는 것은 양도세 절세를 위한 자연스러운 선택이다.

고위 공직자이기 때문에 양도세 중과세를 물더라도 강남 반포 아파트를 먼저 팔아야 한다고 생각하는가? 김의겸 전 청와대 대변인의 사례와는 전혀 다른, 문제될 게 없다고 본다. 김의겸 씨는 청와대 대변인으로 임명된 직후 적극적으로 흑석9구역 재개발 투자를 했다. 그것도 대출규제를 피할 수 있는 상가가 포함된 상가주택에 막대한 대출을 받아서 말이다.

노 실장은 결국 반포 한신서래 27평형을 팔기로 했다. 그런데 한신서래는 가격을 보면 알 수 있듯이 반포의 핵심입지가 아니다. 반포동 치고는 가격이 소박하다. 재건축이 가능하지만 단지규모가 적어 이웃 단지들과 통합 재건축을 해야 할 것이다. 그런데 통합 재건축이 만만치 않다. 더욱이 문재인 정부에서 강남 구축이 안전진단을 통과하기란 불가능에 가깝다.

한신서래를 강남 부자들이 갭 투자로 많이 산다는 중개업소 인터뷰 기사가 있던데, 한신서래 27평형은 매매가 15억 원에 전셋값은 5억 5천만 원을 넘지 못한다. 갭이 10억 원인데, 10억 원이면 강남구와 서초구 25평형 신축도 전세 끼고 살 수 있는 가격이다. 지난 2017년과 2018년에도 갭이 6억 원 안팎이었다. 전셋값이 워낙 낮아 갭 투자 대상이 될 수 없는 구축일 뿐이다.

본론으로 들어가 반포 아파트까지 팔아 2주택자에서 무주택자가 되는 노 실장의 선택이 폭등 중인 수도권 아파트시장에 어떤 의미가 있을까?

반드시 집값을 잡겠다는 청와대의 의지가 매우 강력하다는 것은 누구나 알 수 있다. 모든 공직자는 1주택만 남겨놓고 처분하라는 강력한 메시지로 보인다. 하지만 그런 메시지가 시장참여자들에게 어떤 의미가 있을까? 특히 무주택자에게 말이다.

집값은 의지만으로 잡지 못한다. 요즘 회자되는 이경규의 "무식한 사람이 신념을 가지면 무섭다."라는 말이 생각난다.

수급 밸런스를 무너트리는 공급 감소책

무주택자가 가장 무서워하는 것은 무엇일까? 전월세 급등에 이은 매매가 급등이다. 전월세 급등으로 매매가가 오르면 무주택자는 물론 1주택자까지 피해를 입는다. 반면 다주택자는 최대 수혜자가 될 것이다. 그러면 다주택자가 가장 무서워하는 것은 무엇일까? 시장에 넘쳐나는 매도물량이다. 시장에 매매가 자유로운 유통물량이 지속적으로 늘어나는 것이다. 이로 인해 매매가와 전셋값이 동반 하락하면 다주택자는 직격탄을 맞는다.

2020년 7월 기준 서울 아파트 전세시장은 각종 규제책으로 전세공급물량이 감소해 수급 밸런스가 완전히 무너졌다. 래미안대치팰리스 84타입 전셋값이 17억 원대에 진입했다. 서울 상위 0.1% 신축인데 매매가 대비 전셋값 비율인 전세가율이 60%를 향하고 있다. 84타입 전셋값 20억 원 시대를 앞두고 있다. 전셋값 폭등으로 매매와 전세의 갭이 줄어들면서 전세레버리지 투자수요를 부추길 것이다. 강남 부자들은 자식은 물론 손자용으로도 전세 끼고 아파트를 사두고 있다.

문재인 정부의 역대급 공급 감소책을 생각나는 대로 적어본다.

- 다주택자 조정대상지역 양도세 중과: 동결효과로 인한 매물잠김으로 유통물량 감소
- 2년 미만 단기 매도 양도세 중과: 매물잠김으로 유통물량 감소
- 종부세 등 보유세 강화: 상승장에서는 매도 대신 증여 또는 보유를 선택해 매물잠김. 늘어난 종부세 부담을 세입자에게 전가. 다주택자의 추가 주택 구입 차단으로 전세 공급물량 감소
- 조정대상지역 등 중도금대출 규제: 분양시장 수요의 절반을 차지하는 다주택자 구입을 차단함으로써 민영아파트 공급물량 감소
- 수도권 및 지방 광역시 분양권 전매 금지로 분양권 유통물량 급감
- 조정대상지역 다주택자 주택담보대출 금지 등으로 전세물량 감소
- 전월세신고제, 전월세상한제, 계약갱신청구권 추진으로 다주택자의 전세 공급물량 감소

서울 아파트 마지막 폭등장에 올라타라

- 투기과열지구 조합원지위 양도금지로 재개발·재건축 등 정비 사업 유통물량 감소
- 재건축 초과이익 환수제, 안전진단 강화 등으로 도심 1급지 신축 공급물량 감소
- 2020년 9월 24일 이후 사업시행인가를 신청하는 재개발구역에 임대공급 비율 확대(서울 최대 30%)에 따른 사업성·수익성 악화로 도심 신축 공급물량 감소
- 정비사업(민간택지) 분양가상한제로 인한 사업성 수익성 악화로 도심 신축 공급물량 감소
- 재건축 조합원 분양자격, 2년 거주요건으로 재건축 구축 전세물량 감소
- 조정대상지역 양도세 비과세 실거주요건 및 9억 원 초과 장기보유특별공제 강화(보유기간 공제율 40%로 축소, 거주기간 공제율 40% 확대)로 고가 재고아파트 및 입주 예정 아파트 전세물량 감소
- 공공택지 및 투기과열지구 민간택지 분양가상한제에 따라 당첨자 발표일 기준 최대 10년 매도금지로 신축 유통물량 감소. 최대 5년 거주의무 기간으로 신축 전세물량 감소

2020년 하반기 이후 급증할 수도권 전세난민을 줄이기 위해서라도 하루빨리 시장에 매매·전세 등 유통물량을 늘리는 공급 확대책이 나와야 한다. 최소한 1년간이라도 다주택자가 2년 이상 보유한 조정대상지역 주택을 매도 시 양도세 중과를 유예해줘야

한다. 등록 임대주택(수도권 100만 가구 중 아파트 20만 가구)도 과태료를 면제해줘 한시적 유예기간 중 매도를 유도해야 한다.

문재인 정부의 부동산 정책, 즉 공급 감소책은 실패로 끝난 참여정부 시즌2의 길을 그대로 걸어가고 있다. '지난 2003년 3월 집권하자마자 종부세 도입, 다주택자 양도세 중과 등 공급 감소책을 쏟아낸 참여정부 vs. 2017년 7월 집권하자마자 재건축 초과이익 환수제를 부활시키며 도심 공급 감소책을 쏟아내고 있는 문재인 정부'. '1998년 외환위기 이후 새 아파트 공급이 부족해진 참여정부 vs. 2008년 글로벌 금융위기 및 2010~2013년 수도권 하락장으로 새 아파트 공급이 부족해진 문재인 정부.'

참여정부의 공급 감소책 효과가 극대화된 집권 4년차 2006년에 수도권 집값은 폭등했다. 문재인 정부도 집권 4년차를 맞은 2020년 7월에 수도권 아파트값이 폭등하고 있다. 단순히 우연의 일치일까? 도심에 신축 공급이 부족한 상황에서 공급 감소책이 3년 이상 누적되면 시장은 역습을 가한다.

한국과 미국 집값은
왜 2020년 6월에 폭등했을까?

2020.7.2.

6·17대책과 상관없이 수도권은 물론 지방 대도시 아파트시장도 실수요 매수세가 강해지고 있다. 비조정대상지역에서 투기과열지구로 2단계나 격상한 대전조차 상위지역 신축 중대형으로 갈아타는 실수요 매수세가 늘어나고 있다. 고양일산도 마찬가지다.

6·17대책이 발표된 지 2주 만에 조정장세지역은 찾기 힘들 정도다. 비규제지역에서 규제지역으로 지정된 갭 투자 단지도 매물이 쌓이지 않고 있다. 매도자는 갈수록 팔아야 할 이유가 줄어들고 매수자는 갈수록 사야 할 이유가 늘어나고 있다. 수도권 전역이 대부분 매도자 우위 시장이다.

수도권 집값 안정을 위해 주택시장에 매물이 쌓이게 하는 방법은 간단하다. 법인이든 개인이든 다주택자가 보유한 아파트를 시장에 내놓아야 할 이유를 만들어주면 된다. 그러나 문재인 정부는 정반대로 세 부담을 늘리면서 매물이 사라지게 만들고 있다.

코로나19 팬데믹이 집값 폭등 트리거가 되고 있다

코로나19 팬데믹으로 인해 자기만의 주거공간이 있어야 한다고 생각하는 사람이 많아졌다. 주택 구매력이 낮은 30대나 구매력이 높은 40~50대 모두 마찬가지다. 특히 코로나19 팬데믹으로 재택근무가 늘어나면서 시장참여자들은 주거의 안정성을 중요하게 생각하기 시작했다. 생존에 최적화된 자기만의 공간을 자가 점유(집을 사서 거주)하는 게 중요하다고 생각하기 시작했다. 코로나19 팬데믹은 자가점유율이 낮은 1980년대생, 밀레니얼 세대(또는 에코 세대)의 주택구입을 부추겼다. 2020년 6월 들어 미국과 한국 30대들은 자신의 라이프스타일에 맞는 주거지역을 찾아 대출을 받아 주택 구입에 나서고 있다. 또 40~50대는 주거 안정성을 갖춘, 넓은 집으로 갈아타고 있다.

　코로나19 리스크가 남아 있음에도 미국 주택시장은 2020년 5월 들어 V자 반등을 하고 있다. 5월 잠정주택판매지수(매매계약을 체결했으나 아직 잔금이 완료되지 않은 것)는 전달 대비 44.3% 급증했다. 5월 기존주택판매 건수는 전달보다 9.7% 줄어든 반면 신규

주택판매 건수는 16.6% 급증했다. 밀레니얼 세대 중심으로 쾌적한 주거환경을 갖춘 대도시 외곽 신축 수요가 크게 늘어나고 있다. 4월 미국의 S&P 케이스-실러주택가격지수(미국 주택시장의 가격 흐름을 나타내는 지표)도 전년 동기 대비 4.7% 올라 코로나19 리스크에도 상승폭이 커지고 있다.

미국 주택시장 V자 반등은 무엇보다 시장참여자들이 앞으로 시장을 낙관하고 있기 때문이다. 코로나19 리스크가 해소되면 소득이 늘어날 것으로 기대하고 있다. 또 역대급 초저금리를 주택 구입의 절호의 기회로 삼는 시장참여자들이 늘어나고 있다. 미국 30년 만기 고정 모기지 금리는 2020년 6월 기준 2%대까지 떨어지면서 주택 수요를 자극하고 있다.

코로나19 팬데믹으로 매도·매수를 유보했던 시장참여자들이 4월부터 시장에 참여하고 있다. 매도자들이 주택을 매물로 내놓고 매수자의 방문을 허용하면서 5월부터 거래량이 늘어나기 시작했다. 그리고 6월부터 거래량이 폭발하고 있다. 2020년 6월 미국 주택시장은 한국 수도권 주택시장과 놀랍도록 유사하다. 통상 수도권 아파트값은 미국 20대 대도시 집값에 1~2년 후행하는 것으로 알려져 있다.

2020년 5월 이후 수도권 반등장을 보면 강남2구 초고가 시장(시가 20억 원 안팎)이 5월 초에 가장 먼저 반등했다. 그리고 2주 뒤 서울 등 수도권 고가 시장(시가 9억 원 초과~15억 원 이하)이 반등하기 시작했다. 이어 6월 둘째 주 이후 동시다발로 거래량이 폭발했다. 2주 만에 84타입 매도호가는 고가 시장은 1억 원이, 초고가 시장은 2억 원이 상승했다.

수도권 주택시장은 대기 매수자들이 사야 할 이유가 갈수록 늘어나고 있다. 대출규제 수위가 높아지면서 주거이동의 사다리가 끊어지기 전에 내 집을 마련하려는 무주택자와 인강남, 인서울, 인도심 신축·준신축으로 갈아타려는 1주택자가 급증하고 있다.

미국은 지난 2007년 서브프라임 모기지 사태 이후 5년간 주택건설이 급감했다. 그 후유증으로 아직도 수급 밸런스를 맞추지 못하고 있다. 즉 신규주택 공급부족에 시달리고 있다. 수도권 주택시장도 지난 2003년 이후 참여정부의 도심 정비사업 규제에서 생긴 후유증이 계속되고 있다. 더욱이 2014년에는 박근혜 정부가 대규모 공공택지 건설 중단을 선언했다. 도심 정비사업 규제로 인한 새 아파트 공급부족은 갈수록 심해지고 있다. 문재인 정부는 이를 3기 신도시로 메우려고 한다.

공급 감소책이 된 부동산 세금 중과

문재인 정부는 보유세 강화와 양도세 중과가 가장 확실한 도심 새 아파트 공급 감소책이라는 것을 정말 모르는 걸까? 참여정부 이후 시장을 복기해보라. 도심 정비사업 새 아파트에 희소가치를 높여주는 규제책은 결국 집값 폭등을 초래했다.

6월에 강남구 대치동의 유일한 대단지 신축인 래미안대치팰리스 84타입이 31억 원 최고가에 거래되었다. 반포 아크로리버파크

서울 아파트 마지막 폭등장에 올라타라

와 래미안퍼스티지에 이어 세 번째로 31억 원 클럽에 가입했다. 개포동 디에이치아너힐즈 역시 비슷한 시기에 29억 7천만 원에 거래되었다는 소식이다.

강남2구에서는 앞으로 84타입 30억 원 클럽에 가입할 신축이 줄줄이 대기하고 있다. 디에이치아너힐즈 외에 대치SK뷰, 신반포센트럴자이, 신반포자이, 래미안신반포리오센트, 삼성센트럴아이파크, 삼성동 래미안라클래시(입주권), 래미안블레스티지, 개포프레지던스자이(입주권) 등이 대표적이다.

또 비강남2구 신축에서는 20억 원 클럽에 가입할 단지가 대기하고 있다. 6월에 다시 19억 원대에 진입한 송파헬리오시티를 비롯해 경희궁자이, 공덕SK리더스뷰, 신촌그랑자이, 마포프레스티지자이, 아크로리버하임, 과천푸르지오써밋, 과천위버필드 등이다. 30억, 20억 원 클럽 가입 예정 단지 모두 100% 정비사업 신축이다. 참여정부 이후 정비사업 규제책에서 살아남은 곳이다.

2020년 6월 수도권 집값은 미국과 마찬가지로 V자 반등을 시작했다. 30대 무주택자는 6·17대책 이후 더욱 적극적으로 주택구입에 나서고 있다. 40~50대도 적극적으로 주거의 안정성을 찾아 신축 중대형으로 갈아타기를 하고 있다. 결과적으로 코로나19 팬데믹이 한미 주택시장에서 V자 반등의 트리거가 되고 있다. 역대급으로 단기간에 급증한 통화량은 제로금리 시대가 끝날 때까지 주택시장으로 유입될 것이다.

마지막으로 최근 한참 논쟁 중인 서울 아파트값에 대한 의견이다. 2017년 5월 문재인 정부 출범 후 서울 아파트값은 평균 39%

올랐다. 동남권 즉 강남4구는 평균 43% 올랐다. 이건 뇌피셜이 아니라 정부가 가장 신뢰하는 한국부동산원의 아파트 실거래 가격지수 통계다(2020년 7월 기준).

정비사업 신축을 기준으로 한다면 지난 3년간 최소한 80% 이상 올랐을 것이다. 만약에 당신이 보유 중인 수도권 아파트값 상승률이 서울 평균 39%보다 낮다면 거래량이 폭발하는 지금 팔고 갈아타야 한다.

12·16대책에 선제적으로 대응하고 싶다면

2019.12.19.

문재인 정부의 부동산 대책은 역시 기대(?)를 저버리지 않는다. 투기과열지구 내 시가 15억 원 초과 초고가 아파트는 무주택자도 주택담보대출(주담대)을 전면 금지하는 전무후무한 대출규제 카드를 꺼내들었다. 김상조 청와대 정책실장이 LTV 0% 초고가 아파트 기준을 고심 끝에 15억 원으로 결정했다는 말에 말문이 막힌다.

　15억 원 초과 아파트 시가의 산정방법도 문제다. KB부동산 일반평균가와 한국부동산원 일반거래가 시세를 기준으로 한곳 이상에서 시세가 15억 원을 초과하면 주담대를 금지한다는 것이다.

분양권이나 입주권처럼 시세가 없는 경우는 어쩔 것인가? 투기과열지구 재건축아파트나 입주권은 실거래가가 거의 없는데, 감정평가업자의 감정평가액으로 할 것인가? 아파트 재건축 입주권은 시가 기준으로, 재개발과 단독주택 재건축은 감정평가액으로 한다고 한다.

개인, 개인사업자, 법인 모두 투기과열지구 내 15억 원 초과 아파트(주상복합 포함)를 2019년 12월 17일 이후 구입할 때 LTV 0%가 적용된다. 초고가 아파트를 구입할 때 다른 주택(전국 모든 주택)을 담보로 대출을 받을 수 없다. 3자 담보제공도 금지다. 분양주택의 중도금 잔금대출은 물론 재개발 재건축 등 정비사업의 이주비대출과 추가분담금, 중도금대출도 금지다. 또 15억 원 초과 아파트를 전세 끼고 사두고 나중에 실거주할 때 필요한 전세퇴거자금대출도 금지다. 12월 16일까지 계약을 하지 않았다면 말이다.

12·16대책은 폭등장에 15억 원 초과 아파트 매매거래를 일시적으로 중지시키는 서킷 브레이커인가? 문재인 정부와 강남3구 다주택자(고래) 싸움에 무주택자(새우등)만 피해를 입을 뿐이다. 부동산 대책은 절제가 필요하다. 상승장에서는 가격 변동폭이 커지면서 시장을 안정시키는 게 아니라 시장을 불안정하게 만들기 때문이다. 규제의 누적효과로 상승장에서는 폭등이 오고 하락장에서는 폭락이 오기 때문이다.

12·16대책의 최대 피해자는 무주택자다. 최대 승리자는 15억 원 초과 아파트에 선입주한 다주택자다. 15억 원이 될 아파트를 보유하고 있는 사람이 두 번째 승리자다.

12·16대책에 순응하는 것은 쉽다. "가만히 있으라."라는 정부의 말을 믿고, 사지 말고 하락장이 올 때까지 또는 3기 신도시가 분양을 시작할 때까지 가만히 있으면 된다.

이번에는 12·16대책 이후 조정장세에 공격적으로 대응하려는 사람들을 위해 투자전술을 소개한다. 물론 내가 제시하는 전술이 정답은 아니다. 시간 싸움에 자신 있는 사람, 자산 여력이 되는 사람, 다음 정부에 매도할 사람이라면 활용할 가치가 있다고 본다. 강남발 조정장세가 시작되었으니 적정가에 매물이 나오면 내 것으로 만들어야 한다.

15억 원 초과 아파트를 내 것으로 만드는 2가지 방법

12·16대책 직후 강남3구 초고가 아파트에서는 개포주공1단지와 5, 6, 7단지, 잠실주공5단지, 잠실 엘스, 리센츠, 송파헬리오시티 등 신구축 및 재건축단지 가릴 것 없이 예상대로 5천만 원 안팎 낮춘 매물이 나오기 시작했다. 압구정 현대, 대치 은마, 반포 아크로리버파크 등도 매물이 늘어나고 있다.

LTV 0%처럼 대출규제로 디레버리징(부채 축소)을 강요한다고 집값이 하락하지는 않는다. 집값이 상승하는 한 유동성은 계속 증가하기 때문이다. 대출이 늘어나 집값이 상승하는 것이 아니라 집값이 올라 대출이 증가하기 때문이다.

집값이 지금처럼 계단식 상승이 계속된다면 2015년 전후 선제

투자한 다주택자들은 자산효과(담보효과)로 LTV 규제를 받더라도 기대수익이 높다면 스스로 유동성을 일으켜(매도 또는 전세금을 통해) 언제든지 갈아탈 수 있다.

2018년 9·13대책이 발표되었을 때 아파트로 돈 버는 시대가 끝났다는 하락론이 지배했지만 결과는 아니었다. 전국에 주택을 보유한 다주택자의 경우 규제지역에서 아파트를 추가로 구입할 때 주담대 LTV가 0%였음에도 아파트값은 7개월 만에 반등했다. 특히 인강남은 전국구 투자지역이다. 지금도 전국 현금부자들이 몰려들고 있다.

이번에는 다를까? 본론으로 들어가 12·16대책에 공격적으로 대응하겠다는 부동산 가치투자자를 위한 투자전술이다. 매수하고 4년 이상 장기보유해야 한다.

먼저 지속 가능한 정책이 될 수 없는 규제책에 일희일비하지 마라. 재건축 초과이익 환수제, 다주택자 조정대상지역 양도세 중과, 종부세율 및 종부세액 2022년까지 인상, 투기과열지구 15억 원 초과 주담대 금지 등은 지속 가능할 수 없는 정책이다. 4년 이상 지속될 수 없다. 4년 이상 폭등하지 않는 한 말이다.

자본소득을 극대화하려면, 지금이라도 인강남을 하고 싶다면, 15억 원 초과 아파트를 집중 공략하라. 도심이나 강남에서 멀어질수록 부동산시장에서 승리자는 될 수 없다.

12·16대책 이후 부산, 대구 등 지방 현금부자들이 가장 먼저 강남3구 초고가 아파트를 저가 매수할 것이다. 그리고 몇 개월 뒤 조정장세가 끝나면 9·13대책 때처럼 반등할 것이다. 그러면 강

서울 아파트 마지막 폭등장에 올라타라

남 진입 장벽은 더욱 높아질 것이다. 12·16대책으로 일시적으로 진입장벽이 낮아질 때, 즉 낙폭이 클 때 강남3구 초고가 아파트를 내 것으로 만들어야 한다.

초고가 아파트를 내 것으로 만드는 방법은 크게 2가지다. 첫 번째 방법은 15억 원이 넘는 아파트를 전세 끼고 사두는 것이다. 규제 전 LTV 40%에서도 전세금의 레버리지 효과가 더 컸다. 실입주는 2022년 이후 다음 정부에 대출규제가 완화될 때 하면 된다. 계층이동의 사다리에 올라타는 마지막 기회라고 생각해야 한다.

두 번째 방법은 상승장 후반기에 마포구의 마포래미안푸르지오, 공덕자이, 공덕파크자이나 성동구의 래미안옥수리버젠, 옥수파크힐스나 왕십리뉴타운 센트라스, 텐즈힐처럼 15억 원이 넘을 수 있는 아파트를 조정장세에 매수하는 것이다. 어메니티(쾌적성)가 좋아져 실수요층이 두터워지는 곳으로 말이다. 지금 10억 원이 넘는 신축은 이번 상승장이 끝나기 전 15억 원대에 진입할 것이다. 재개발·재건축한 신축 또는 준신축이 가장 안전한 투자처다. 대출규제 수위를 높이기 전 대출을 최대한 받아 입주하는 게 최선이다.

투기과열지구 재개발 입주권을 공략하라

당신이 공격적인 투자자라면 투기과열지구 재개발 입주권을 공략하라. 특히 인서울, 인강남으로 말이다. 정비사업 분양가상한제

(분상제)는 둔촌주공이나 반포주공1단지 1, 2, 4주구 수준으로 일반분양이 많지 않다면 무시해도 좋을 리스크다. 입주 후 장기보유하면 분상제 리스크는 소멸된다. 총 매매가(권리가액+프리미엄) 9억 원 안팎으로 입주시점에 15억 원은 물론 20억 원도 가능한 아파트를 내 것으로 만들 수 있다.

입주권 매매가(재개발과 단독주택 재건축의 경우 감정평가액 기준)가 15억 원을 넘지 않으면 투기과열지구 정비사업에서 이주비대출은 물론 중도금대출도 받을 수 있다. 1주택자라면 상위지역 입주권을 사고 처분조건부로 대출을 받으면 된다. 입주권 소유권이전 등기일로부터 6개월 이내 기존주택을 처분하면 된다. 관리처분인가 후 입주시점까지 5년 이상 걸리기 때문에 기존주택을 매도하는 기한이 여유롭다.

또 15억 원이 될 아파트론 신도시 신축이나 비규제지역 또는 조정대상지역 입주권(분양권)과 신축이 있다. 남위례, 구성남 등 성남이나 광교처럼 조정대상지역은 15억 원이 될 아파트가 많아 12·16대책의 최대 수혜지역이다. 안양 동안구나 의왕도 마찬가지다.

비투기과열지구 조정대상지역에서는 12·16대책 이후에도 15억 원이 넘어도 LTV 60%까지 대출받을 수 있다. 또 정비사업 조합원지위 양도금지에서 자유롭다. 물론 투기과열지구로 지정되면 소급 적용된다. 조정대상지역이 투기과열지구가 되기 전에, 조정대상지역까지 초고가 아파트 대출금지가 시행되기 전에 대출받아 몸테크('몸'과 '재테크'의 합성어. 불편함을 감수하더라도 노후주택에서 재개발이나 재건축을 노리며 거주하는 재테크 방식) 하라.

　15억 원이 될 아파트를 구매할 자금이 부족하다면 10억 원이 될 아파트를 사면 된다. 조정대상지역인 성남과 안양, 다산진건, 지축지구, 삼송지구, 북동탄을 공략하라. 무주택자는 상승장 후반기에 더 늦기 전에 이번 조정장세에서 아파트를 내 것으로 만들어야 한다. 12·16대책에 순응하지 않고 대응한다면 말이다.

보유기간이
투자처와 매수 타이밍을 결정한다

조정장세에는 주택시장에 대한 인사이트(안목)가 매우 중요하다. 조정장세가 대세하락장의 전조라고 본다면 매수하지 않을 것이다. 또 매도 타이밍을 서두를 것이다. 하지만 조정장세를 일시적으로 본다면 보유기간이 투자처와 매수 타이밍을 결정한다.

조정장세만 되면 생각나는 투자자가 있다. 그 투자자는 2016년 8월쯤 잠실주공5단지 34평형을 매수해도 되느냐고 물었다. 5년 이상 보유할 생각이면 매수하라고 했다. 그리고 고객은 14억 8천만 원에 매수했다.

그런데 그해 11·3대책이 나오고 매매가는 13억 원대까지 급락했다. 하지만 2017년 8·2대책 직전에는 15억 원을 넘었고 8·2대책 직후 14억 원까지 하락했지만 그해 9월 다시 15억 원을 넘어서 12월에는 19억 원에 육박했다. 이후 2018년 1월 중순 강남발 조정장세가 시작되면서 1억 원이 빠져 2018년 5월 1일 기준 최저가 매물은 18억 원이다.

잠실주공5단지도 다른 재건축단지처럼 2016년 이후 조정~상승~조정~상승을 반복하며 우상향했다. 하지만 우상향보다 중요한 것은 투자자의 보유기간이다. 투자자가 5년 이상 장기보유할 생각이었기 때문에 2016년 4월 이후 단기 급등과 재건축 초과이익 환수제(재초환) 리스크, 사업 속도 불투명에도 불구하고 매수한 것이다. 11·3대책 이후 조정장세에도 흔들리지 않았다. 어차피 5년 이상 보유할 생각이었으니 말이다. 투자자가 잠실주공5단지 34평형을 5년 이상 보유한다면 2021년 이후 매도 여부를 검토할 것이다.

입지가치가 워낙 뛰어나니 사업 속도에 따라 가격은 꾸준히 우상향할 것이다. 국제설계공모가 끝나 정비계획 변경안이 고시되면 바로 건축심의를 추진할 것이다. 이어 2018~2019년에 사업시행인가를 위한 총회~사업시행인가 신청~사업시행인가~관리처분인가 총회~관리처분인가 신청~관리처분인가 등을 추진할 것이다.

사업시행인가 후 조합원지위 양도가 금지되지만 사업 속도에 따라 매매가는 우상향할 것이다. 더욱이 2016년 1월 신임 조합장이 평당 4천만 원을 장담한 일반분양가는 이제 5천만 원도 가능해졌다. 일반분양 물량이 1,800가구가 넘으니 조합의 사업성과 조합원의 수익성은 언급할 필요도 없다.

조정장세에 5년 이상 장기보유할 생각이라면 투자처는 많다. 재초환을 피한 아파트는 가장 안전한 투자처다. 재개발도 마찬가지다. 염리3구역(마포프레스티지자이), 행당6구역(서울숲리버뷰자이),

흑석7구역(아크로리버하임)처럼 입지가치가 뛰어나다면, 조합원지위 양도금지 대상이라도 조합설립인가를 받았다면, 매수할 가치가 있다. 또 매매가와 전셋값 갭이 벌어졌지만 희소가치가 뛰어난 신축이라면 전세레버리지 투자도 추천한다.

거듭 말하지만 조정장세를 일시적으로 본다면 보유기간이 투자처와 매수 타이밍을 결정한다. (2018. 5. 1.)

종부세를 올리면 왜
고가 아파트 전셋값이 급등할까?

2019.11.28.

삼성동 한전부지 GBC(Global Business Center) 착공이 2020년 상반기로 확정되었다. 완공은 2026년이다. 영동대로 광역복합환승센터(2호선 삼성역~9호선 봉은사역 지하 공간)도 2021년 상반기에 착공해 2027년까지는 완공될 것이다. 삼성역에 정차하는 GTX 노선 중 C노선은 힘들겠지만 A노선은 늦어도 2026년까지는 개통될 것으로 보인다. 이에 앞서 A노선과 직결되는 삼성동탄 광역급행철도는 2024년까지 개통이 가능할 것이다.

이번에는 종부세 인상 등 수요 억제책의 부작용인 재고아파트 유통물량 감소 및 신규아파트 공급물량 감소를 정리했다.

종부세 인상이 가져올 부작용들

2019년 11월 20일부터 2020년 6월 1일 기준 보유주택에 대한 2019년도분 종부세 고지가 시작되었다. 종부세 인상에 따른 2020년 이후 집값 전망도 쏟아졌다. 집값이 올랐으니 종부세를 많이 내는 것은 당연하다고 말해서는 안 된다. 그건 집값이 떨어지면 종부세액이 줄어드니 아무 문제가 없다는 논리와 마찬가지다. 종부세 인상은 시장을 왜곡시키고 부작용만 초래할 가능성이 높다.

참여정부와 마찬가지로 문재인 정부도 2017년 5월 집권하자마자 집값을 안정시킨다는 명목으로 집요하게 수요 억제책을 펴고 있다. 2019년 이후의 종부세 단계별 인상은 정부가 집값 상승의 주범이라고 단정하는 다주택자 투기수요를 억제하기 위한 것이다. 하지만 정부가 말하는 투기자도, 집값도 모두 잡지 못할 가능성이 높다.

종부세가 단기간 많이 오르면 다주택자들은 종부세 부담으로 추가로 주택을 구입하지 않을 것이다. 반면 전세를 주고 있는 임대주택의 경우 종부세 인상으로 보유비용이 증가해 임대소득이 줄고, 이를 보전하기 위해 전셋값을 올릴 가능성이 높다. 또 종부세를 인상하면 단기적으로 집값이 안정될 수 있지만 다주택자가 공급하는 전세물량이 줄어들어 전셋값이 상승할 것이다. 무주택자는 물론 1주택자, 다주택자 주거비용이 늘어나게 된다.

유통매물 감소로 집값 상승 기대심리가 높은 상승장에서 종부세, 재산세 등 보유세가 단기간에 늘어나면 보유세 부담액은 세입자의 전셋값에 전가되어 매매가 하락을 기대하기 어렵다. 전월세 상한제와 계약갱신청구권이 있다고? 부작용으로 전세물량이 갈수록 줄어든다면 어쩔 것인가? 또 전세를 내놓는 시점에 따라 전셋값 격차가 벌어져 전세금 권리금이 생길지도 모른다.

종부세 인상은 재고아파트 유통물량은 물론 신규아파트 공급을 감소시킬 것이다. 노후아파트가 급증하고 주거 수준이 떨어질 것이다. 즉 보유세 강화가 서민의 주거의 질을 악화시킬 가능성이 높다.

다주택자 조정대상지역 양도세 중과와 민간택지 분양가상한제, 재건축 초과이익 환수제, 조합원지위 양도금지 등 정비사업 규제도 대표적인 수요 억제책이다.

2017년 8·2대책에 따라 조정대상지역에서 다주택자에게 양도세를 중과해 집값이 안정되려면 양도세 부담으로 시장에 내놓은 매물이 늘어나야 한다. 이어 거래량이 늘어나야 집값은 하향안정될 수 있다. 하지만 계속 보유할수록 양도차익이 커지는 수도권 상승장에서 집주인들이 매물을 내놓는 대신 계속 보유하는 동결효과가 2018년, 2019년 서울 등 수도권 규제지역에서 발생했다. 동결효과로 사고팔 수 있는 재고아파트 유통물량은 갈수록 줄어들고 집값 상승폭은 커지고 있다. 10월 이후 폭발하고 있다. 이처럼 수요 억제책은 수요 억제 효과보다 공급 감소 효과가 커 시장의 역습을 초래하고 있다.

"보유세 세율이 너무 높을 경우 개인의 세 부담은 임대료로 전가되어 부동산 가격 인하 효과를 기대하기 어렵기 때문에 정책 시행에 주의가 필요한 것으로 분석되었다. 거래세율 인상은 거래량이 일정하게 유지될 경우, 가격하락을 유도할 수 있지만, 조세회피를 위해서 거래가 감소하는 동결효과가 발생할 수 있으며 이 경우 시장에 재고주택 공급량이 줄어들어 오히려 주택 가격이 상승할 유인이 있다."

2018년 11월 박진백·이영의

〈부동산 조세의 주택시장 안정화 효과─보유세와 거래세를 중심으로〉 중에서

2005년, 2006년 수도권 전셋값 상승은 참여정부에서 최초로 도입된 종부세 영향이 있었다고 본다. 강남3구와 양천구, 분당·평촌 1기 신도시 등 수도권 고가 아파트에서 전셋값 폭등이 두드러졌다.

정비사업을 타깃으로 한 민간택지 분양권상한제(분상제)는 노후주택이 급증하고 있는 서울 강남 등 도심 핵심입지에서 신규아파트 공급물량을 급감시킬 것이다. 4세대 아파트는 분상제가 폐지될 때까지 공급이 중단될 것이다. 정부미 아파트가 속출할 것이다. 분상제는 아파트사업의 불확실성을 높이고 사업성을 악화시켜 신규주택 공급물량 감소를 야기할 것이다. 특히 2020년 전후 사업시행인가를 추진하는 수도권 투기과열지구 정비사업은 재초환으로 '어퍼컷'을 맞고 분상제로 '카운터펀치'를 맞아 그로기(사업중단) 상태가 될 것이다.

서울 아파트 공급 감소는 이미 시작되었다

서울 신축 아파트 공급 감소는 이미 시작되었다. 2019년 들어 연간 착공물량 누적치가 매달 감소하고 있다. 서울 입주물량의 경우 1997년 외환위기에도 불구하고 2000년에서 2006년까지는 매년 5만 가구에서 8만 가구가 입주해 안정적이었다. 경기권도 민간택지 아파트 건설이 활발해 매년 10만 가구 안팎 입주했다. 특히 2007년에서 2010년까지는 동탄1, 광교, 판교 등 2기 신도시의 공공택지 입주물량이 늘어났다.

하지만 참여정부 임기 5년째가 되는 2007년부터 서울은 입주물량 감소세가 뚜렷해졌다. 외환위기 이후 정비사업이 참여정부의 규제책으로 장기간 중단되면서 입주물량이 급감하기 시작한 것이다. 잠실 엘스, 리센츠, 파크리오 등 저밀도 재건축 입주물량이 쏟아진 2008년을 제외하고, 2007년부터 2015년까지 8년간 입주물량은 매년 3만 5천 가구 안팎에 머물렀다. 특히 2010년대 입주한 서울 정비사업 신축이 적다. 멸실주택 수, 노후주택 그리고 늘어난 세대수를 감안하면 서울에는 신규아파트가 연간 4만 5천 가구가 필요하다.

정비사업이 주도하고 있는 서울 입주물량은 2018년 4만 8천 가구, 2019년 5만 5천 가구를 정점으로 감소세다. 입주물량 일시적 증가는 상승장과 MB정부, 박근혜 정부에서 정비사업 규제 완화 효과가 컸다. 2020년 서울 입주물량은 고덕과 신길뉴타운 중심으로 4만 가구 정도였다. 하지만 2021년에는 2만 가구에도 못 미치고, 2022년도 마찬가지 상황이다. 2017년 이후 늘어나고 있는 수도권 멸실주택 수를 감안하면 순공급(정비사업 멸실주택-입주물량)은 더욱 적을 것이다.

이보다 더 심각한 것은 경기권 입주물량이다. 서울 전셋값 하향 안정에 기여한 2기 신도시 등 공공택지 입주물량이 급감하기 때문이다. 경기 입주물량은 18만 7천 가구에 달했던 2018년을 정점으로 2019년 15만 6천 가구, 2020년 13만 5천 가구, 2021년 10만 4천 가구, 2022년 8만 6천 가구로 감소할 예정이다.

수요 억제 강공책을 펴는 문재인 정부는 2020년부터 수도권 입주물량 공급부족 구간에 진입한다. 입주물량이 과거 2013~2015년과 비슷하다. 다만 이때는 하락장에서 회복기를 거쳐 상승장 초입에 진입한 시점이었다. 2020~2022년은 상승장 후반기다.

수도권에 신규아파트 공급물량이 감소구간으로 진입하는 시점임에도 문재인 정부는 결과적으로 신규아파트 공급을 감소시키는 수요 억제책을 퍼붓고 있다. 수급 예측 실패로 인한 집값 폭등은 참여정부에서 이미 경험했음을 잊지 말자.

서울 아파트 마지막 폭등장에 올라타라

문재인 정부는 왜 10차례 규제책에도 집값을 잡지 못할까?

2019.10.31.

수도권 외곽으로 소외당하던 시흥, 안산, 의정부는 물론 3기 신도시 창릉지구로 직격탄을 맞은 고양도 상승세로 돌아서고 있다. 2019년 10월 마지막 주 수도권 아파트시장은 대세상승장이다. 시장의 악재인 민간택지 분양가상한제는 적용지역 발표를 앞두고 있다. 반면 수도권 1, 2, 3기 신도시 광역교통망 확충을 위한 가이드라인, 대도시권 광역교통비전 2030이라는 시장의 호재가 10월 31일 발표되었다.

이번에는 수도권 상승장 후반기에 부동산 개미들이 가장 큰 악재로 생각하는 규제의 누적적 증가에 대한 생각을 정리했다.

시장을 이기는 규제책은 없다

상승장에서 규제책은 처음에는 집값 안정이라는 부동산 정책 목적을 달성하는 것처럼 보인다. 하지만 시장참여자들은 곧바로 규제책에 적응하고 안전자산으로 인식하는 아파트의 투자기회를 잡는다. 규제 수위가 높을수록 시장참여자들의 이해관계에 따라 부작용은 커지게 마련이다. 이에 정부는 또 다른 규제책을 추가로 시행해야 하는 악순환을 반복하게 된다.

시장을 이기는 규제책은 없다. 결국 주택 수급 밸런스가 무너지고 시장은 요동치게 된다. 문재인 정부는 2019년 10월 기준 집권 2년 5개월간 부동산 규제책 10건을 쏟아냈다. 30여 건에 달하는 참여정부의 규제책이 떠오른다. 참여정부의 규제 강도는 종부세 강화로 인해 2007년, 2008년에 가장 높았다. 2019년 10월의 규제 강도는 2005년 8·31대책 이후 수준으로 추론한다. 문재인 정부에서 규제의 촘촘함이 더해졌지만 시장참여자들의 대응은 앞에서 언급한 것처럼 15년 전과 다름없다. 규제에 적응하고 투자 기회를 잡고 있다.

상승장에서 집값을 잡기 위한 규제가 시작되면 규제책은 한두 건에 그치지 않는다. 하락장으로 돌아서지 않는 한 말이다. 상승장 호황기가 계속되면 규제 횟수가 늘어나고 규제 강도가 강해지기 마련이다. 이를 규제의 누적적 증가(Pyramiding Regulations)라고 한다.

2015년 이후 수도권 아파트값이 계속 오르자 정부는 2017년

4월부터 서울 등을 고분양가 관리지역으로 지정하고 아파트 분양가를 통제해왔다. 그래도 집값이 잡히지 않자 2019년 6월 정부는 분양가가 주변 시세 대비 최대 105%를 넘지 않도록 규제를 강화했다.

그러나 6월 이후 강남 집값이 다시 고공행진하자 10월 1일 민간택지 분양가상한제안을 발표했다. 비교 대상 인근 아파트의 연간 거래 건수가 12건 미만일 경우 분양가를 인근 아파트 주택공시가격 기준으로 책정하기로 했다. 한마디로 분양가를 최대 시세의 70% 이하까지 낮추겠다는 것이다. 또 전매제한 기간이 최대 10년까지 늘어났고 거주의무 기간도 최대 5년을 추진했다.

아파트 분양가에 규제가 누적적으로 증가하면 신규아파트 공급자들은 어떻게 대응할까?

정비사업의 사업성이 떨어지니 주택건설사는 조합설립인가 이후 시공사 수주에 소극적일 것이다. 한남3구역처럼 다음 정부에 분양해 결과적으로 사업성이 좋은 곳만 선별 수주할 것이다. 사업시행인가 전후 수주한 정비사업은 정부미 아파트(특히 일반분양분)를 짓는 쪽으로 조합과 협상할 것이다. 시공사가 조합과 본 계약을 맺는 관리처분인가 총회 시점에 공사비 협상에서 갈등이 늘어날 것이다.

관리처분인가 이후 2020년 분양권상한제(분상제)가 적용되는 정비구역의 경우 조합원의 수익성이 크게 떨어져 최악의 경우 추가분담금이 늘어날 수도 있을 것이다. 조합 내부 갈등은 물론 조합과 시공사 간 갈등이 크게 늘어날 것이다. 정비사업이 중단되고 사업 속도가 늦어져 도심 핵심입지에 신축 공급 축소로 이어질 것이다. 상승장에 입주하는 개포 래미안블레스티지나 아크로리버하임, 신촌그랑자이처럼 도심 핵심입지 정비사업 신축 매매가가 폭등하는 부작용을 초래할 것이다. 분상제 시행 이후 아파트 분양가 규제의 누적적 증가는 결국 집값 변동폭을 크게 만들 것이다.

규제의 누적적 증가는 정책의 실패로 귀결된다

상승장에서 부동산 정책의 목적은 집값 하향안정이다. 공급이 부족한 지역은 새 아파트 공급을 늘려 가격 상승폭을 줄이는 정책을 펼쳐야 한다. 2018년 9·13대책과 같은 충격요법도 7개월 동안만 집값을 안정시켰을 뿐이다.

분상제 이후에도 강남 집값이 잡히지 않으면 정부는 또 다른 규제를 강행할 것이다. 재건축 연한 강화(30년에서 40년)를 추진할 것이다. 그럴 경우 최소한 2030년까지 수도권 도심 핵심입지에 30년 지난 구축 비중은 늘어나고 신축 비중은 급감할 것이다. 결국 참여정부처럼 규제의 누적적 증가는 부동산 정책 실패로 귀결될 것이다. 2020년 이후 상승장 후반기에 규제의 누적적 증가는 집값 안정에서 멀어지는 부작용이 절정에 치달을 것이다.

다주택자 조정대상지역 양도세 중과, 정비사업 조합원지위 양도금지 등 각종 매매 제한책으로 거래량이 늘어날수록 유통매물은 급감하고 있다. 거래량은 줄어드는데 상승폭이 커지고 있다.

2020년은 동탄2 등 2기 신도시 입주물량이 소진되고 인천·경기 재개발구역의 이주철거 및 멸실주택 증가로 유통물량이 더욱 줄어드는 시기다. 규제의 누적적 증가는 강남은 물론 동마용성으로 대표되는 서울 도심 정비사업 신축의 상승폭을 크게 만들 것이다. 비싼 아파트값을 더 비싸게 만들고 상대적 박탈감에 시달리는 무주택 서민에게 좌절감을 안겨줄 것이다.

시장을 이기는 정책은 없다. 상승장에서 하락장으로 돌아서는 변곡점은 규제의 누적적 증가로 오지 않는다. 변곡점은 2017년 부산처럼 신축 공급물량이 넘치거나(초과공급) 금융위기 또는 경제위기가 일어나야 올 것이다. 특히 2028년 이후 3기 신도시 입주물량이 급증하는 시기에 올 가능성이 있다.

국토부 장관 말처럼
2019년 12월 이후 집값 잡힐까?

2019.10.24.

민간택지 분양가상한제(분상제) 적용지역 발표가 초읽기에 들어갔다. 강남4구와 동마용성 등 투기지역이 우선적으로 분상제 적용지역으로 지정될 가능성이 높다. 그런데 각종 정비사업 규제책으로 서울에서 분상제 대상 분양단지를 줄여놓고 분상제를 시행한다는 것이 모순으로 보인다.

2020년 5월 이후 서울 정비사업에서 반포잠원, 방배 등 일부를 제외하고 핵심입지에는 분상제 대상 분양단지가 거의 없다. 더욱이 지난 2017년 3월부터 정부는 서울, 과천, 광명 등을 고분양가 관리지역으로 지정하고 사실상 분상제를 시행하고 있다. 분상제

서울 아파트 마지막 폭등장에 올라타라

가 시행된다고 과연 정비사업 일반분양가를 얼마나 낮출 수 있을까? 강남 아파트 분양가의 70%를 차지하는 땅값 감정가를 후려치지 않는 한 말이다.

10월 넷째 주 수도권 아파트시장은 인천·경기 전역에서 거래량이 늘어나면서 상승세가 수도권 외곽으로 빠르게 확산되고 있다. 특히 정비사업 등 대규모 분양단지나 입주단지가 모멘텀(상승동력)을 일으키고 있다.

인천·경기권은 지난 8월 이후 과천, 성남판교분당, 광명, 수원, 인천송도, 부천에서부터 9월 추석 연휴 이후 안양, 의왕, 화성동탄, 하남미사강변, 구리다산, 시흥, 안산, 고양일산, 의정부 등까지 상승세가 확대되고 있다. 물론 정비사업 입주권과 입주 10년 안팎 신축·준신축이 상승을 주도하고 있다. 핵심지역 재고아파트는 연내 9·13대책 이전 전고점을 대부분 돌파할 것으로 예상된다.

서울에는 2018년 8월 시장 상황이 그대로 재연되고 있다. 가장 먼저 오르고 가장 먼저 내리는 압구정 현대와 잠실주공5단지는 부동산 중개업소 단속과 자금출처 전수조사에도 매물난에 시달리며 초강세다. 압구정은 중대형 최고가 경신이 이어지고 있다. 아크로리버파크는 84타입이 34억 원에 거래되었다고 한다. 서울은 특히 매매 가능한 유통물량이 급감해 절대 거래량이 줄어드는 추세다. 하지만 지속적으로 유입되는 매수세에 따른 매도자 우위 시장으로, 매도호가가 실거래가로 이어질 때마다 호가가 5천만 원씩 뛰고 있다.

본론으로 들어가 이번에는 김현미 국토교통부 장관이 2019년

10월 국정감사에서 규제책으로 연말에 집값이 안정될 것이라는 답변에 대한 내 생각을 정리했다. 문재인 정부의 대표적인 부동산 규제책이 왜 국토부 장관의 답변과 달리 집값을 안정시키지 못하는지에 대해서도 정리했다.

참여정부와 마찬가지로 문재인 정부는 다주택자 상위 1%를 주택시장을 교란시키는 투기세력으로 단정했다. 따라서 부동산 정책은 다주택자를 타깃으로 한 수요 억제책에 집중되었다. 그리고 수요 억제책은 공급 감소책이 되었다.

그럼 문재인 정부가 출범한 2017년 5월 이후 2019년 10월까지 다주택자를 타깃으로 한 규제책으로 90%를 차지하는 1주택자와 무주택자 등 실수요자는 내 집 마련에 도움을 받았나? 주거의 질이 향상되었나?

아직까지 로또분양에 당첨(1순위 또는 미계약 당첨)되지 못한 무주택자들은 희망 고문에 시달리고 있다. 문재인 정부에서 당첨되지 못하면 차기 정부의 하남교산지구 등 3기 신도시에 희망을 걸며 전세자금대출을 받아 무주택자 신분을 유지하며 존버할 것인지, 말 것인지 고민하고 있다.

다주택자 조정대상지역 양도세 중과

다주택자 조정대상지역 양도세 중과는 종합부동산세 등 보유세 강화, 주택 수에 따른 규제지역(조정대상지역·투기과열지구·투기지역)

주택담보대출 차단, 민간택지 분상제와 함께 4대 '부동산 악법'으로 불릴 만하다.

양도세 중과 문제점에 대해서는 이미 여러 번 언급했으니 간단하게 정리한다. 동결효과라고 다주택자가 지나치게 높은 양도세 부담으로 인해 처분하는 대신 계속 보유하는 것을 말한다. 실제로 2018년 4월 이후 시장에 유통매물을 줄이는 데 크게 영향을 미쳤다.

주택시장에서 100% 실수요란 존재하지 않는다. 실수요와 투자수요가 적정하게 유지되어 자본의 흐름이 원활하게 돌아가야 주택시장은 정상화되고 안정된다. 양도세 중과로 다주택자의 투자수요를 차단하면 공급 감소를 초래한다. 수요 억제보다 공급 감소 효과가 크기 때문이다. 양도세 중과가 시행된 2018년 4월에서 2019년 10월까지 수도권 주택시장을 보면 다주택자 양도세 중과는 집값 안정과 거리가 먼 '단기처방'이라는 결과가 나왔다. 참여정부처럼 말이다.

징벌적 과세인 종부세 강화

양도세 중과는 다주택자의 처분단계에서 세 부담을 늘리는 것이다. 반면 종부세 강화는 양도세 중과의 동결효과를 막기 위해 양도세 중과를 피해 계속 보유할 수 없도록 다주택 보유에 대한 누진과세, 즉 징벌적 과세를 가하는 것이다.

김현미 국토부 장관은 국감에서 8·2대책, 9·13대책 등을 통해 도입한 규제 효과가 연말부터는 가시적으로 나타날 것"이라고 대답했다. 그런데 왜 연말부터일까? 12월에 납부해야 하는 종부세 때문이라고 할 건가?

종부세 강화로 집값이 일시적이라도 안정되려면 2021년 5월까지 다주택자가 내놓는 급매물이 급증해야 한다. 그런데 양도세 중과로 조정대상지역에서는 팔지도 못하게 하고, 2020년부터 장기보유특별공제를 축소했다. 과연 2021년 5월까지 다주택자가 던지는 매물이 급증할까? 강남 부동산 부자들이 양도세 중과로 양도세액을 2억 원 이상 추가로 부담해야 하는데 연간 1억 원 이상 오르는 아파트를 매년 1천만~2천만 원 종부세액이 늘어난다고 급매물로 내놓을까? 참여정부 시절 2005년, 2006년 종부세 강화에 따른 시장 움직임을 복기해보라. 종부세 강화로 2007년 이후 수도권 집값이 안정되었다고 생각하는 사람이 있는가?

종부세가 늘어날수록 자본의 흐름을 줄여(유동성 축소) 주택공급을 감소시킬 뿐이다. 공급이 부족해지면—이미 유통매물이 부족하지만—집주인들은 늘어난 종부세 부담을 세입자에게 전가할 것이다. 월세와 반전세가 늘어나고 전세금을 올릴 것이다.

"주택공급은 장기적으로 가변적이므로 보유세가 강화되면 장기적으로 주택재고가 감소해 임대료가 상승하고 평균적인 주거 면적이 감소되며 궁극적으로 주거수준의 질적 저하를 야기한다."
김경환, 2007년

서울 아파트 마지막 폭등장에 올라타라

민간택지 분양가상한제

민간택지 분양가상한제(분상제)가 시행되면 로또분양으로 분양시장이 과열된다는 것은 문재인 정부도 잘 알고 있다. 그래서 전매제한을 최대 10년으로 늘리고 거주의무 기간 최대 5년을 추가하는 것이다. 나아가 채권입찰제도 검토한다고 한다. 정부의 주장처럼 집값 상승을 부추기는 강남 아파트 분양가를 분상제로 낮추면 강남 등 서울 집값은 안정될까?

2019년 9월 분양한 삼성동 래미안라클래시는 전용면적 84타입 분양가(상한가)가 16억 5천만 원이었다. 그럼 인근 신축 삼성센트럴아이파크나 청담 삼익, 삼성 홍실 재건축 입주권 가격이 내릴까? 오히려 상승했다. 현재 이들 단지는 27억 원 안팎을 호가하고 있다. 인근 준신축 삼성동 힐스테이트 2단지도 24억 원을 호가한다.

유량(流量, Flow)인 분양물량(서울 월평균 2천 가구 안팎)은 저량(貯量, Stock)인 기존아파트 재고물량(172만 가구)에 비해 매우 적기 때문에 아파트 분양가가 기존아파트 매매가에 영향을 미치지 못한다는 것은 부동산학계의 정설이다. 따라서 기존아파트 매매가가 입주시점 신축 가격을 결정한다. 삼성센트럴아이파크가 라클래시 입주시점인 2021년 9월에 시세가 30억 원 이상이라면 라클래시도 30억 원 이상이 될 것이다. 결과적으로 라클래시 당첨자에게 입주시점에 13억 원이 넘는 로또를 안겨주겠지만 강남은 물론 수도권 집값 안정과 아무 상관이 없을 것이다.

지난 1977년 이후 무려 20년간 분양가를 규제한 적이 있다. 또 2000년대 이후 참여정부와 MB정부는 물론 문재인 정부에서도 20년 가까이 분양가를 규제했다. 하지만 분양가를 규제해서 집값이 안정된 적은 없었다. 앞으로 분상제 확대로 수도권 정비사업 사업성이 악화될수록 주택건설사는 사업성이 뛰어난 곳만 보수적으로 사업을 할 것이다. 이는 결국 도심 핵심입지 신축주택 공급 감소로 이어질 것이다. 또 참여정부 시절처럼 중도금 및 이주비대출규제, 양도세 중과, 분상제 등 각종 규제를 피해 건설사의 지방 러시가 재연될 가능성이 높다.

조정장세에서 반등 신호는
어떻게 알까?

2019년 3월 강남3구 저가매물 소진 후 가격이 상승하는 것을 두고 일부에서 기술적 반등, 일시적 반등이라고 한다. 역대급 규제 정책으로 왜곡되고 있는 수도권 주택시장에서 과연 주식시장처럼 기술적 반등이 가능할까? 주식시장에서 기술적 반등이란 하락장에서 일어나는 일인데 지금 수도권 주택시장은 하락장인가?

기술적 반등을 하려면 우선 가격 폭락에 대한 공포로 인해 시장 참여자들이 서둘러 시장에 급매로 내놓는 투매 현상이 일어나야 한다. 시장에 매물이 쌓여야 한다. 그래야 기술적 반등이 가능하다고 본다. 지금 시장에 매물이 쏟아지고 있나? 아니다. 3월의 가격 상승은 4월 말 공시가격 발표로 4~5월에 급매물이 급증한다는 수준의 시장 예측이 아닐까?

주택시장에서 최대의 수익을 올리려면 주식시장처럼 기술적 분석만을 해서는 안 된다. 선제매매를 해서 싸게 사고 비싸게 팔 수 없다. 잘해야 평타다. 매크로 분석(거시적 분석)도 마찬가지다. 역대급 규제정책으로 주택시장 곳곳에 매매거래를 원천봉쇄했는데 기술적 분석에 따라 어떻게 거래량으로 집값을 예측할 수 있을까? 그리고 부동산 빅데이터는 시장에 후행하고 과거의 흐름만을 알 수 있을 뿐이다. 미래를 알려주지 않는다.

조정장세에서 남보다 먼저 반등 신호를 알고 싶다면 시장참여자들 중 부동산 개미들의 움직임은 무시하라. 가장 늦게 움직이기 때문이다. 대신 부동산 부자들의 움직임을 추적해야 한다. 트래킹(Tracking)해야 한다. 조정장세에서, 특히 대출규제가 심할 때 가장 먼저 움직이는 사람은 결국 현금이든 아파트든 자산을 많이 보유한 부자들이다. 부동산으로 돈을 많이 벌어본 부자들이다. 그래서 한국 주택시장에서 최상위 시장인 압구정 구축을 매수하는 부동산 부자들의 움직임을 예의 주시해야 한다.

9·13대책 이후 현금이 최소 17억 원 이상이 있어 투자할 수 있는 압구정 구축을 부동산 부자들은 언제 저가매수 할 것인가를 추적하는 것이다. 2019년 1~2월에 낙폭이 큰 40~50평형대 저가매물이 먼저 소진되었다. 그리고 3월에는 낙폭이 상대적으로 적었던 30평형대 저가매물이 소진되었다. 그리고 3월 셋째 주 주말부터 매수세가 강해지고 있다.

부동산 부자들의 저가 매수는 2월 설 연휴 이후 압구정을 시작으로 개포, 대치, 반포잠원, 잠실에서 거의 동시에 이루어졌다. 다주택자 대출규제가 막혀 대부분 보유주택을 팔아야 살 수 있기 때문이다. 즉 개포, 반포, 대치를 팔고 압구정을 산 것이다.

4월 이후 반등 가능성이 높다고 말하는 것은 9·13대책 이후 조정장세에서 2019년 3월을 봤을 때 장세의 질, 거래의 질이 좋기 때문이다. 노도강 저가매물이 소진되었다고 서울 아파트값 반등 가능성이 높다고 단언할 수 있을까? 시장을 선도하는 강남3구 저가매물이 가장 먼저 소진되고 반등했기 때문에 반등 가능성을 높게 보는 것이다.

9·13대책 이후 설 연휴 이전까지 서울 도심 핵심입지 신축 대단지 아파트값은 2018년 상반기 수준까지 떨어졌다. 강남3구 재건축단지는 2017년 12월 수준까지 하락했다. 만약 4~5월 반등한다면 2018년 9월 초 전고점 가격을 연내에 뛰어넘을 것이다.

초기투자비가 최소한 11억 원 이상 필요한 강남3구가 가장 먼저 움직였다는 사실은 서울 등 수도권 주택시장에 미치는 파급효과가 크다. 수도권 핵심입지 아파트에는 더더욱 크다.

서울 비강남3구와 과천 핵심입지에 이어 위례, 광교, 성남(판교 분당)과 광명, 하남, 안양 동안구, 구리 등 수도권 규제지역 핵심입지가 순차적으로 움직일 것이다. 이어 인천부천, 의왕, 시흥 등 수도권 비규제지역 핵심입지가 뒤따라 움직일 것이다. 특히 핵심입지 내 정비사업, 입주 10년 이내 신축·준신축 재고아파트 매매가가 먼저 움직일 것이다.

한편 4월 이후 반등 가능성을 높이는 모멘텀(상승동력)이 대기하고 있다. 바로 4~6월 수도권 분양시장 빅이벤트다. 청량리역롯데캐슬SKY-L65, 이수푸르지오더프레티움(사당3구역), 방배그랑자이, 송파시그니처롯데캐슬(거여2-1구역), 위례신도시 힐스테이트북위례, 송파위례리슈빌퍼스트클래스, 호반써밋송파1, 2차, 삼성동 래미안라클래시(상아2차), 역삼센트럴아이파크(역삼동개나리4차), 서대문푸르지오센트럴파크(홍제1구역), 과천자이(과천주공6단지), 성남금광1구역&중1구역(공공분양), 주안캐슬앤더샵에듀포레(주안4구역), 서초그랑자이, 과천지식정보타운 S6블록 등이 대기 중이다.

(2019.3.29.)

서울 아파트 마지막 폭등장에 올라타라

문재인 정부의 공급 축소 효과가 시작되었다

2019.8.8.

규제 강화 시대, 문재인 정부의 집요한 서울 정비사업 공급 축소 효과가 시작되었다. 반면 지난 2013~2016년 규제 완화 시대, 박근혜 정부의 공급 확대 효과는 끝나가고 있다.

이번에는 2017년부터 본격화된 문재인 정부의 수도권 정비사업 공급 축소 정책이 앞으로 시장에 어떤 영향을 미칠지를 정리했다.

문재인 정부의 공급 축소 히스토리

서울, 인천, 경기 등 수도권에서 2010년대 신규아파트 공급은 2019년 상반기까지 2기 신도시가 큰 축을 담당했다. 2기 신도시 중 2010년 전후 입주가 본격화된 동탄1, 광교, 판교에 이어 2015년 이후에는 남위례와 동탄2가 신축을 공급했다. 특히 동탄 2에서는 2015년부터 2019년까지 매년 1만~2만 가구가 입주하면서 용인, 수원, 화성, 성남 등 경기 남부권은 물론 서울 전셋값 안정에도 크게 기여했다. 2기 신도시 중 앞으로 파주운정과 인천검단, 평택고덕에 입주물량이 많이 남아 있다. 하지만 수요층이 생활권 내부수요에 치우쳐 수도권 도심 주택시장에 미치는 영향은 매우 적다.

박근혜 정부가 지난 2014년 대규모 공공택지 개발 중단을 선언하면서 앞으로 수도권 신축 공급은 2028년 이후 3기 신도시 본격 입주 전까지 정비사업이 막중한 책임을 떠안게 되었다. 그러나 지난 2017년 5월 집권한 문재인 정부는 다주택자의 투기세력이 몰린다는 정비사업에 집중규제를 가했다. 서울 전역을 투기과열지구로 지정하고 재건축은 조합설립인가 후 매매거래를 차단했다. 재개발도 투기과열지구에서 관리처분인가 후 거래를 중지시켰다.

경기권에서도 정비사업이 몰려 있는 과천, 광명, 하남은 투기과열지구로 지정했다. 또 수원시 팔달구, 안양시 동안구, 성남, 고양, 구리는 조정대상지역으로 지정했다. 여기에 9·13대책에 따라 다주택자는 이주비대출 '0'이라는 직격탄을 맞았다.

2019년 들어 비규제지역으로 풍선효과를 누리고 있는 인천부천, 의왕, 의정부 등도 안심할 수는 없다. 이번 상승장이 끝나기 전 머지않아 조정대상지역으로 지정될 가능성이 높다. 아직 이주비대출을 받지 않았다면 리스크 관리를 해야 한다. 평촌어바인퍼스트에서 보듯 앞으로 정비사업 일반분양분 청약 경쟁률에 따라 조정지역 등 규제지역 지정 여부가 결정될 것이다.

정비사업은 규제를 완화한다고 바로 공급을 늘릴 수 없다. 규제를 완화해도 공급 확대 효과가 나타나는데 최소한 5년이 걸린다. 참여정부 시절 정비사업 공급 축소 효과는 2008년 이후 MB정부를 거쳐 박근혜 정부 2013년까지 5년간 지속되었다. 정비사업 신축 공급이 늘어나려면 상승장이어야 한다. 조합원과 시공사가 돈을 벌 수 있어야 한다. 정비사업 사업성과 수익성을 극대화할 수 있는 상승장이어야 정비사업이 활발해진다. 하지만 문재인 정부는 서울 등 수도권 도심 신축 부족으로 촉발된 2015년 이후 상승장에서 정비사업 공급을 축소시키는 규제책을 펴고 있다. 참여정부 시즌2다.

안전진단, 정비구역 지정, 건축심의(재개발 임대비율 상향), 사업시행인가(교육환경영향평가), 관리처분인가(타당성 검증), 이주비대출(다주택자 대출규제), 일반분양(고분양가관리 또는 분양가상한제)까지 사업단계마다 규제를 늘려 정비사업 속도는 갈수록 늦어지고 있다.

박근혜 정부의 규제 완화책이 유지되었다면 2022년 이후 수도권 정비사업 입주물량이 꾸준히 늘어날 예정이었다. 그런데 규제 수위가 높아지면서 사업시행인가를 받은 곳도 입주시기가 2년 이상 지연되고 있다. 최악의 경우 2028년 이후 수도권 정비사업과 3기 신도시 입주물량이 충돌해 과공급에 직면할 수 있다. 아무리 수도권이라고 하더라도 공급(누적입주물량 증가)이 쌓이면 장사 없다. 부산을 보라.

문재인 정부의 공급 축소 얼마나 심각한가?

수도권에서 비규제지역인 인천을 제외하고 서울과 경기는 시간이 흐를수록 공급 축소 효과가 뚜렷해지고 있다. 인허가 실적은 정비사업의 경우 사업시행인가 기준이다. 하지만 문재인 정부 들어 갈수록 사업이 늦어지면서 사업시행인가 후 6~7년 뒤에도 입주할 수 없는 정비사업장이 늘어나고 있다. 따라서 착공 실적으로 3년 뒤 입주물량을 예측해야 한다.

건설시장은 문재인 정부가 집권하고 나서 완연한 침체의 길을 걸어가고 있다. 특히 건축 부문 투자가 침체되고 있다. 주거용 등 건축착공 면적은 전국 기준으로 2016년 7월 이후 누적물량(12개월)이 감소세로 돌아섰다. 또 수도권 아파트 착공실적을 보면 서울의 경우 2018년 5월 누적물량이 6만 3천 가구로 정점을 찍고 나서 감소세로 돌아섰다. 2019년 들어 5월에 3만 가구대로 줄어들었다.

경기 아파트 착공 실적 감소세는 서울보다 1년 6개월 빨리 찾아왔다. 2기 신도시 착공 급감 때문이다. 2015년 12월 누적물량

서울 아파트 마지막 폭등장에 올라타라

이 19만 가구에 달했지만 2019년 3월에는 10만 가구 이하로 급감했다. 따라서 착공 실적으로 보면 입주물량 감소세는 경기는 2019년부터, 서울은 2021년부터 본격적으로 시작된다고 추론할 수 있다. 참고로 국토교통부가 발표한 2019년 상반기 수도권 아파트 착공 실적을 보면 서울의 경우 2018년 23,634가구에서 2019년 17,850가구로 24.4%나 줄었다. 경기는 56,744가구에서 47,546가구로 16.2% 감소했다.

문재인 정부의 공급 축소 효과(?)는 경기권에서 2019년 하반기부터 시작되었다. 지난 5월 이후 광명, 과천, 성남, 안양, 수원, 용인, 동탄2 등 경기 남부권 전셋값 회복 또는 상승에 입주물량 감소가 기여했다.

서울은 2021년부터 본격적으로 공급 축소 효과가 시작된다. '효과'라고 쓰고 '시장의 역습'이라고 읽으면 된다. 이미 시장의 역습은 강남에서 시작되었다. 래미안블레스티지, 디에이치아너힐즈 등 개포 4세대 아파트는 그동안 조합원지위 양도금지로 응축된 에너지가 입주하면서 폭발하고 있다. 개포발 4세대 후폭풍은 2021년 과천 2기 재건축단지를 거쳐 2023년 잠실, 방배, 반포잠원, 2025년 이후 성수, 한남, 압구정 순으로 휘몰아칠 것이다.

마지막으로 민간택지 분양가상한제에 대한 의견이다. 수도권 주택시장의 역사에서 분상제와 같은 정비사업 공급 축소책은 언제나 시장의 역습을 맞았다. 수요가 많은 도심에 정비사업 신축 공급이 줄어들면 집값이 폭등하는 것은 당연한 것이다. 공급이 줄어들었는데 집값이 내리는 경우는 경제위기가 올 때뿐이다.

반포 래미안원베일리로 예를 들어본다. 분양가상한제가 적용되어 인근 재고아파트 시세가 평당 9천만 원인데 평당 6천만 원에 분양했다고 치자. 3년 후 입주 때 평당 1억 원이 넘는 게 바로 시장의 역습이다. 개포 래미안블레스티지나 디에이치아너힐즈처럼 응축된 에너지가 입주 때 폭발할 것이다. 래미안블레스티지는 지난 3월에만 해도 전용면적 84타입이 17억 원대였는데 불과 5개월 만에 6억 5천만 원이 올라 24억 원을 호가한다.

서울 아파트 마지막 폭등장에 올라타라

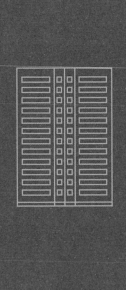

PART 2

서울 아파트 폭등장에서
매수해도 될까?

미분양과 인허가 실적의
동반 감소가 의미하는 것

2020.10.29.

7·10대책 이후 3개월 이상 서울권 시가 15억 원 초과 고가 아파트시장은 약보합세가 계속되고 있다. 반면 부산, 대구 등 지방 대도시는 갈수록 뜨거워지고 있다. 수도권 비규제지역 풍선효과로 김포도 투자수요가 유입되면서 오름폭이 커지고 있다. 특히 9억 원 이하 저가 시장이 상승세다. 갭메우기는 2021년에 지방 대도시가 모두 규제지역이 될 때까지 계속될 것으로 예상된다. 일반공급에서 8만 명 이상이 청약한 별내자이더스타를 보듯 분양시장은 분양가상한제가 자초한 로또분양으로 청약 경쟁률 평균 200대1 이상 단지가 전국에 동시다발로 속출할 것이다.

2015년 이후 수도권 주택시장 상승장에서 가장 두드러진 특징은 미분양과 인허가 실적이 동시에 감소하고 있다는 사실이다. 새 아파트 재고가 부족해 미분양이 줄어들고 있는데 새 아파트 공급이 줄어든다? 수도권 주택시장은 규제의 누적적 증가로 이처럼 어처구니없는 새 아파트 공급 상황에 직면하고 있다. 미분양과 인허가 동반 감소가 수도권은 물론 지방으로 확산되고 있다.

미분양 감소

미분양은 그동안 자주 언급했기 때문에 간단하게 정리한다. 수도권 미분양에서 90% 이상을 차지하는 경기도 미분양은 2020년 8월 말 기준 2,585가구다. 이는 역대 미분양 최저인 2002년 11월 907가구보다 1,500여 가구 정도 많은 수준이다.

과거 2002년, 2003년에 역대급으로 미분양이 적었던(2천 가구 안팎) 이유는 1997년 11월 외환위기 이후 신규주택 공급이 급감했기 때문이다. 수도권 주택시장은 1999년 반등이 시작되고 2000년부터 대세상승장이 시작되었다. 하지만 2004년에 다주택자 양도세 중과 한시적 유예로 매물이 늘어난 데다 서울 입주물량이 급증(2003년 9만 2천 가구, 2004년 8만 9천 가구)하면서 역전세난이 발생하며 조정장세가 1년간 지속되었다. 2004년 10월 수도권 미분양이 일시적으로 1만 5천 가구를 넘어서기도 했다.

2020년 하반기 수도권 미분양 추세(3천 가구 안팎)는 참여정부 시절 2006년 하반기~2007년 상반기 감소세(4천 가구 안팎)와 유사하다. 2010년대 들어 수도권 대세상승장이 2015년에 시작되었을 때 미분양은 2015년 9월 1만 5천 가구 미만으로 줄었다가 그해 12월 3만 가구로 정점을 찍고 계단식 감소 중이다. 참고로 2010~2013년 하락장에서 수도권 미분양은 최소 2만 5천 가구에서 최대 3만 6천 가구를 유지했다. 앞으로 수도권 미분양이 증가세로 1만 5천 가구를 넘어서면 하락장이 임박했다고 보면 된다.

문재인 정부 집권 동안 강도 높은 규제책으로 다주택자의 추가 아파트 구입을 차단했음에도 당분간 수도권 미분양이 늘어날 가능성이 희박하다. 다만 2023년 이후 입주물량이 늘어나 미분양이 늘어날 가능성은 있다. 2023년 전후 인천·경기 정비사업과 2024년 이후 강남 입주물량이 일시적으로 늘어난다. 또 2028년 이후 3기 신도시 등 수도권 공공택지에서 분양물량과 입주물량이 급증할 것이다. 여기에 2023년 이후 주택임대사업자의 등록임대(4년 단기임대) 아파트 자동말소 매도물량이 늘어날 것으로 예상된다. 반면 서울 정비사업 입주물량은 2025년 이후 급감세로 돌아설 예정이다.

인허가 감소

과거 1990년대, 2000년대의 미분양과 인허가 추세를 보면 미분양이 늘어나면 인허가가 줄고 미분양이 감소하면 인허가는 늘어났다. 재고(미분양)가 쌓이면 공급을 줄이고 재고가 바닥을 향하면 공급을 늘리는 것은 너무나 당연하다. 그러나 2016년 이후 상승장에서 미분양과 인허가(다세대 등 비아파트는 건축허가 기준) 실적이 동반 감소하고 있다. 아파트의 경우 정비사업 사업시행인가에 따라 증감폭이 크지만 다세대, 다가구 등 비아파트 인허가 실적은 매년 20% 안팎 지속적으로 감소하고 있다. 8월 말 기준 2020년 수도권 주택 인허가 실적은 13만 5천 가구로 전년 동기 대비 15.5% 감소했으며 지난 5년간 평균 실적보다는 29.6% 줄어들었다.

수도권에서 주택 인허가 실적이 감소하는 근본적인 원인은 정부가 다주택자의 추가 주택 구입을 차단하고 있기 때문이다. 다주택자가 똘똘한 아파트는 계속 보유하고 빌라 등 비아파트는 매도하거나 추가로 구입하지 않기 때문이다. 취득세·종부세·양도세 중과라는 부동산 증세 3종 세트가 주택건설시장에서 갈수록 위력을 발휘하고 있다. 결국 장기적으로는 물론 중단기적으로도 신규 주택 공급물량이 감소세로 돌아서고 있다.

수도권 아파트 인허가 실적도 2016년 감소세로 돌아섰다. 서울에서 2017년 재건축 초과이익 환수제(2018년 1월 2일까지 관리처분인가를 신청하지 못하면)와 투기과열지구 재개발 조합원지위 양도금지(2018년 1월 24일까지 사업시행인가를 신청하지 못하면)를 피하기 위한 밀어내기 식 공급(7만 5천여 가구)으로 일시적으로 늘었을 뿐 대세는 감소세다. 멸실주택을 감안한 서울 아파트 인허가 실적은 매년 5만 가구가 적정한데 2018년 이후로는 4만 가구에도 못 미치고 있다. 2020년에는 8월 기준 1만 5천 가구도 넘지 못하는 실정이다.

수도권 주택 인허가 실적이 감소하는 근본적인 원인은 앞에 말한 다주택자 주택 추가 구입을 차단한 규제책 때문이다. 중장기 요인으로는 박근혜 정부의 2014년 대규모 공공택지 건설 중단이 컸다. LH가 토지보상을 끝내고 택지조성공사를 거쳐 건설사에게 공급해야 할 택지가 고갈되었다. 특히 수도권에서 말이다.

박근혜 정부 때 LH는 수도권에 공공택지를 400만 평 이상 보유했다. 하지만 2020년 8월 말 기준 보유 중인 택지는 35만 평에 불과하다. 지방도 마찬가지다. 공공택지 인허가 실적은 사업승인을 기준으로 한다. 아파트 건설은 사업승인 후 3개월 뒤 착공하고 일반분양을 한다.

문재인 정부에 들어서 추진 중인 3기 신도시 등 공공택지는 대부분 토지보상이 시작되지도 않았다. 그래서 공공택지 후분양을 포기하고 선분양을 넘어 토지보상도 끝내기 전에 선선분양(사전청약)을 하겠다는 것이다. 또 8·4대책에서 서울권 유휴부지에 아파트를 짓겠다고 서둘러 발표한 것이다.

민간택지 중 재개발·재건축 등 정비사업 인허가 실적은 사업시행인가를 기준으로 한다. 사업시행인가 후 입주까지는 최소 5년이라는 시간이 필요하다. 하지만 최근 정비사업 규제가 급증하면서 사업시행인가 후에도 사업 속도가 늦어져 2018년 이후에는 입주까지 7년 안팎이 걸릴 것으로 예상된다.

2016년부터는 인허가 실적이, 2017년부터는 착공 실적이 감소하기 시작했다. 착공 실적 감소세는 분양물량 감소를 의미한다. 착공 후 3~4년 지나야 입주물량으로 이어지니 2021년 이후 입주물량이 감소하는 것은 너무나 당연한 것이다. 수도권 공공택지 입주물량 급감과 서울 정비사업 입주물량 급감이 공존하는 시기가 바로 2021년과 2022년이다.

인허가 실적도 앞으로 5년간 공공택지 고갈로 감소세를 유지할 것이다. 공공재개발·공공재건축으로 사업시업시행인가를 받는 정비사업이 급증할 것이란 기대는 하지 않는 게 좋다.

상승장 후반기 역대급 유동성 장세(금리인하기)에 미분양과 인허가 실적이 동시에 감소한다는 것은 전세시장은 물론 매매시장에서도 눈여겨봐야 할 시그널이다. 적극적으로 대응하라.

서울 1급지 정비사업의
공급절벽이 다가오고 있다

2020.9.24.

재건축 신축인 반포 아크로리버파크 84타입이 또다시 신고가를 기록했다. 2020년 9월 8일 35억 9천만 원으로 기록을 경신한 것이다. 한강 조망 최고 로열동인 105동과 106동에서 신고가가 나오고 있다. 이렇듯 한강 조망 신축 프리미엄 가격이 높아지고 있다. 지난 8월 재개발 준신축인 래미안옥수리버젠 84타입 한강 조망 라인 최고층(20층) 타워형이 18억 원에 거래되었다.

이번에는 7·4대책 이후에도 서울 정비사업 신축·준신축과 입주권을 중심으로 신고가 행진이 계속되는 근본적인 원인을 분석해보려 한다. 서울 도심 1급지의 정비사업 새 아파트 공급 상황이

서울 아파트 마지막 폭등장에 올라타라

얼마나 심각한지를 들여다보겠다.

군이 미국 뉴욕 맨해튼이나 샌프란시스코의 주택 공급정책을 들먹이지 않더라도 대도시 주택시장 규제책은 1급지 신축 감소로 집값 폭등을 초래한다. 서울도 마찬가지다. 서울 정비사업 신축 공급 스케줄이 꼬일 대로 꼬였다. 서울 1급지 공급절벽이 다가오고 있다. 지금 당장 민간택지 분양가상한제로 분양 가뭄이 시작되었다. 2021년 이후 입주물량 감소가 시작되어 2020년대 하반기부터 입주가뭄이 시작될 것이다. 어느 순간 월간 서울 정비사업 분양물량, 입주물량 제로(0)라는 현실을 맞이할 것이다.

공공 정비사업으로 공급물량이 늘어날까?

정비사업 조합 및 조합원은 하락장이 오기 전 하루빨리 적정가로 일반분양을 해 분양수입을 얻어 사업성과 수익성을 확보하기를 바라고 있다. 그러나 문재인 정부의 정비사업 규제의 누적적 증가로 인해 2018년 이후 사업 속도가 갈수록 느려지고 있다. 문재인 정부와 박원순 시장의 눈치를 보던 서울시 정비사업 공급계획은 정비구역 지정부터 급감하고 있다.

재개발은 2011년 박 시장 체제가 들어선 후 신규 정비구역이 거의 지정되지 않았다. 2015년 재개발구역에 도입된 주거정비지수 70점 요건으로 인해 지난 6년간 정비구역으로 지정된 곳이 없다. 재건축도 안전진단 강화와 정비계획 심의 강화라는 '이중덫'에

걸려 개점휴업이다. 강남3구에서 정비구역 지정이 지연되고 있는 곳으로는 대치동 은마를 비롯해 개포 우성4차, 대치 미도 등이 있다. 인천·경기에서는 1년이면 통과되는 정비구역 지정이 서울에서는 최소 2년 이상 걸린다. 집값이 오른다고 강남2구는 최근 아예 정비구역으로 지정된 곳이 없다.

그런데 갑자기 들고 나온 공공재건축·공공재개발로 정비사업 공급물량이 크게 늘어날까? 나는 매우 회의적이다. 민간은 규제를 유지하고 공공 정비사업만 용적률 등 규제를 대폭 완화해 정비구역 지정 후 5,8년 만에 입주시킨다는 것은 어불성설이다. 공공 재개발이 시행되더라도 입주는 3기 신도시보다 더 '늦는다'에 한 표를 걸겠다. 정비구역 지정~관리처분인가~이주철거보다 토지보상 및 대지조성 기간이 더 짧을 것이다.

민간 정비사업은 안전진단 및 정비구역 지정을 받더라도 사업 시행인가 전 서울시의 건축심의라는 '큰 산'이 사업진행을 가로막고 있다. 집값이 비싼 동네일수록, 한강에 가까울수록, 강남3구에 가까울수록, 단지가 클수록 건축심의 통과가 어렵다. 대표적인 정비사업지가 잠실주공5단지와 성수전략정비구역이다. 여기에 여의도, 압구정, 목동신시가지 등 대규모 정비사업지 지구단위계획안이 박원순 서울시장 시절 도시건축공동위원회 심의에서 번번이 보류되거나 아예 심의를 거부당하기도 했다. 건축심의가 까다로워지면서 서울에서 2020년에 사업시행인가를 받은 재건축단지는 9월 23일 기준 옥수동 한남하이츠, 이촌동 한강삼익, 도곡 삼호뿐이다. 재개발구역은 신월곡1구역이 있다.

일시적 급증과 공급과잉은 다르다

지난 2017년 인허가(정비사업 사업시행인가) 실적(7만 5천 가구)이 일시적으로 급증한 것을 놓고 서울 아파트 공급과잉이라고 주장하는 사람들이 있다. 시장에 공급물량이 쌓여 집값이 안정되려면 서울에 새 아파트가 지속적으로 공급되어야 한다. 그래서 입주물량은 누적 3년 치를 보고 공급물량의 적정성을 평가하는 것이다.

서울 정비사업 인허가 실적이 2017년 급증한 이유는 재건축 초과이익 환수제(재초환)를 피하기 위한 밀어내기 때문이다. 또 투기과열지구인 서울 재개발은 2018년 1월 24일까지 사업시행인가 신청을 하지 않으면 관리처분인가 후 조합원 매매가 금지되기 때문이다.

2017년 재초환을 피하려는 밀어내기 인허가 실적은 대부분 강남3구다. 반포주공1단지 1, 2, 4주구(5,335가구/디에이치클래스트), 반포주공1단지 3주구(2,091가구/프레스티지바이래미안), 신반포4지구(3,685가구/신반포메이플자이), 신반포3차+반포경남(2,990가구/래미안원베일리), 방배13구역(2,322가구/방배포레스트자이), 잠실 진주(2,636가구), 잠실 미성크로바(1,991가구) 등이 대표적이다.

가장 사업 속도가 빠른 원베일리(2023년 입주 예정)를 제외하고는 일러야 2024~2026년에 입주가 가능할 것이다. 재초환을 피하기 위해 졸속으로 건축심의~사업시행인가~시공사 선정~관리처분인가 신청을 추진했기 때문이다. 최근 설계변경 과정에서 조합장 해임, 시공사 계약해지, 추가분담금 증가 등 갈등이 증폭되고 있다.

앞으로는 둔촌주공(둔촌올림픽파크에비뉴포레)처럼 민간택지 분양가상한제가 주요 조합 갈등 요인이 될 것이다.

재초환 회피 밀어내기 입주물량으로 강남 입주물량이 늘어난다면 강북에서 강남으로 갈아타는 실수요자가 많아지지 않을까? 그러면 강남보다는 강북 집값이 안정되지 않을까?

2017년 사업시행인가를 받고 2024년에 입주한다면 사업시행인가 후 입주까지 7년이 걸린다. 사업시행인가 후 5년 이내 입주가 힘들어지고 있다. 강남은 물론 강북도 서울 정비사업 공급계획이 심각하다. 인허가 실적이 많이 남은 서울 재개발구역은 노량진뉴타운뿐이다. 지은 지 30년 이상 된 노후주택(아파트 포함)이 서울에 40% 육박하고 있다.

서울 정비사업이 관리처분인가를 받더라도 마지막 관문인 일반분양가가 남아 있다. 고분양가 관리지역으로 주택도시보증공사(HUG)가 통제하던 것을 이제는 민간택지 분양가상한제로 정부(국토교통부)가 통제한다. 시세의 70% 수준에서 책정했던 정비사업 일반분양가를 정부가 60% 이하로 결정하겠다는 것이다.

서울 정비사업 조합이 대부분 후분양을 고민하고 있다. 60% 이하로 일반분양하느니 다음 정부에 적정가(땅값은 매년 20% 안팎 오르니)로 후분양하겠다는 것이다. 정비사업 분상제에서 정부와 조합간 갈등 포인트는 땅값 감정가다. 강남3구의 경우 땅값이 분양가의 70% 이상을 차지한다. 땅값 감정가는 최종적으로 국토부 승인을 받아야 한다. 그래야 지자체의 분양승인을 받고 일반분양할 수 있다.

서울 아파트 마지막 폭등장에 올라타라

5년 이내 관리처분인가가 가능한 사업지를 매수하라

앞으로 서울 정비사업은 사업시행인가 후 입주까지 평균 7년이 걸린다고 봐야 할 것이다. 따라서 2025년 이후 서울 정비사업 입주물량은 2018년 이후 아파트 인허가 실적을 보면 추론할 수 있다. 2018년 3만 2천 가구, 2019년 3만 6천 가구다. 문제는 2020년인데 전년 대비 서울 인허가 실적이 급감하고 있다. 7월 말 기준 2020년 아파트 인허가 실적은 1만 4천 가구에 그치고 있다. 전년 동기 대비(2만 4천 가구) 43%가 줄어든 것이다. 문제는 감소 추세가 2018년 이후 장기화되고 있다는 것이다. 최소한 2021년부터 2027년까지 서울 정비사업 신축 입주물량이 갈수록 부족해진다는 것을 의미한다. 다행히 3기 신도시 입주가 시작되는 시점이라 서울 등 수도권 전셋값은 안정될 것이다.

멸실주택(정비사업으로 한 해 서울에서 2만 가구 안팎 아파트 등 주택이 사라짐)을 감안하지 않더라도 2021년 이후 서울 아파트 입주물량은 적정 수요량인 연간 5만 가구에 크게 못 미치는 상황이 장기화될 것이다. 2024년에 둔촌주공 등 일시적으로 입주물량이 늘어나겠지만 말이다.

서울에서 가장 비싼 아파트를 내 것으로 만들고 싶으면 재건축 단지를 사면 된다. 두 번째로 비싼 아파트를 갖고 싶다면 재개발을 사면 된다. 다만 늦어도 5년 이내 관리처분인가까지 가능한 정비사업지를 매수해야 한다.

매매와 전세의 이중가격 시대, 무엇이 문제인가?

2020.9.3.

매매가와 전셋값의 이중가격 시대를 통해 문재인 정부 집권 말기인 2021년과 2022년, 서울권 아파트 수급의 심각성을 분석해보겠다.

2020년 9월 기준 서울권 아파트시장은 전셋값 이중가격 부작용이 심각해지고 있다. 송파헬리오시티 84타입의 경우 한 집은 6억 5천만 원에, 다른 집은 11억 원에 전세 들어 사는 시대를 맞이했다. 2020년 7월 31일 시행된 전월세상한제, 계약갱신청구권 등 임대차2법 때문이다. 이중가격은 +2년 계약갱신권을 행사해 전세금을 5%만 올린 전셋값(갱신계약)과 +2년이 적용되지 않아 시세대

서울 아파트 마지막 폭등장에 올라타라

로 책정한 전셋값(신규계약)이 다른 것을 말한다. 갈수록 심각해지는 전세수급 상황은 2025년 이후에야 해소될 것이다.

전셋값 이중가격으로 인한 부작용은 결국 주거의 질이 악화된다는 것이다. 임대주택의 질이 떨어지는 것은 물론 계약갱신청구권을 포기하고 학군·통근 등을 이유로 원하는 지역으로 이사 가고 싶지만 폭등한 전셋값이 주거이동을 가로막을 것이다.

전셋값에서 매매가로 확대되는 이중가격

이중가격은 전셋값에서 매매가로 확대되고 있다. 시가 15억 원 초과 고가주택의 경우 매수 후 바로 입주할 수 있는 입주물과, +2년 계약갱신청구권을 행사해 나중에 입주할 수 있고 낮은 전셋값으로 매매·전세 갭이 큰 전세 낀 매물 간에 매매가 격차가 최대 1억 5천만 원 이상 벌어졌다. 고덕그라시움이 대표적인 사례다. 입주물은 매도호가가 17억 5천만 원 이상인데 계약갱신청구권으로 낮은 전세금의 전세 낀 매물은 16억 원이다.

매매가 이중가격을 부추기는 요인으로는 임대차2법 외에 양도세 비과세 요건 강화가 있다. 1주택자의 경우 양도세 비과세를 받으려면 2년을 실거주해야 한다. 또 실거래가 9억 원 초과 고가주택에서 장기보유특별공제(장특공제)를 받으려면 거주요건이 강화되어 거주기간을 최대한 늘려야 한다(2021년 1월 매도 시 장특공제율은 보유기간에 따라 최대 40%, 거주기간에 따라 40%).

매매와 전세 모두 수급 밸런스가 무너진 서울권 아파트시장에서는 매매가 이중가격이 장기화될 것이다. 매매가 이중가격의 가장 큰 문제점은 상승장에서 단기간 가격 폭등을 초래할 수 있다는 것이다. 압도적인 매도자 우위 시장에서 거래량을 동반하지 않고 신고가 행진을 양산할 것이다.

예를 들어보겠다. 홍길동은 거주 중인 A아파트 84타입을 9월에 18억 원에 팔았다. 가장 인기가 많은 입주물이라 전고점보다 1억 원 높여 매도했다. 같은 아파트를 전세 주고 있던 장길산은 15억 5천만 원에 팔려고 내놓았다가 18억 원 실거래가를 확인하고 매도호가를 16억 5천만 원으로 올린다. 유통물량이 워낙 적어 거래량은 많지 않지만 거래될 때마다 신고가를 기록하니 서둘러 팔 생각이 없다. 안 팔리면 +2년 전세 만기 시점인 2022년 하반기에 입주물로 만들어 비싼 가격으로 팔 생각이다. 이는 가상의 예지만 실제로 서울권 아파트시장에서 일어나고 있는 상황이다. 특히 2010년대에 입주한 신축·준신축에서 두드러진다.

임대차2법과 종부세 폭탄으로 인한 부작용(4년 치 전세금을 한꺼번에 올려 받고 종부세 부담을 줄이기 위해 올린 전세금을 월세로 받는 반전세 또는 월세 급증)으로 인해 전세물량이 급감하고 있다. 이에 따라 상승장 후반기인 2020년 하반기에는 전셋값 상승폭이 매매가 상승폭보다 더 커지는 이상 현상이 발생했다. 입주물의 경우 일시적으로 전세가율이 올라 매매·전세 갭이 줄어들고 있다. 강남3구 신축 84타입 전세가율이 60%에 육박하고 있다.

대출레버리지보다 큰 전세레버리지로 선매수하는 30~40대가 늘어나고 있다. 서울 도심 및 강남은 신축·구축 가리지 않고 우선 전세 끼고 사두는 것이다. 본인은 월세로 살더라도 말이다. 이와 관련 전세자금대출 레버리지로 전세 낀 아파트를 구입하는 시대는 사실상 끝났다. 지난 2019년 12·16대책 이후 시가 9억 원 초과 아파트를 구입하면 전세대출은 즉시 회수 대상이다. 또 6·17대책으로 투기과열지구나 투기지역에서 시가 3억 원 초과 아파트를 구입하면 전세대출을 회수당한다. 전세대출 한도도 1주택자는 최대 2억 원(서울보증보험 3억 원)으로 2억 원이 줄어들었다.

거래량을 동반하지 않는 신고가 행진은 언제까지 계속될까? 시장에 팔고 살 수 있는(사고 실입주할 수 있는) 유통물량이 크게 늘어날 때까지 계속될 것이다. 시장에 매물이 쌓여 매도자 우위 시장이 매수자 우위 시장이 돌아서야 거래량과 신고가 행진의 괴리 현상이 진정될 것이다. 그런데 거래세(취득세 또는 양도세)가 낮아지지 않는 한 시장에 매물이 쌓이지 않을 것이다. 7·10대책의 최대 패착은 바로 취득세와 양도세를 동시에 인상했다는 것이다.

세금 폭탄은 유통물량을 늘리지 못한다

유통물량 가뭄이 갈수록 심해지고 있다. 목마른 사람에게(특히 패닉바잉 중인 30~40대에게) 물 한 모금으로는 갈증이 해소되지 않는다. 각종 규제책은 유통매물 급감에서 끝나지 않는다. 서울 아파트 주거의 질이 갈수록 악화될 것이다.

서울에서 아파트에 살고 있는 세대는 42%다. 그런데 지은 지 30년 이상 된 노후아파트 비중이 2018년 12월 기준 19%에서 2030년 56%로 급증한다. 서울의 모든 아파트를 재건축할 수 없다. 하지만 수요가 가장 많은 3종 일반주거지역 역세권 노후아파트를 계속 방치한다면 다음 정부에 커다란 부담이 될 것이다. 여기에 2022년부터 분당 등 수도권 1기 신도시의 재건축 연한도 도래한다.

공공재건축도 사실상 물 건너갔다. 문재인 정부가 수도권 30년 이상 노후아파트에 대해 재건축을 할지 리모델링을 할지 명확한 로드맵을 수립하고, 지자체가 액션 플랜을 짜야 할 것이다. 서울에서는 누구나 살고 싶은 새 아파트의 공급물량 및 재고비중이 감소하고 있다. 누구나 살고 싶지 않은 노후아파트는 급증하고 있다. 그런데 어떻게 집값이 안정될 수 있나? 지금 서울권 강보합세는 코로나19 리스크 때문이지 7·10대책 때문이 아니다.

3기 신도시는 어떤가? 3기 신도시는 서울 외곽 아파트를 제외하고 대부분 서울권보다 비교열위에 있다. 인서울, 인강남 선호로 인해 서울권 유주택자는 물론 고소득 무주택자도 3기 신도시를 선택하지 않을 것이다. 다만 2025년 이후 3기 입주장이 시작될 때 수도권 전셋값 안정에는 기여할 것이다.

정부는 7·10대책의 양도세, 종부세 폭탄으로 2021년 5월까지 다주택자의 매도물량이 늘어날 것으로 기대하고 있다. 또 아파트 주택임대사업을 폐지했으니 자진말소한 매물이 늘어날 것으로 희망하고 있다. 서울 임대등록 아파트는 대략 10만 가구 안팎으로 추산한다. 그런데 주택임대사업자(임사) 비율이 높은 서울 아파트 단지들은 대부분 노도강으로 대표되는 6억 원 안팎의 중저가, 즉 매매·전세 갭이 적은 아파트다. 또 재건축을 추진하는 단지다. 이들 임사 비율(등록임대가구/총 가구)은 5% 이상이다.

반면 강남 핵심입지 신축 임사 비율은 1% 안팎에 불과하다. 래미안대치팰리스는 1.9%, 개포 래미안블레스티지 1.3%, 송파헬리오시티 0.5%다. 이런데도 서울 임대등록 아파트를 팔고 나서 현금을 보유한다? 아니면 다주택자가 자진말소하고 매도한 뒤 취득세 중과에도 매수한다? 전셋값이 고공행진 중인데 자진말소에 필요한 임차인 동의를 쉽게 받을 수 있을까?

2021~2022년 자진말소로 시장에 나올 서울 임대등록 아파트는 많아야 임사 물량 전체의 10% 정도인 1만 가구 안팎으로 본다. 그나마 자진말소로 시장에 나오는 매물은 서울 도심에서 먼 곳의 중저가 구축이 될 것이다. 또 인천·경기 수도권 외곽에서 구축 매물이 많이 나올 것이다. 2021~2022년 6만 가구 사전 청약이 예정된 3기 신도시로 직격탄을 맞을 곳이기 때문이다.

2021년 6월 이후 양도세 및 종부세 폭탄으로 매물이 쏟아질 가능성에 대해서는 말할 가치도 없다. 이번에도 다르지 않다. 취득세 중과로 사지 못하게 했는데 어떻게 매물이 쏟아질 수 있나? 다만 종부세 부담을 회피하기 위해 초고가 아파트 매물이 제한적으로 나올 것이다.

1주택자를 괴롭히면
시장에 어떤 일이 일어날까?

2020.6.25.

6·17대책 이후 수도권 주택시장은 2019년 12·16대책과는 다르게 움직이고 있다. 원래부터 규제지역인 서울권 고가 시장은 6·17대책 이후에도 6월 초 상승세가 유지되고 있다. 반면 갭 투자 수요가 많은 인천·경기 신규 규제지역의 6억 원 안팎 저가 시장은 6·17대책으로 조정장세가 시작되었다. 인천에서 재개발구역이 많아 투자수요 비중이 높은 남동구, 부평구, 미추홀구의 입주권·분양권 프리미엄은 3천만 원 안팎 하락했다. 매물이 늘어나면서 한순간에 매수자 우위 시장이 되었다.

토지거래허가구역으로 묶이면서 6월 17~22일 거래가 폭증한

서울 아파트 마지막 폭등장에 올라타라

잠실동, 삼성동, 청담동은 일주일 새 2억 원 안팎 올랐다. 잠실동 준신축인 리센츠 84타입이 6월 22일 무려 23억 원에 거래되어 역대 최고가를 기록했다. 엘스도 22억 원으로 신고가다. 이제 엘스, 리센츠 로열동 로열층(RR) 매도호가는 23억 원 이상에 나오고 있다. 트리지움은 20억 원대에 진입했다.

삼성동 준신축인 힐스테이트1, 2단지 역시 상종가를 치며 RR 매도호가는 25억 원까지 뛰어올랐다. 신축인 삼성센트럴아이파크는 6월 18일 28억 1천만 원에 거래되어 신고가를 기록했다. 재건축 초과이익 환수제를 피하고 한강 조망이 가능한 '레어 아이템' 청담 삼익은 입주가 4년 남았는데 30억 원을 넘어서고 있다. 대치삼성 토지거래허가구역 지정에 따른 풍선효과로 역삼, 도곡도 상승세이다. 준신축인 래미안그레이튼2차는 신고가 22억 원에 거래되었다.

강북권 도심 신축의 추세도 비슷하다. 강남처럼 6월 둘째, 셋째 주에 폭풍 거래가 이루어졌다. 래미안마포리버웰 18억 4,500만 원, 마포래미안푸르지오 16억 7천만 원, 경희궁자이 17억 4천만 원 신고가 거래설이 파다하다. 길음뉴타운 래미안센터피스는 실거래가 14억 원을 기록했다.

이런 주택시장에서 핵심 수요층인 1주택자를 괴롭히면 어떤 일이 일어날까? 함께 정리해보자.

1주택자를 불안하게 만드는 규제책

2019년 가을 서울 강서구에 사는 1주택자, 40대 나원참 씨는 7년 거주한 아파트를 팔고 갈아탈 준비를 하고 있었다. 선매도 후매수를 위해 살고 있던 집을 10월에 매물로 내놓았다. 그해 11월 매도계약을 했고 12월 마포구에 갈아탈 아파트를 골라 부동산 중개업소에 매수의뢰를 했다. 그런데 12·16대책이 발표되었다. 시가 15억 원 초과 LTV 0%라는 규제책에 직격탄을 맞았다. 주택담보대출(주담대)을 받아 84타입으로 갈아타려고 했는데 주담대가 막힌 것이다. 결국 차선책으로 같은 아파트 59타입으로 다운사이징해서 갈아타야만 했다.

이처럼 12·16대책과 2·20대책 그리고 6·17대책은 1주택자를 본격적으로 불안하게 만드는 규제책이다. 6·17대책에 따라 1주택자가 규제지역(조정대상지역·투기과열지구·투기지역)에서 주담대를 받아 갈아타려면 무조건 6개월 이내(대출실행일 기준) 기존주택을 처분하고 6개월 이내에 전입해야 한다. 일시적 1세대 2주택 갈아타기를 더욱 타이트하게 통제하겠다는 것이다. 또 갈아타기 매매 순서도 반드시 선매도 후매수하고 실거주하라는 경고이기도 하다.

더불어 투기과열지구에서 3억 원 초과 아파트를 구입해 1주택자가 되면 전세대출을 받을 수 없다. 재건축단지는 2년 실거주를 해야 조합원 분양자격을 준다고 한다. 도심 핵심입지에 재건축으로 새 아파트가 될(10년이 걸릴지, 20년이 걸릴지 모르지만) 구축을 사

서울 아파트 마지막 폭등장에 올라타라

놓는 게 적폐인가? 1주택자가 갈아타는 이유는 수만 가지다. 그걸 정부가 자의적으로 해석해서, 지금 당장 거주할 것이 아니라면 주담대를 받아 아파트를 사지 말라고 강요한다. 이제 수도권 주택시장은 계획경제, 통제경제 시대가 왔다.

갈아타본 1주택자는 잘 알 것이다. 동시에 팔고 사는 게 얼마나 힘든지 말이다. 하락장이나 조정장세에는 기존주택이 팔리지 않아 갈아타는 데 애를 먹는다. 상승 랠리에서는 매수하려는 아파트 가격이 급등해 갈아타는 데 애를 먹는다. 그러다 선매도 후매수 타이밍을 놓쳐 1년 이상 현금을 갖고만 있다 10% 이상 급등해 애를 태우는 실수요자도 적지 않다.

정부의 규제책으로 1주택자가 원하는 아파트시장에 진입하는 허들이 갈수록 높아지고 있다. 시장에서 상종가를 치는 정비사업 신축은 1주택자도 대출규제로 넘볼 수 없는 가격이 되었다.

양도 질도 부족한 서울 아파트시장

1주택자의 향방을 좌지우지할 서울 아파트시장을 들여다보겠다. 서울은 2018년 12월 기준 재고아파트가 168만 가구다. 가구 수 대비 아파트 수는 43.7%로 2015년 이후 43%대에 머물고 있다. 당연히 전국에서 아파트 비중이 가장 낮고 순증가율도 가장 낮다. 서울은 신축 공급이 대부분 멸실을 동반하는 정비사업으로 좀처럼 아파트가 늘어나지 않고 있다. 2015년 대비 3년간 순증가분은

4만 3천 가구에 불과하다.

서울 아파트시장은 공급의 양은 물론 질도 심각한 상황이다. 특히 재고아파트 노후화가 심각하다. 1주택자의 갈아타기 교체수요가 지속적으로 늘어날 것이다. 10년 이내 신축은 28만 가구인데 5년 이내 신축은 14만 6천 가구로 8.7%에 불과하다. 반면 지은 지 30년 이상 된 노후아파트는 32만 가구로 재고아파트의 20%에 육박하고 있다. 여기에다 분당 등 1기 신도시 아파트 27만 가구가 2022년 이후 지은 지 30년이 된다.

서울 아파트에 거주하고 있는 세대는 162만 가구다. 물론 서울 아파트에 살고 있는 162만 가구 중 자가도 있고 전월세도 있다. 강남구, 서초구 아파트에 사는 세 집 중 두 집은 전세나 월세로 살고 있다. 서울에 아파트를 소유 중인 1주택자(세대 기준)는 100만 가구 안팎으로 추정한다. 100만 가구 중 자기 집에 사는 비율은 자가점유율을 60%로 추산하면 60만 가구 정도 된다.

1주택자가 '영끌'하게 하는 규제책

본론으로 들어가 규제책으로 주택시장에서 핵심수요자인 1주택자를 괴롭히면 어떤 일이 일어날까?

이제 무주택자는 서울 등 수도권 로또청약에서 운 좋게 당첨되더라도 중도금대출이 40~50%로 축소되었다. 중도금 5회차와 6회차를 자기자본으로 준비해야 한다. 또 실입주하려면 잔금대출을 받아야 한다. 잔금대출은 수분양자(분양권 보유자)의 DTI는 물론 DSR도 본다. LTV는 다른 주택이 없는 경우 시세의 40% 또는 50%다. DSR은 조정대상지역은 150%지만, 투기과열지구에서 9억 원 초과는 40%(제1금융권 기준)다. 소득이 매우 중요하다.

6·17대책은 무주택자는 물론 1주택자도 더욱 괴롭히고 있다. 1주택자도 앞으로 갈아타기가 힘들어졌다. 자녀 학군 등 사유로 반전세와 월세 수요가 크게 늘어날 것이다. 양도세 비과세 및 장기보유특별공제 거주요건 강화로 집주인의 실거주가 증가하고, 종부세 부담으로 반전세나 월세를 선호해 전세공급물량은 더욱 줄어들 것이다.

그런데 6·17대책으로 1주택자가 갈아타기가 힘들어졌다고 상승장에서 갈아타기를 포기할까? 상승장이 계속되는 한 상위지역으로 또는 구축에서 신축·준신축으로 갈아타려고 할 것이다. 6·17대책으로 수도권 전역이 규제지역으로 지정되면서 1주택자가 투기과열지구 서울권 핵심입지로 갈아타려고 하는 쏠림 현상이 심해질 것이다. 즉 이들은 인강남, 인서울, 인도심으로 갈아탈 것이다. 또는 동일 생활권에서 중소형에서 중대형으로 갈아탈 것이다.

수도권 투기과열지구는 갈수록 매물이 씨가 마르고 있는데 투기과열지구가 확대되면서 재건축·재개발까지 조합원지위 양도금지로 정비사업 매물이 사라지고 있다.

6·17대책은 1주택자까지 계층이동, 주거이동의 사다리를 끊겠다는 '포워드 가이던스(미리 향후 정책에 대한 방향을 제시한다는 뜻)'다.

결국 1주택자를 불안하게 만들어 무주택자처럼 영끌을 해서라도 (무리하게 빚을 내서라도) 적극적으로 갈아타게 만들 것이다. 6·17대책 이후 규제지역 확대로 서울권 상승세가 강할수록 1주택자 교체수요는 늘어날 것이다. 전월세 공급물량 급감은 1주택자의 갈아타기 교체수요를 자극할 것이다. 강남에서 바로 입주할 수 있는 매물이 전세 낀 매물보다 매도호가가 1억 원 이상 높은 이유이기도 하다.

주택시장의 핵심수요층인 1주택자가 정부의 규제책을 불신할수록, 상승장이 길어질수록, 중대형으로 적극적으로 갈아탈 것이다. 나아가 후진입을 하더라도 추가로 아파트를 구입해 2주택자가 되기를 선택할 것이다. 물론 추가로 전세 끼고 매물을 살 수 있는 자금이 필요하다. 자금이 부족하면 대출을 받아야 한다. 목마른 사람이 우물을 파는 법이다. 대출이 주담대와 전세자금대출만 있는 것이 아니다.

패닉바잉, 영끌 매수가 왜 발생할까? 상승장에 자산증식 기회를 놓치고 있다고 생각하는 1주택자가 많아진다면, 6·17대책에도 불구하고 추가로 아파트 등 부동산을 구입해 자본차익을 극대화하려는 1주택자가 늘어날 것이다. 이게 바로 규제책에 대한 시장의 역습이다. 1주택자의 역습이다.

다주택자를 괴롭히면
시장에 어떤 일이 일어날까?

2020.6.18.

6·17대책이 발표되었다. 강남 초고가 시장의 경우 5월 셋째 주 반등장이 시작되고 한 달 만에 추가 규제책이 나왔다. 집값만은 반드시 잡겠다는 문재인 정부의 의지를 알 수 있다. 하지만 개인 사도 의지만으로 안 되는 일이 많다. 하물며 나랏일은 말할 것도 없다.

아무리 시중에 돈이 넘쳐난다고 하더라도 지금처럼 수급 밸런스가 무너지지 않았다면 규제책을 '무시'하고 집값이 급등하지 않았을 것이다. 22차례 규제책에도 집값이 잡히지 않는 것은 수급 밸런스 붕괴가 누적되었기 때문이다.

이번에는 주택시장에서 수급 밸런스에 중요한 역할을 하는 다주택자의 순기능을 정리했다. 참여정부와 마찬가지로 문재인 정부에서도 다주택자는 적폐다. 투기꾼으로 낙인이 찍혔다. 다주택자는 시장에서 어떤 순기능을 할까?

다주택자의 순기능

우선 다주택자는 지속적으로 시장에 임대주택을 공급한다. 전국으로 보면 전체 가구의 40% 이상이 전세·월세 등 임대주택에 거주하고 있다. 서울, 인천, 경기 등 수도권만 보면 절반 가까이가 전월세 주택에 거주한다. 이 중 임대주택에서 공공임대주택이 차지하는 비율은 전국 평균 7.6% 수준이다. 서울은 6.4%에 머물고 있다. 독일 등 유럽의 15~20%에 크게 못 미친다.

주거의 안정성을 나타내는 지표인 자가점유율(자기 집에 사는 비율)도 2018년 기준 59.2%에 불과하다. OECD 37개국 평균 69.7%보다도 10%포인트 이상 낮다. 순위로 보면 뒤에서 7번째다. 이런 상황에서 다주택자는 전월세시장에서 전 국민의 1/3에게 임대주택을 공급하며 세입자의 주거안정에 기여하고 있다.

또 다주택자는 주택시장에서 시장을 조율하는 기능을 담당한다. 대표적인 시장이 바로 분양시장이다. 선분양 체제에서 상승장일 때는 분양시장이 뜨거워 미분양을 걱정하지 않아도 된다. 무주택자는 물론 1주택자도 적극적으로 청약해 내 집 마련을 하거나 신축으로 갈아탄다. 하지만 상승장에서 크게 늘어난 새 아파트 공급물량이 하락장이 와도 계속 쏟아지면 미분양이 늘어나게 된다. 하락장이 오면 무주택자나 1주택자의 갈아타기 실수요가 급감하게 된다. 매수보다 전세를 선호하기 때문이다.

이때 다주택자들이 계약금만 내고 미분양 아파트에 투자한다. 입주하면 시장에 새로 전세물량을 공급한다. 수요가 급감하는 하락장에서 다주택자는 미분양 물량의 핵심수요자로서 주택시장이 연착륙하도록 도와준다. 물론 미분양이 입주해 전세를 주며 보유하다 보면 상승장이 와서 자본차익을 얻을 수 있다는 다주택자의 기대심리가 있기 때문에 가능한 것이다.

다주택자를 괴롭히면 나타나는 부작용

정부는 주택시장에서 다주택자를 매매가와 전셋값을 부추기는 부동산 투기의 주범으로 인식하고 있다. 병이 생긴 근본적인 원인을 잘못 알고 있으니 당연히 처방은 틀릴 수밖에 없다. 매매가가 급등하고 전셋값이 올라 전세난이 심각해지는 이유는 무엇일까? 다주택자의 투기 욕심 때문이 아니다. 그건 바로 수급 밸런스 붕괴가 장기간 누적되었기 때문이다.

수급 밸런스는 2가지 의미를 담고 있다. 하나는 수도권 도심에 새 아파트를 공급하는 시스템이 무너졌다는 것이다. 수요가 많은 도심에 정비사업을 통한 새 아파트 공급시스템이 중단되었다는 뜻이다. 또 하나는 시장에 안정적인 전월세물량을 공급하는 시스템이 무너졌다는 것이다.

그동안 새 아파트 도심 공급시스템이 무너지는 데는 여러 정부가 기여했다. 그 출발은 참여정부다. 지금처럼 도심의 낡은 주택을 헐고 짓는 정비사업을 전면 중단시켰다. 2003년에 말이다. 그리고 그 공백을 2기 신도시로 메우려고 했다. 하락장이 온 MB정부에서도 정비사업을 외면하고 '반값' 아파트, 보금자리주택 공급에 올인했다. 결국 도심 새 아파트 공급 시스템이 무너졌다. 박근혜 정부 들어서 2014년 대규모 공공택지 건설을 포기하고 도심에 새 아파트 공급을 위해 정비사업 규제를 완화했다. 이에 따라 지난 2015년 이후 정비사업 공급물량이 늘어나기 시작했다. 하지만 2017년에 문재인 정부가 들어서면서 참여정부처럼 정비사업 새 아파트 공급 시스템을 무너뜨리고 있다. 그리고 이를 3기 신도시로 메우려고 한다.

2020년대 도심에 새 아파트 공급이 중요한 이유는 1기 신도시로 대표되는 대규모 아파트가 1990년대에 집중적으로 입주했기 때문이다. 다시 말해 지은 지 30년이 되는 노후아파트가 2020년대에 급증하고 있다. 정비사업을 외면해서는 안 되는 이유다. 그런데 정부는 6·17대책에서도 볼 수 있듯 안전진단을 더욱 강화해 재건축을 원천봉쇄하려고 한다.

최근 전셋값 상승을 두고 일부에서는 무주택으로 청약 당첨 확률을 높이기 위한 대기 수요자가 증가했기 때문이라고 분석한다. 하지만 잘못된 분석이다. 2020년 들어 수도권 전셋값이 가파르게 상승한 근인(根因)은 2018년 이후 다주택자의 신규 전세물량 공급이 급감했기 때문이다. 다주택자에 대한 조정대상지역 양도세 중과와 주택임대사업 세제혜택 축소, 보유세 강화가 결정적이었다. 다주택자의 추가 주택구입을 가로막으면서 신규 전세물량 가뭄이 심각해지고 있다. 세입자도 주거이동을 하지 않고 재계약을 선호해 새로 나오는 전세물량이 씨가 마르고 있다.

6·17대책에서도 다주택자의 전월세 임대주택 공급을 차단한 규제책이 쏟아졌다. 우선 아파트를 구입해 바로 실입주하지 않는다면 주택담보대출(주담대)을 금지한다는 것이다. 또 다주택자인 법인의 주담대를 금지하기로 했다. 대출규제를 통해 추가로 주택을 매수하지 못하도록 해 전월세 공급을 막았다. 또 법인 양도세율과 종부세율을 크게 강화해 전월세 공급을 차단했다.

세입자의 주거부담으로 이어지는 전월세상한제

2021년은 입주물량 감소와 전월세 공급물량 감소가 충돌하는 해다. 여기에 전세자금대출 규제 및 3기 신도시 대기수요로 반전세·월세 수요가 늘어나고 있어 전월세 가격 급등으로 이어질 가능성이 높다. 이를 알고 있는 정부는 전월세 가격 급등을 막고자 전월세상한제 도입을 추진한다. 전월세상한제는 대표적인 전월세 공급 감소책이다. 전월세상한제로 인한 다주택자의 임대수익률 저하는 결국 임대주택 공급 감소로 이어질 것이다. 남아 있는 전세물량마저 반전세 또는 월세로 전환될 것이다. 결국 세입자들의 주거부담이 늘어날 것이다. 물론 주택임대소득세 과세 강화와 대출규제로 인해 월세 전환이 쉽지 않아 반전세가 늘어날 전망이다.

전월세상한제 체제에서 계약된 전세물량이 시장에 좀처럼 나오지 않으면 신규 세입자의 진입장벽은 갈수록 높아질 것이다. 결국 값비싼 새 아파트를 선택할 수밖에 없다. 반전세 또는 월세로 말이다. 전월세상한제로 인해 새 아파트 최초 전셋값은 높게 책정되어 주거부담이 늘어날 것이다. 전월세상한제와 계약갱신청구권을 도입할 경우 임대주택의 품질 저하를 초래한다는 외국 사례가 있다. 또 전월세상한제가 세입자의 주거이동을 감소시켜 임대주택 재고 감소로 이어지고 결국 임대료 상승을 초래했다는 것이다.

2020년 9월부터 수도권과 지방 광역시에서는 새로 분양하는 단지는 분양권 전매가 전면 금지된다. 수도권 외곽에서 분양가 경쟁력이 떨어지는 C급 분양단지부터 미분양이 늘어날 것이다. 내부수요가 취약한, 즉 펀더멘털(기초체력)이 취약한 지역부터 미분양이 늘어날 것이다.

다주택자의 미분양 구입을 막아놓았으니(중도금대출 금지) 당장 현재의 경쟁력 없는 미분양을 누가 구입할까? 미분양 사태가 장기화되면 최악의 경우 입주시점에 마이너스 프리미엄으로 무주택 내 집 마련 실수요자에게 좌절을 안겨줄 것이다.

서울 아파트 마지막 폭등장에 올라타라

역대급 공급부족이 지나면
역대급 공급과잉이 올까?

2020.6.11.

6월 들어서자마자 전국 아파트시장이 뜨겁다. 지역, 가격 상관없이 불장, 아수라장이 되고 있다. 3년간 지속된 반시장적인 규제책에 대한 시장의 역습이 강력하다.

강남 초고가 시장은 압구정 현대, 래미안대치팰리스, 개포 디에이치아너힐즈, 개포주공5단지 등 소중대형 평형 가릴 것 없이 잇달아 신고가가 나오고 있다. 로열동 로열층 매도호가 기준으로 잠실주공5단지 34평형은 21억 원대, 잠실 엘스, 리센츠는 20억 원대에 다시 진입했다. 송파헬리오시티는 18억 원 이상이다. 삼성동 힐스테이트1, 2단지 84타입은 각각 23억 원대, 24억 원대다. 방배5, 6구역 84타입 입주권 총 매매가도 다시 20억 원을 돌파했다. 모두 2019년 12월 초 전고점 수준이다. 거래량이 급증하면서 정부가 설정한 6억 원, 9억 원, 15억 원의 허들이 무너지고 있다. 이제 수도권은 매도자 우위 시장이다.

이번에는 2020년부터 시작된 역대급 공급부족 구간이 지나고 나면 역대급 공급과잉이 올 것인가에 대한 내 생각을 정리했다. 2020년 6월 기준 전국 아파트시장은 역대급 공급부족에다 유동성 파티(과도한 통화량 증가로 인한 고물가와 자산폭등)가 무르익으면서 수도권과 지방 모두 상승장 호황기가 확산되고 있다.

역대급 공급부족이 왔다

역대급 공급부족이란 수도권 미분양 물량으로 본 내 판단이다. 수요는 장세, 즉 매매가 움직임에 따라 변동폭이 크다. 예측 불가능하다. 하지만 공급은 상승장 또는 하락장에 따라 일정한 주기를 갖고 늘었다 줄었다를 반복한다. 예측 가능하다.

공급 사이클이 있다. 공급부족으로 수요가 늘어나고 상승장이 시작되면 2년 안팎 지나서 공급물량이 늘어나기 시작해 상승장이 끝나고 2년이 지나면 줄어든다. 공급격차(Time Lag)라고 한다. 선분양이 일반적인 우리나라뿐만 아니라 후분양이 일반화된 미국 등 선진국도 마찬가지다. 공공택지에 새 아파트를 완공하려면 7년 안팎이 걸린다. 재개발·재건축 등 정비사업은 평균 10년 이

서울 아파트 마지막 폭등장에 올라타라

상이 걸린다.

신축이 부족한 것을 가장 정확히 알 수 있는 통계가 바로 미분양 수치다. 미분양 통계가 주택시장에 2개월 후행하지만, 신축 수급 밸런스를 판단할 때 가장 의미 있는 통계다.

문재인 정부가 출범하고 2017년 8·2대책을 시작으로 역대급 규제책이 쏟아졌음에도 왜 집값은 안정되지 않을까? 그건 바로 수요가 많은 도심에 새 아파트 공급이 지속적으로 이루어지지 않기 때문이다. 2010년대 대구와 부산처럼 2009년 이후 상승장을 맞아 신축 공급이 지속적으로 늘어나 새 아파트가 넘쳐난다면 집값은 하향안정될 수밖에 없다.

문재인 정부는 부족한 도심 신축을 수도권 외곽의 3기 신도시로 메우려고 한다. 10년 이상 계속될 도심 신축 부족을 2025년 이후 3기 신도시 한 방으로 메우려고 한다. 2020년 4월 기준 전국 미분양은 3만 6천 가구다. 수도권 미분양에서 90% 이상을 차지하는 경기도 미분양은 3,200 가구 수준이다. 지방은 3만 2천 가구다.

전국 미분양은 2001년(12월 말 기준) 3만 2천 가구와 비슷한 수준이다. 경기도 미분양은 2001년 7,200가구에서 2002년 1,300가구로 역대급 감소 구간을 지났던 시기와 매우 유사하다. 그러다 2007년부터 미분양이 급증하고 2008년 이후 하락장을 맞이했다. 지방 3만 2천 가구는 2000년 3만 8천 가구에서 2001년 2만 2천 가구로 역대급으로 줄어든 구간과 비슷하다.

따라서 2020년 4월 말 기준 전국 미분양은 수도권(경기), 지방 모두 2001년 수준이다. 핵심은 역대급 전국 미분양 저점인 2002년(12월 말 기준 2만 5천 가구) 구간으로 진입하고 있다는 것이다. 역대급 미분양 저점 구간에서는 수도권과 지방 아파트값이 동반 상승했다. 지난 1999년부터 시작되어 2008년까지 수도권 지방 아파트시장이 동조화된 시기였다. 수도권은 역대급 가격 폭등이 일어났다.

역대급 공급과잉이 올까?

하지만 이런 역대급 공급부족이 영원히 지속될 수 없다. 문재인 정부는 2020년 들어 뒤늦게 공공재개발로 도심 공급 확대 방안을 마련하고 있지만 역부족이다. 결국 참여정부의 2기 신도시처럼 수도권 외곽에 3기 신도시로 서울 새 아파트 공급부족을 해소하려고 한다.

문재인 정부의 3기 신도시 건설에 대한 강력한 의지를 보면 시장상황과 맞지 않는 시기에 입주물량이 쏟아지면서 공급과잉으로 시장을 불안하게 만들 가능성이 높다. 참여정부의 2기 신도시는 2007년부터 입주가 시작되었다. 매년 적게는 1만 가구 이상, 많게는 2만 가구 이상이 쏟아졌다. 2기 신도시 입주물량이 서울 등 수도권 입주물량의 20%를 넘어섰다. 여기서 중요한 인사이트는 신도시 입주물량이 몇 년간 급증하면 인천, 경기는 물론 서울 집값도 하향안정세를 보였다는 것이다.

서울 아파트 마지막 폭등장에 올라타라

분당, 일산 등 1기 신도시가 몰린 1991~1996년에 서울 아파트값은 하락세를 보였다. 누적 낙폭이 20%에 육박했다. 또 동탄1, 광교, 판교, 김포한강, 파주운정 등 2기 신도시 입주물량이 매년 2만 가구 안팎 쏟아진 2007~2013년에도 서울 아파트시장은 하락장(정확히는 2010~2013년)이 왔다. 이 시기에 경기도 미분양 물량은 2007년 1만 3천 가구로 급증했다. 2008년 이후 2013년까지 2만 가구를 넘나들면서 역대급 공급과잉 시기를 보냈다.

1, 2기 신도시 입주물량이 쏟아지는 시기에 수도권 주택시장은 하락장, 침체기가 왔다. 이번에도 그럴 가능성이 높다. 참고로 3기 신도시 공급물량은 총 17만 3천 가구에 달한다. 여기에 중소규모를 합치면 수도권 공공주택지구 공급계획은 30만 가구에 달한다. 현재 지구 지정이 완료된 20만 가구는 이르면 2022년부터 분양이 가능할 것이다.

2023년 이후 본격적으로 3기 신도시 등 수도권 공공택지에서 아파트가 분양된다면 입주는 2025년부터 시작될 것이다. 2025년 이후 매년 3만 가구 안팎(정부 목표대로라면 3기 신도시 등 수도권 공공택지에서 2025년부터 2028년까지 매년 5만 가구 안팎) 입주물량이 쏟아지게 된다. 여기에 반포잠원, 잠실, 방배 등 강남 3구는 물론 인천·경기 정비사업 입주물량이 2022년부터 늘어나기 시작한다. 또 2023년 이후 5년 이상 보유해 양도세 면제 등 세제 혜택을 받는 주택임대사업자의 단기임대 물량이 시장에 나올 것이다.

유동성 파티가 한창일 때 파티에서 빠져나오는 것은 쉽지 않다.

하지만 언젠가(2024년 이후로 보지만 시장참여자들이 모두 그렇게 생각한다면 더 앞당겨질 수도 있음) 춤을 멈추고 파티에서 빠져나와야 한다. 그런 시기가 과거의 수도권 주택시장은 2007~2009년이었다. 자산 버블이 발생했던 시기였다.

2020년 6월 기준 상승장 후반기에 최소한 2년 앞을 내다보는 투자를 해야 할 것이다. 구매력을 잃지 않는 투자를 해야 할 것이다. 네덜란드 튤립 투기가 배경인 영화 〈튤립피버〉를 연상시키는 요즘이다. 빨리 피는 꽃은 빨리 지는 법이다.

6억 원, 9억 원, 15억 원 허들은 언제 뚫릴까?

2020.6.4.

수도권 주택시장은 2020년 4월 매수세 증가가 5월 거래량 증가로 이어졌다. 거래량 증가로 급매가 소진되면서 매매가 하방경직성이 강해지고 있다. 시가 20억 원 안팎 강남 초고가 시장에서 남아 있는 저가매물은 대부분 못난이다. 2019년 12·16대책 직전의 전고점을 향하고 있다. 시가 15억 원 안팎 서울 고가 아파트의 경우 로열동 로열층 기준으로 이제 매도호가는 2019년 11월 수준까지 회복했다.

이번에는 문재인 정부가 설정한 6억 원, 9억 원, 15억 원 허들(규제, 저항선)에 대한 내 생각을 정리했다.

정부가 설정한 6억 원, 9억 원, 15억 원의 허들

비규제지역에서 시가(KB국민은행 또는 한국부동산원 평균 시세) 6억 원 이하는 허들이 없다. 규제의 무풍지대라고 보면 된다. 주택담보대출(주담대)은 무주택자의 경우 최대 LTV 70%(1주택자 및 다주택자는 60%)까지 나온다. 비규제지역 6억 원 이하는 6억 원 초과부터 제출해야 하는 자금조달계획서도 면제된다. 수도권에서 비규제지역 6억 원 이하 지역은 인천, 안산, 시흥, 부천, 고양일산, 화성동탄1신도시가 대표적이다. 그러나 12·16대책 이후 풍선효과로 상승하고 있다.

시가 9억 원 초과부터 비규제지역도 허들이 본격적으로 시작된다. 우선 비규제지역에서 6억 원을 초과하면 자금조달계획서를 의무적으로 제출해야 한다. 또 규제지역에 상관없이 분양가가 9억 원이 넘으면 중도금대출이 0%다. 투기과열지구에서 9억 원 초과 주택을 보유할 경우 1주택자도 전세자금대출을 받을 수 없다(2020년 7월 10일부터는 투기과열지구 3억 원 초과로 강화). 다만 2020년 1월 20일 이전 전세자금대출을 받은 사람에 한해 증액이 없다면 전세자금대출 1회 연장이 가능하다.

2020년 10월 27일부터 규제지역에서는 취득가액에 상관없이 자금조달계획서(투기과열지구는 자금출처 증빙서류 추가)를 의무적으로 제출해야 한다. 2019년 12월 23일부터 LTV가 9억 원 이하 구간은 40%, 9억 원 초과 구간은 20%로 축소되었다. 또 9억 원 초과 주택을 보유 중인 가계의 차주(주담대를 받을 사람)는 DSR(총부채

원리금상환비율) 한도가 은행권의 경우 40% 이내다.

1주택(분양권 및 입주권 포함) 세대는 소유권이전등기일로부터 6개월 이내 기존주택을 처분하고 신규주택으로 전입해야 한다. 또 2020년 7월 1일부터 규제지역에서 주담대를 받을 경우 6개월 이내 전입해야 한다. 조정대상지역 내 9억 원 초과 주택의 경우 9억 원 이하 구간은 LTV 50%, 9억 원 초과 구간은 LTV 30%가 적용된다. 조정대상지역 분양아파트의 중도금대출도 분양가의 50%까지 가능하다.

2019년 12월 17일 이후 규제지역에서 시가 9억 원을 초과하는 고가주택을 보유한 1주택자가 전세퇴거자금(임차반환자금)대출을 받으려면 대출 실행일로부터 3개월 이내 전입해야 한다. 투기과열지구의 시가 15억 원 초과 LTV 0%는 2019년 12월 17일 이후 신규대출분부터 적용되고 있다. 대출만기를 연장한 경우에는 종전 규정을 적용받는다. 조정대상지역에서 15억 원을 초과할 경우 9억 원 초과분에 대해서는 LTV 30%가 적용된다.

6억 원, 9억 원, 15억 원 허들은 언제 뚫릴까?

2018년 9·13대책 이후 2019년 12·16대책과 2020년 2·20대책을 거쳐 '6억-9억-15억 허들'이라는 규제책이 완성되었다. 이에 수도권 아파트시장은 가격대별 규제에 따라 차별화 장세를 보였다.

2020년 상반기 수도권에서 상승폭이 가장 큰 구간은 6억 원 이하였다. 입주 10년 안팎 준신축을 기준으로 1년 전 3억 원대가 지금 5억 원대를 돌파하고 있다. 4억 원대는 5억 원대를 넘어 6억 원을 향하고 있다.

비규제지역에서는 자금조달계획서를 제출해야 하는 실거래가 6억 원 초과가 허들이 되고 있다. 전용면적 84타입 실거래가 5억 원대에서 6억 원대 돌파에는 시간이 필요해 보인다. 인천 서구 루원시티프라디움은 실거래가 6억 원을 돌파했지만 매물은 대부분 5억 원대다. 대성베르힐 등 다른 루원시티 신축도 6억 원을 넘어서지 못하고 숨고르기를 하고 있다. 반면 루원시티 대장주인 SK 리더스뷰 분양권은 지난 5월 6일 실거래가가 6억 5천만 원을 넘었다. 소사·대곡선 연장의 수혜로 꼽히는 고양 일산역, 풍산역 구축과 준신축도 아직까지 6억 원 허들에 가로막힌 상태다.

규제지역에서 9억 원 허들도 마찬가지다. 조정대상지역인 하남 미사강변신도시에서 공공분양 대장주인 골든센트로는 84타입이 지난 3월 9억 원을 돌파했지만, 9억 원이 저항선으로 버티고 있다. 조정지역인 남양주 다산신도시도 마찬가지다. 힐스테이트다산이 실거래가 8억 원을 넘어섰지만 최근 매도호가는 7억 원대에 머물고 있다.

안양과 수원의 구도심의 신축도 마찬가지 상황이다. 매교역세권 대장주인 팔달8구역(매교역 푸르지오SK뷰)은 84타입 입주권이 총 매매가(권리가액+프리미엄+추가분담금) 8억 5천만 원 안팎에 머무르고 있다. 안양 동안구 덕현지구나 평촌어바인퍼스트 입주권도 8억 5천만 원 이하다. 동안구 호계동의 신축 평촌더샵아이파크는

6월 기준 최고가가 8억 9,500만 원이다. 고양 지축지구 대장주인 지축역센트럴푸르지오도 지난 3월 8억 원은 가볍게 돌파했지만 9억 원 허들에 막혀 있다.

가장 강력한 허들은 투기과열지구의 시가 15억 원 초과 구간이다. 주담대 금지로 100% 현금이 있는 실수요자만 살 수 있다. 규제지역에서 9억 원을 가볍게 돌파한 아파트도 12억 원 안팎에서 모멘텀(상승동력)이 떨어지고 있다.

2020년 9월 입주를 앞둔 성남 산성역포레스티아도 84타입이 아직 11억 원대에 머물러 있다. 광교자연앤힐스테이트도 아직 13억 원을 돌파하지 못하고 있다. 위례 중소형 대장주인 꿈에그린, 자연앤센트럴자이도 13억 원대에 머물고 있다. 서울 동북권에서 래미안크레시티는 12억 원, 래미안센터피스와 길음롯데캐슬클라시아(입주권)는 13억 원 돌파(최고가는 이미 돌파했지만)가 힘겹다. 서대문구 가재울뉴타운 DMC파크뷰자이도 12억 원이 저항선이다.

투기과열지구에서 한참 전 15억 원을 돌파한 단지도 마찬가지다. 경희궁자이, 아크로리버하임, 신촌그랑자이, 신촌숲아이파크, 마포리버파크, 서울숲리버뷰자이, 래미안마포웰스트림, 마포래미안푸르지오, 래미안과천센트럴스위트 등은 17억 원 돌파도 힘겨워하고 있다.

15억 원 돌파 후발주자인 옥수파크힐스, 래미안옥수리버젠, 신금호파크자이, 금호파크힐스, 왕십리센트라스, 고덕그라시움, 고덕아르테온, 래미안명일역솔베뉴 등도 최근 실거래가가 대부분

14억 원대에 머무르고 있다.

5월 셋째 주 이후 시가 20억 원 안팎 초고가 아파트가 반등을 시작했다. 1주택자 또는 일시적 2주택자 등 갈아타는 교체수요, 실수요가 반등을 주도하고 있다는 점에 주목해야 한다. 물론 거래량의 20% 안팎은 투자수요가 가세했다.

6억 원, 9억 원, 15억 원 허들의 '붕괴'는 6월 이후 거래량에 따라 좌우될 것이다. 쉽게 말해 시장참여자들의 추격매수가 시작되어야 허들이 뚫릴 것이다. 존 머피의 『금융시장의 기술적 분석』을 따라 하자면 저항선인 6억 원, 9억 원, 15억 원을 돌파하려면 거래량이 늘어나야 한다. 거래량이 늘어나 기존의 저항선이 새로운 지지선이 되어야 한다.

이러한 추세 변화가 이루어지려면 거래량 증가가 3개월 이상 지속되어야 할 것이다. 2019년 서울 반등장의 경우 거래량이 5월부터 급증해 12월까지 7개월간 지속되었다. 그해 6월부터 추격매수가 시작되었다.

2020년 반등장은 2019년보다 2개월 늦었다. 7월부터 거래량 폭발로 11월 전후 6억 원, 9억 원, 15억 원 허들이 붕괴되었다.

서울 아파트 마지막 폭등장에 올라타라

지금
매수해도 되나요?

2020.5.21.

시장참여자들의 심리는 20년이 지나도, 아니 100년이 지나도 영원히 바뀌지 않을 것이다. "시장참여자들은 언제나 장세에 휘둘린다." 상승장에서 일시적으로 가격이 내리면 반등할 때까지 관망한다. 또 반등하더라도 한동안 단기 반등 후 추가 하락을 우려해 계속 관망한다. 그러나 거래량이 늘어나고 실거래가가 계단식 상승을 하고 거래량이 폭발하면 여지없이 추격매수를 한다.

다수가 아닌 소수의 길을 가는 게 바로 부동산 가치투자자다. 현재가치보다 미래가치가 높아 보유기간 중 미래가치가 시세에 반영될 수 있는 부동산을 찾아 내 것으로 만들고 4년 이상 장기보유하는 것이 가치투자의 핵심이다.

지난 2016년 8월 부동산 강의를 시작한 이래 가장 인상적인 수강생이 있다. 당시 현금 8억 원으로 강의하는 3주 동안 이주비, 전세금, 전세자금대출 등을 레버리지 삼아 집 3채를 매수했다. 현재 그 3채의 자산가치는 60억 원이 넘는다. 당분간 팔지 않을 것이라고 한다. 물론 이 같은 자본차익은 수도권 상승장 초기인 2016년에 적극적으로 매수했기에 가능했다. 필립 피셔의 말처럼 수도권 상승장 후반기인 지금은 보수적인 투자를 해야 한다. 보수적인 투자란 최소한의 리스크로 자신이 보유하고 있는 자산의 구매력을 유지하는 것이다.

이번에는 5월 이후 거래량이 늘어나면서 바닥을 다지고 있는 서울 등 수도권 아파트시장에서 가장 궁금해하는 "지금 수도권 아파트를 매수해도 될까요?"에 대해 답변을 드리겠다.

이에 앞서 5월 21일 기준 서울 아파트시장을 간단하게 언급하면 입주 5년 안팎 도심 정비사업 신축의 경우 실거래가가 2019년 전고점에 근접하고 있다. 낙폭이 적었던 15억 원 이하 소형은 매도호가가 전고점 이상에 나오고 있다.

Q. 지금 수도권 아파트를 사도 될까요?

피터 린치의 말에 영감을 받아 답한다. "나의 유일한 매수 시그널은 마음에 드는 아파트를 찾았을 때다. 그다음에 아파트를 사더라도 늦지 않다."

지금 수도권 아파트를 매수해도 괜찮은가는 전적으로 매수 타

서울 아파트 마지막 폭등장에 올라타라

이밍의 문제다. 그런데 과연 상승 또는 하락을 예측해 수익률을 높이는 마켓 타이밍이 가능할까? 과연 단기 바닥에 사는 게 가능할까?

나는 규제책으로 조정장세가 오고 2개월이 지난 뒤 내 것으로 만들고 싶은 아파트의 로열동 로열층이 적정가로 나오면 매수하라고 한다. 지나가야 알 수 있는 바닥을 기다리지 말고 무릎에 산다는 생각으로 매수하라고 조언한다. 바닥과 반등은 동전의 양면이다. 매수자 우위 시장이 매도자 우위 시장으로 돌아서는 것은 찰나의 순간이다.

지금 마음에 드는 아파트를 찾았는가? 그리고 적정가로 나왔는가? 그렇다면 때에 상관없이 매수하면 된다. 마음에 드는 아파트의 매수 고민은 추격매수가 한창일 때만 하면 된다. 2019년 9~11월처럼 말이다.

Q. 지금 매수하고 나서 가격이 떨어지지 않을까요?

상승장이라고 항상 가격이 오르는 게 아니다. 중요한 사실은 상승장에서는 매수 후 1년째보다 2년째가, 2년째보다 3년째가, 3년째보다 4년째가 훨씬 더 높은 시세를 유지한다는 것이다. 규제책으로 가격이 일시적으로 떨어질 수 있다. 또 공급물량이 한꺼번에 쏟아져 매매와 전세 모두 일시적으로 약보합세를 보일 수도 있다. 하지만 이는 부동산 가치투자자라면 무시해도 좋을 '소음'일 뿐이다.

집값이 장기적으로 떨어지려면 우선 수급에서 지속적으로 과공급이 유지되어야 한다. 또 경제위기가 와서 가계소득이 감소해야 한다. 여기에 금리까지 급등하면 가격이 장기간 하락할 가능성이 높다.

1998년 외환위기를 되돌아보면 쉽게 이해할 수 있다. 1기 신도시라는 엄청난 공급물량에 외환위기에 이은 금리 폭등(주택담보대출금리 20%)으로 수도권 집값이 급격하게 하락했다. 하지만 외환위기를 극복하면서 수도권 하락장은 2년 남짓이었다.

그런데 경제위기는 우리가 예측할 수 없다. 가격 거품 붕괴처럼 말이다. 물론 거시경제 리스크에 최소한의 대비는 해야 한다. 하지만 이를 예측하고 최악의 리스크를 감안해 투자해서는 현금 8억 원을 4년 만에 자산가치 60억 원으로 불릴 수 없다.

지금은 수급에만 집중하라. 5월 이후 시장에 유통매물이 늘어나는지 아니면 줄어드는지를 트래킹(Tracking), 추적하라. 그럼 언제 수도권 아파트시장에 유통매물이 쏟아질까? 현재로서는 단기 임대 등록 매물, 수도권 정비사업 입주물량, 강남3구 재건축 초과 이익 환수제를 피한 재건축 입주물량이 2023년부터 점차 늘어날 것이다.

하지만 2020년 5월은 다주택자 규제, 투기과열지구 재건축 조합원지위 양도금지, 입주물량 감소로 수도권 유통물량이 역대급으로 적은 시기다. 7월부터 새로 분양하는 수도권 분양권도 전매가 전면 금지되어 유통물량이 더욱 급감한다. 또 다주택자를 타깃으로 한 규제책이 누적되면서 전세물량이 갈수록 줄어들고 있다. 전월세물량을 지속적으로 공급하는 다주택자의 순기능을 무시하

서울 아파트 마지막 폭등장에 올라타라

고 다주택자를 적폐로 삼는 문재인 정부에서 5월의 수도권 전세 시장은 어떻게 움직이고 있나? 전세난이 더욱 심해지면서 전셋값 상승폭이 커지고 있다. 정부는 이를 전월세상한제 및 계약갱신청 구권이라는 규제책으로 해결하려고 한다. 규제의 누적적 증가의 대표적인 폐해다.

서민과 중산층을 위한 집값 안정이라는 주택정책 목표는 사라지고, 오로지 다주택자의 부담을 중과시키기 위해 규제책을 남발하고 있다. 전세물량의 수급 밸런스는 안중에도 없다.

Q. 그럼 지금 어디를 사야 하나요?

지방으로 떠돌면 지방만 떠돌다가 이번 수도권 상승장이 끝날 것이다. 이번 수도권 상승장이 끝나는 시점에는 마음에 드는 아파트, 즉 상위지역 아파트로 갈아타서 내 것으로 만들고 하락장을 맞아야 한다. 하락장을 지방에서 맞으면 안 된다.

또 무주택자도 3기 신도시를 기다리지 말고 지금 내 집 마련을 해야 한다. 3기 신도시에 살고 싶다면 성숙기에 진입하는(지하철이 개통하는) 시점에 갈아타면 된다.

강남2구를 선호한다면 구축이라도 사라. 재건축이 힘들다면 리모델링이 가능한 구축이라도 사라. 강남2구가 안 되면 송파 신축이나 중층 재건축단지를 매수하라. 자금이 부족하다면 중층 재건축단지에 인접한 구축을 사면 된다. 84타입이 안 되면 59타입을 사라. 인강남을 선호한다면 가능한 한 송파구에서 하락장을 맞이하라.

인강남에서 몸테크를 하며 하락장을 맞고 싶다면 수서역세권 인근의 보금자리지구 신축을 매수하면 된다. 아니면 2021년 위례선(트램), 2022년 위례신사선 착공 후 성숙기에 진입할 남위례 위례신사선 역세권 단지를 선택하라. 서울 도심을 선호한다면 마포 공덕이나 양천구 목동에서 하락장을 맞이해야 한다. 마포공덕은 마포대로에서 가까울수록 좋다. 차선책으로 백범로나 독막로를 선택하면 된다.

정비사업 중 특히 재개발은 2020년 5월 기준 조합설립인가를 받지 못한 곳은 쳐다보지 않는 게 좋다. 사업시행인가를 받은 구역이 안전하다. 전용면적 85타입 준신축이 15억 원 안팎이라면 정비구역도 지정되지 않은 재개발구역보다 지은 지 20년 안팎의 구축을 사는 게 낫다.

3기 신도시보다 입지 열위에 있는 중저가 지역은 매수에 신중해야 한다. 특히 구축은 더욱 그렇다. 재건축이 가능한 단지도 매수가치가 없다. 또 리모델링이나 가로주택정비사업을 호재로 매수하는 것은 어리석은 투자다.

다시 강조하지만 지금 보유한 지역 및 아파트보다는 한 단계 또는 두 단계 등급이 높은 아파트를 내 것으로 만들고 하락장을 맞이해야 한다.

폭등장에서
추격매수하려는 투자자에게

2020년 7월 수도권 아파트시장 폭등장에서 가장 불안해하는 사람들이 무주택자다. 그리고 서울권 1급지를 보유하고 있지 못한, 즉 상대적으로 덜 오르는 아파트를 보유한 1주택자다. 지금 이 시점에서 이들 실수요자에게 하고 싶은 말이다.

주식 가치투자의 아버지 벤저민 그레이엄은 "미스터마켓은 조울증 환자다. 제정신이 아닐 때가 있으니 안전마진을 확보하고 투자하라."라고 말했다. 6월 이후 수도권 아파트시장 폭등장도 시장 참여자들의 공포 이후 탐욕에서 비롯되었다. 수도권 주택시장이 6월 들어 울증에서 조증으로 돌아서면서 말이다.

본론으로 들어가 무주택자나 1주택자는 지금 집을 사도 될까? 왜 지금 사려고 하는지 생각해보자. 남이 사니 나도 사려는 건가? 아니면 너무 많이 올라 지금 사지 않으면 매수 타이밍을 영원히 놓칠 것 같아서 그러는가?

코로나19 리스크와 정부 규제책이 초래한 6월 이후 폭등장이 오래 지속되기는 힘들 것이다. 물론 정부도 거래량을 축소시키는 추가 규제책을 7월 중 발표할 것이다. 만약 당신이 보유기간 대비 안전마진(내재가치 대비 70% 이하의 시세로 매수하는 것)을 확보한 아파트를 찾았다면 추격매수를 해도 좋다. 그러나 조증에 빠진 미스터 마켓에 휘둘려 추격매수를 해서는 안 된다. 주머니에 돈이 넘쳐나는 사람들에 휘둘려 추격매수를 해서도 안 된다.

1주택자를 기준으로 한다면 6월 이후 거래량 폭발은 다른 단지에서 팔고 오는 외부 수요와 단지 내 중소형에서 중대형으로 평형 이동을 하는 내부 수요가 폭발하면서 촉발되었다. 예를 들면 1주택자가 강북 아파트를 팔고 강남 아파트로 갈아타는 것이다. 또 단지 내 20~30평형대에서 30~40평형대로 갈아타는 사람들로 인해 거래량이 폭발하고 있다. 결과적으로 거래량 1건이 3건을 유발하고 있다.

6월 서울 아파트 매매거래량은 1만 4천 건 안팎으로, 문재인 정부에서의 최대치를 기록할 전망이다. 참고로 2006년 이후 서울 역대 최고치는 2006년 10월 1만 9,803건이다. 이후 2009년 9,545건으로 마지막 불꽃을 터트리고 그해 10월부터 4년간 하락장이 시작되었다.

무주택자와 순수한 1주택자는 너무 초조해할 필요가 없다. 상승장이 아직 4년 안팎 남았기 때문이다. 거래량 폭발로 인한 상승 랠리는 아무리 길어야 6개월이다. 7월 대기 매수자들은 한 번 더 고민하라. 고민하고도 같은 결정을 내렸다면 본인이 감당할 수 있는 적정가를 책정하고 추격매수하라. 가급적 서울권 정비사업

1급지(즉 땅을 산다는 생각으로)를 사서 매수 후 보유(Buy&Hold)하기 바란다. 매수 후 최소 4년 이상 장기보유를 해야 한다. 그럴 자신이 없다면 7월 규제책 이후 매수 타이밍을 노려라. 심약한 매도자의 매물을 공략하면 된다. (2020.7.6.)

2019년 9월 가격대로 떨어진 강남 언제 반등할까?

2020.4.9.

2019년 12·16대책과 2020년 3월 코로나19 팬데믹으로 촉발된 강남3구 초고가 아파트시장이 조정장세가 끝나고 4월 이후 반등이 가능할지 분석해보겠다.

가장 확실한 반등 근거는 거래량이다. 정확히는 거래량 증가세다. 조정장세에서 거래량이 늘어났다는 것은 대기 매수자들이 관망을 끝내고 매수에 나서기 시작했다는 것을 의미한다. 2015년 이후 수도권 주택시장 대세상승장에서 서울 아파트 매매거래량은 월 4천 건 이하로 감소했다 6천 건 이상으로 늘어나면 반등했다. 이어 1만 건 안팎으로 거래량이 폭발하며 상승 랠리(급등장)가

서울 아파트 마지막 폭등장에 올라타라

3~6개월 지속되었다. 문제는 거래량 통계는 주택시장 움직임을 2개월 늦게 알 수밖에 없다는 것이다.

4월 이후 강남 반등장은 주택시장 동행지수인 서울 매수우위지수와 선행지수인 강남2구 재건축단지를 통해 추론할 수 있다.

매수우위지수로 본 4월 이후 반등 가능성

KB부동산의 매수우위지수는 현재 매매하려는 시장참여자들의 심리를 알 수 있다. 서울 매수우위지수는 2020년 3월 30일 기준 74.8이다. 2019년 시가 15억 원 초과 주택에 대한 주택담보대출을 금지한 12·16대책에도 서울 매수우위지수는 전고점 128.6에서 낙폭이 크지 않았다. 2월까지도 100 이상을 유지했다.

하지만 3월 들어 코로나19 팬데믹으로 경제위기가 불거지면서 서울 매수우위지수가 3월 한 달간 30%포인트 하락했다. 3월 말 기준 서울 매수우위지수는 지난 2019년 7월 수준이다. 그때와 정반대로 지수가 낮아지는 상황이다. 2019년 7월은 9·13대책 이후 강남 초고가 시장이 7개월 만에 조정장세를 끝내고 2019년 4월 반등하고 다시 상승장 호황기로 들어섰었다.

강남 초고가 시장에서 매물은 제한적으로 늘어나고 있어 반등 시기는 결국 매수세가 결정할 것이다. 매수우위지수 추세로 본 3월 말 기준 매수세는 9·13대책 직후인 2018년 10월과 유사하다. 매수심리가 위축되는 시기였다. 4월 중 서울 매수우위지수는

60까지 떨어질 가능성이 높다(이후 2020년 5월 65까지 떨어졌다 반등했다).

핵심은 60 이하로 떨어졌다 다시 60을 돌파하며 매수우위지수가 올라가는 시점이다. 이때가 바로 반등이 시작되는 타이밍이다. 참고로 2017년 8·2대책 이후 서울 매수우위지수는 전고점 148.7에서 68.8까지 떨어졌다가 6주 만에 반등했다. 2018년 9·13대책 이후에는 전고점 171.6에서 2019년 4월 37.2까지 떨어졌다가 7개월 만에 반등했다.

실거래가로 본 4월 이후 반등 가능성

2020년 2월 21일부터 매매계약 후 30일 이내 실거래가 신고가 의무화되어 실거래가 집계가 빨라졌다. 3월 들어 매수자 관망세가 서울 전역으로 확산되고 있다. 3월 중순 이후부터는 인천·경기 중저가 시장도 저가매물이 늘어나고 있다. 반면 거래량은 감소세다.

인천, 수원, 광명, 성남, 안양의왕, 고양 등 재개발시장이 활발한 지역도 4월 들어 입주권 프리미엄이 2월보다 최소 2천만 원에서 최대 5천만 원까지 하락했다. 대규모 공공택지인 판교, 위례, 광교, 동탄2, 다산, 미사강변 등도 저가매물이 늘어나면서 매매가는 하방압력이 높아지고 있다. 서울 재개발 입주권 프리미엄도 12·16대책 이전 전고점 대비 5천만 원 안팎 떨어진 저가매물이 나오고 있다.

이번 조정장세 반등장도 강남 초고가 아파트시장에서 시작될 가능성이 높다. 시가 20억 원 초과 초고가 시장이 먼저 반등하고 15억 원 안팎 고가 시장이 뒤따를 것이다.

강남 초고가 시장에서 시장을 선행하는 초기 재건축단지인 압구정 현대와 잠실주공5단지를 예로 들어보겠다. 압구정 현대의 경우 4월 첫째 주부터 전고점 대비 3억~4억 원 떨어진 급매물 매수세가 유입되기 시작했다. 아직 반등이라고 단정하기는 힘들다. 구현대 33평형이 20억 원에 잇달아 거래되면서 바닥을 다지고 있다. 30평형대에서 40평형대 이상 대형으로 매수세가 붙고 있다. 40평형 이상 대형의 경우 한강 조망 등 로열동 로열층(RR)이 전고점 대비 2억 원 떨어진 수준에서 거래되고 있다.

잠실주공5단지도 3월에 저가매물이 쌓이면서 매도호가가 내려가고 있다. 하지만 4월 둘째 주부터 거래가 하나둘 이루어지기 시작했다. 34평형은 2월 19억 원대로 반등했다. 월세가 껴 있는 매물은 1월 수준인 18억 원대(전세 물건은 19억 원대)로 떨어져 최근 18억 7천만 원에 거래되었다. 전세 낀 매물은 19억 5천만 원에 거래되었다. 잠실 엘스도 월세가 껴 있는 매물은 전용면적 84타입 RR도 18억 원대까지 하락하다 4월에 18억 7천만 원에 거래되었다. 역시 2019년 9월 실거래가 수준이다. 대치동 은마도 31평형이 전고점 대비 3억 원 떨어진 18억 원대에 거래되었다.

5월 착공예정인 개포주공1단지도 3월 중순 이후 급매물이 나오면서 하나둘씩 거래될 때마다 실거래가가 요동치고 있다. 4월 둘째 주에는 84타입 신축 총 매매가(매매가+추가분담금)가 2019년 9월 시세인 20억 원대까지 나왔다. 방배5, 6구역도 84타입 총 매매가 18억 원대로 내려앉아 전고점 대비 2억 원 정도 하락했다. 둔촌주공도 마찬가지다. 민간택지 분양가상한제 리스크까지 겹쳐 84타입 신축 총 매매가가 12·16대책 이전 18억 원대 진입을 앞두다 16억 원대로 떨어졌다.

조정장세를 갈아타는 기회로 삼아라

강남 대기 매수자들은 전고점 대비 3억 원 이상, 10% 이상 떨어진 RR 매물을 기다리고 있다. 지난 2019년 9~10월 가격대에 매수하려고 한다.

강남2구와 잠실을 중심으로 강남 초고가 아파트는 종부세 부담 회피성 또는 양도세 중과 회피성 매물이 나올 수 있는 마지노선인 4월 말까지는 급매물이 늘어날 것이다. 하지만 급매물은 가구 수 대비 매우 적은 편이다. 반포 아크로리버파크 84타입 하나가 26억 8천만 원에 거래되었다고 하락장이 올까? 세 부담 회피를 위한 급매로 한두 건 거래되었다고 하락하는 것은 아니다. 계단식 하락은 더더욱 아니다. 2019년 9월 가격대로 떨어진 강남 초고가 아파트값이 4월 이후에도 계속 하락할까, 아니면 반등할까? 동트기 전이 가장 어둡고 춥다.

항상 말하지만 급등장 때 사고 싶었으나 매물이 없어서 또는 너무 올라 사지 못했던 아파트를 조정장세에 사야 한다. 조정장세를 상위지역으로 갈아타는 절호의 기회로 삼아야 한다. 코로나19 리스크가 사라지면 매도자는 갈수록 줄어들고 매수자는 갈수록 늘어날 것이다. 매수자 우위 시장이 매도자 우위 시장으로 한순간에 돌변하고 다시 반등장이 시작되는 것이다.

강남 초고가 아파트를 보유하고 있는 사람은 대부분 다주택자다. 다주택자는 주택투자의 고수다. 대부분 플랜B를 마련하고 있어 심약한 매도자들이 적다. 2015년 이후 상승장에서는 매년 한 번씩 매수기회가 찾아왔다. 2020년에는 4월이 최적의 매수기회가 될 가능성이 높다. 초고가 시장은 물론, 10억 원 초과 고가 시장, 9억 원 이하 중저가 시장도 마찬가지다. 4월에는 시장에 적극적으로 머물러야 한다.

코로나19 공포에도 왜
최고가로 매수하는 걸까?

2020.3.5.

코로나19 글로벌 리스크가 커지고 있다. 한국을 비롯해 이탈리아, 이란, 일본, 미국, 프랑스, 독일, 스페인 등에서 코로나가 확산되고 있다. 이에 미국은 전격적으로 0.5%포인트 금리인하를 단행했다. 글로벌 경제에 점차 커지고 있는 코로나19 리스크에 대한 선제대응이다. 미국 금리인하 직후 증시가 폭락했다고 호들갑 떨 필요가 없다. 단기성 발작일 뿐이다.

이번에는 코로나19 리스크에 대한 부동산 가치투자자의 바람직한 자세를 정리했다.

서울 아파트 마지막 폭등장에 올라타라

위험에 대비하는 역발상 투자

최근에 인상 깊게 읽은 문장이 있다. "자본주의 사회에서 리스크가 없는 삶이 가장 위험한 리스크다." 우리는 삶을 지속하는 한 리스크를 예측하고 대응하며 살아가야 한다. 그런데 투자자라면, 특히 가치투자자라면 어떻게 대응해야 할까?

북한산은 명산이지만 주말에 가면 사람 구경만 하다 내려오는 경우가 많다. 그래서 나는 평일에 북한산에 가지 못하면 비가 오는 날을 골라 간다. 비가 올 때 가면 바위도 미끄럽고 위험하지 않느냐는 말을 많이 듣는다. 전형적인 부동산 개미들의 반응이다. 비가 오면 이에 철저히 대비하면 된다. 바위가 적은 안전한 코스를 선택하고 평소보다 짧은 거리를 걸으면 된다. 또 비에 체온을 유지하는 방풍·방수 재킷을 준비하면 된다. 예측보다 비가 많이 오면 코스를 단축하거나 최악의 경우 등산을 취소하면 된다. 이것이 바로 부동산 가치투자자가 지향해야 할 역발상 투자의 자세라고 생각한다.

코로나19 리스크가 커지면서 수도권 주택시장에 대한 비관론자가 많아지고 있다. 하지만 비관론이 확산될수록 투자기회는 많아질 것이다. 코로나19 팬데믹으로 인해 글로벌 경제위기가 올 가능성이 없다고 단언할 수 없다. 하지만 알려진 리스크는 리스크가 아니다. 이제 코로나19 리스크는 알려진 리스크다. 각자도생으로 적극적으로 대응해야 할 것이다.

수도권 주택시장 하락장에 대비하는 출구전략

출구전략이나 컨틴전시 플랜(Contingency Plan)이란 용어를 좋아하지 않는다. 부동산시장에서 출구전략이란 현재의 구매력을 잃지 않기 위해 예측 가능한 리스크에 대비하는 것이다. 2020년 3월에 내가 생각하는 부동산 출구전략은 수도권 주택시장 하락장에 대비하는 출구전략이다. 출구전략은 간단하다. 2021년 이후 해마다 보유주택 수를 줄이고 하락장과 다음 상승장에 대비하는 것이다. 상대적으로 덜 똑똑한 것부터 매년 하나씩 매도한다.

2~4년 지속될 하락장을 감당할 수 있다면 세대 당 최대 3주택까지 보유해도 될 것이다. 자녀가 소득이 있다면 증여를 통해 리스크를 헤지하는 게 좋다. 반면 자금 여력이 충분하지 못하다면 2023년까지 일시적 2주택 또는 1주택으로 주택 수를 줄이는 것을 추천한다. 2주택을 보유할 여력이 된다면 거주주택 외에 생활권별 대장주가 될 재건축단지를 매수하는 것을 추천한다.

만약 상승장이 2024년까지 지속된다면 2020년 출구전략으로 주택 수를 줄이되 상위지역으로 갈아타는 것을 추천한다. 2020년대에 가치가 가격으로 전환되어 가장 빛을 발할 단지로 말이다. 코로나19 리스크로 시장에 공포가 확산될 때 매수하는 것이다.

2020년대 가장 빛을 발할 단지란 어떤 단지일까? 기존주택을 헐고 새 아파트가 되는 정비사업이 될 것이다. 쉽게 말해 재건축에서는 제2의 삼성동 래미안라클래시나 개포동 래미안블레스티지가 될 단지를 찾아 갈아타는 것이다. 참고로 2021년 9월 입주

예정인 래미안라클래시 84타입 일반분양가는 16억 4천만 원이었다. 입주권 매물이 29억 원 이상이니 분양권 입주 프리미엄은 15억 원 이상 될 것이다. 역대급 '로또'다. 재개발에서는 제2의 아크로리버하임이나 신촌그랑자이를 찾아 투자하는 것이다. 결과적으로 정비사업 투자는 상승장에서 사업시행인가부터 관리처분인가를 거쳐 일반분양까지 진행된다면 완벽하다.

2020년까지 갈아타기 세팅을 끝내놓고 2021년부터 2023년까지 처분해야 할 주택의 우선순위를 정해 1년에 하나씩 매도하는 게 가장 바람직한 출구전략이라고 생각한다.

실수요가 붙는 아파트에 선별 투자

3월 어느 평일에 판교에 위치한 이탈리아 식당을 갔는데 자리가 꽉 차서 놀랐다. 서판교에서 유명한 레스토랑이라고 하지만 코로나19 공포가 확산되는 시기임에도 남녀노소 다양한 구성원들이 점심 식사를 하고 있는 게 인상적이었다.

코로나19 리스크가 커지면서 최근 습관적으로 관찰하는 게 바로 식당 손님 수의 변동폭이다. 갈 때마다 코로나19로 사람이 얼마나 줄었는지를 물어본다. 예상대로 장사가 잘되는 곳은 매출 감소폭이 크지 않다. 메뉴나 가격대에 따라 달라지겠지만 10% 정도다. 반면 장사가 잘되지 않는 곳은 최소 30%에서 최대 50%까지 손님이 줄었다. 이로 인해 주말, 특히 일요일에 문을 닫는 식당이 늘어나고 있다. 장사가 잘되는 식당은 하락장에도 실수요가 붙는 아파트와 같다. 코로나19로 선별해서 식당을 찾듯 상승장 후반기에 선별해서 아파트를 찾아 매수해야 한다.

가치투자자는 코로나19 리스크를 기회로 삼는다

코로나19 공포가 급속도로 커진 2월 넷째 주 이후 시장참여자들의 심리를 정리해본다. 분양시장은 규제지역이든 비규제지역이든 상관없이 로또시장이 되고 있다. 투기과열지구 과천제이드자이는 전매제한 10년, 거주의무 기간 5년에도 불구하고 132가구 모집에 2만 5천 명 이상이 몰려들었다.

반면 규제지역 9억 원 초과 시장은 심약한 매도자들이 늘어나고 있다. 대기 매수자가 원하는 낙폭에는 못 미치지만 2월 이후 누구나 갖고 싶어 하는 똘똘한 아파트에서 저가매물이 나오고 있다. 3월 말까지, 늦으면 4월 15일 총선 이전까지 심약한 매도자들의 매물 출회가 소폭 증가할 것이다.

코로나19 팬데믹으로 인한 3월 3일 미국발 금리인하는 전 세계로 확산될 것이다. 4월 9일 한국은행 금리인하는 불가피할 것이다. 3월 중 금리인하 기대감에 따른 매수심리가 살아날 가능성이 크다. 글로벌 유동성 장세가 길어져 자산가격 상승기가 길어질 것이다. 상승폭도 커질 것이다. 그리고 가격 거품이 발생할 것이다. 미국 주택시장은 2019년 하반기부터 다시 호황기를 맞고 있다.

부동산 가치투자자라면 3월 코로나19 리스크를 최대한 활용해야 한다. 종전주택을 싸게 팔더라도 2020년대에 빛을 발할 단지로 갈아타야 한다. 생활권 내 빅(Big)3 안에 들어갈 신축(입주권)으로 갈아타기 좋은 기회다.

아직도 바닥을 보고 매수하겠다는 말을 믿는 사람이 있을까? 이는 하락장이 오기 직전에 팔겠다는 말과 똑같다. 2·20대책 전후 코로나19 공포가 시장에 확산된 2월에도 최고가(전고점 대비 신고가)로 매수하는 사람들이 있다. 과연 이들은 상승장이 영원히 지속될 것이라고 믿는 바보일까?

강남구에서 2월에 최고가로 매수한 단지(전용면적 84타입 이하)를 소개한다. 이 단지를 사라는 것이 아니다. 강남 수요자들은 왜 이 단지를 지금 최고가에 샀을까를 생각해보라는 것이다.

디에이치자이개포, 쌍용대치1차, 개포주공5단지, 개포동 대청, 도곡동 한라비발디, 도곡동 삼성래미안, 수서동 신동아, 래미안개포루체하임, 자곡동 강남한양수자인, 세곡동 푸르지오, 압구정동 한양1차, 신사동 래미안신사, 삼성센트럴아이파크, 삼성동 풍림2차, 삼성청담공원, 개포주공1단지 등이다.

경제위기설로
투자기회를 놓치지 마라

최근 국내외 경기침체 시그널에 대해 과민반응을 보이는 사람이 많다. 리스크를 대비하지 않는 사람은 없다. 하락론자는 시장을 비관적으로 보고 리스크를 침소봉대해 과잉 대응하는 반면, 상승론자는 시장을 낙관하며 최악의 상황에 대비한다. 각자도생으로 경제위기를 대비하면 된다. 다주택자는 다주택자대로, 집 한 채가 전 재산인 실수요자는 실수요자대로 말이다. 언론과 비관주의자들이 떠들어대는 장단기 금리차(Yield Curve), R의 공포(경기침체) 등 매크로 분석에 지나치게 몰입할 필요가 없다. 탑다운 방식이든 바텀업 방식이든 선택은 전적으로 투자자의 몫이다.

나는 2019년, 2020년 글로벌 금융위기에 따른 경기침체 가능성을 낮게 본다. 금융위기가 일어나기 전에는 과잉유동성으로(당분간 과잉유동성이 유지될 가능성이 높아) 화폐가치가 급락하고 자산가치가 급등할 것으로 예측한다. 물론 자산가치가 급등하고 거품이 지속적으로 발생한다면 거품은 붕괴될 것이다. 이어 금융위기, 경제위기가 올 가능성이 높다. 하지만 지금은 아니라고 본다.

내가 걱정하는 것은 경제위기설이 실수요자에게 아무런 도움이 되지 않는다는 사실이다. 나는 다주택자에게 갈아탈 게 아니라면 주택 수를 늘리지 말라고 조언한다. 2022년부터 주택 수를 순차적으로 줄이라고 말한다. 반면 1주택자 등 실수요자들에게는 자산 인플레이션이 본격적으로 시작되는 2019년 하반기에 달리는 말에서 내려올 자신이 있다면 그 말에 올라타라고 말했다.

특히 30~40대 1주택자는 일시적 2주택을 활용해 적극적으로 갈아타야 한다. 지금 당장 오지 않을 경제위기 때문에 투자기회를 놓쳐서는 안 된다. 2020년 이후 1주택자 전세자금대출도 금지될 가능성이 높으니 금리인하기에 대출레버리지를 적극적으로 활용해야 한다.

서울 등 수도권은 2019년 8월 기준 오를 만큼 오른 것이 아니다. 오히려 지방은 아직 오를 때가 아닌데, 수도권 규제지역 확대에 따른 풍선효과가 크다. 대전이 신축 부족에 정비사업이 활발해지면서 외부 투자수요가 늘어나 고공행진하고 있다. 하지만 2016년 대구의 '참사'를 잊지 말아야 한다. 2017년 부산처럼 조정대상지역으로 지정되면 한 방에 갈 수 있다. 지금은 대전이 아니라 세종에 가치투자를 해야 한다.

싼 맛에 지방에 문어발식으로 투자하거나 조바심으로 인천·경기 외곽 구축에 투자해서는 안 된다. 주택 수에 따른 규제지역(투기지역·투기과열지구·조정대상지역) 대출규제가 완화되지 않는 한 수도권 쏠림 현상은 갈수록 심화될 것이다. 안전자산은 지방이 아니라 수도권이다.

또 어설픈 인서울 투자는 지양하라. 가치투자자라면 인서울 외곽보다는 경기 인도심 대장·부대장이 낫다. 도심 정비사업 입주권 또는 신축·준신축을 공략해야 한다. 지역별 생활권별 4, 5분위 아파트(서울 전용면적 84타입 기준 실거래가 10억 원 초과)를 적극 공략해야 한다. 대출규제로 인해 주택수요의 쏠림 현상은 최소한 문재인 정부가 끝나는 2022년까지, 대출규제가 완화되지 않는 한, 지속될 것이다.

서울 4대문 기준으로 수도권 북쪽이나 서쪽보다는 남쪽이나 동쪽을 지향해야 한다. 왜 84타입 기준으로 반포 아크로리버파크가 32억 5천만 원에 실거래되었을까? 왜 개포 래미안블레스티지가 실거래가 24억 원을 넘어 25억 원을 호가할까? 왜 송파헬리오시티가 18억 원을 넘어 20억 원으로 향할까? 래미안옥수리버젠과 고덕그라시움이 왜 각각 15억 원, 14억 원으로 향할까? 흑석 아크로리버하임이 왜 20억 원으로 향할까? 힐스테이트영통이 왜 7억 원을 넘어서며 전고점을 돌파했을까? 왜 경기권에서 분당, 판교, 위례, 과천이 초강세장일까?

서울권에서 남쪽과 동쪽을 지향해야 하는 이유는 실수요의 핵심인 30~40대 고소득 직장인들이 남쪽, 동쪽 신축을 선호하기 때문이다. 남동쪽 생활권에서 플래그십 아파트, 즉 랜드마크 단지를 찾아라. 랜드마크 단지를 살 여력이 안 되면 랜드마크 단지의 영향권에 있는 신축·준신축 또는 정비사업 입주권을 사라. 구축은 최소한 2005년 이후 입주한 아파트를 추천한다.

서울 아파트 마지막 폭등장에 올라타라

다주택자는 지금까지 그래왔듯 알아서 투자하니 굳이 설명하지 않아도 될 것이다. 문제는 무주택자나 1주택자 등 실수요자다. 실수요자들은 돈의 가치를 잃지 않는, 아니 돈의 가치를 높일 수 있는 아파트 투자기회는 2019년 하반기가 마지막이라고 생각해야 한다. 실수요자들은 매크로 분석에 집착할 필요가 없다. 규제책도 마찬가지다. 민간택지 분양가상한제(분상제) 등 규제책에 신경 쓸 시간이 없다. 어차피 문재인 정부의 규제 약발은 갈수록 떨어질 것이다.

분상제로 조합원 입주권의 추가분담금이 늘어난다고 입주 후 집값이 내려갈까? 예를 들어 개포그랑자이(개포주공4단지) 입주권을 8월에 총 매매가(84타입 배정평형 분담금 포함) 20억 원에 샀는데 분담금이 1억 원 늘어났다면 어떻게 될까? 입주시점에 25억 원이 될 아파트가 26억 원 또는 27억 원으로 상향될 가능성이 높다.

강남구처럼 초과수요, 신축 희소가치로 인한 매도자 우위 시장에서 분담금은 결국 매수자에게 전가될 것이다. 보유세 부담이 매도자나 세입자에게 전가되듯 말이다. 부동산 가치투자자만이 할 수 있는 역발상 투자가 필요한 대목이다.

실수요자는 경제위기설에 휩쓸리지 말고 자산가치를 늘리는 것에 집중해야 한다. 동쪽이나 남쪽에서 내 집을 마련하거나 갈아타라. (2019.8.19.)

2021년까지 수도권 주택시장은
어떻게 움직일까?

2019.10.10.

2019년 9월 이후 매매가 상승폭이 커지면서 다시 서울 집값 거품과 오버슈팅에 대한 이야기가 나오고 있다. 부동산 가격 거품은 거품이 꺼지기 전에는 알 수 없다. 10년 전보다 명목가격이 2배 올랐다고 거품이라는 의견에는 동의하지 않는다. 같은 기간 소득과 통화량(M2)도 2배 증가했다. 강남 실질 아파트가격은 2017년에 본격적으로 전고점을 돌파하고 상승하기 시작했다. 9·13대책 이후 조정장세 7개월을 빼면 순상승기는 만 2년이 지났을 뿐이다.

이번에는 2019년 10월 이후 2021년까지 수도권 아파트시장이 어떻게 움직일까를 정리했다.

　수도권 아파트시장은 지난 2009년 가을 이후 하락장이 시작되었다. 하락장이 4년간 지속되다 2013년 5월 이후 바닥을 치고 바닥다지기에 들어갔다. 이어 2014년 회복기를 지나 2015년부터 상승장이 시작되었다. 그리고 2019년 10월 기준 가다 서다를 반복하는 계단식 상승장이 5년째 계속되고 있다.

　2000년대 수도권 주택시장 상승장(2000~2009년)의 히스토리를 토대로 상승장 인사이트를 정리해본다.

- 상승장은 쉽게 오지도 않지만 쉽게 끝나지도 않는다.
- 서울만 오르고 상승장이 끝나는 경우는 없다. 인천·경기로 확산되어 수도권 전역이 투기과열지구로 지정되고 나서야 상승장이 끝났다. 이번에도 수도권 전역이 조정대상지역으로 지정되어야 상승장이 끝날 가능성이 높다.
- 상승장에서 강남3구처럼 많이 오른 아파트가 조정장세나 하락장에서 가장 많이 떨어졌다. 또 가장 먼저 오르고 가장 먼저 내렸다. 하지만 결과적으로 상승장에서 가장 많이 오른 아파트에 선제투자한 사람이 승자였다.
- 2000년대 상승장에서 강남3구에 진입한 사람은 2010년대 상승장에서 역시 강남권에 집중 투자했다. 2000년대 수도권 재건축 등 정비사업에 투자하고 계속 보유했던 사람이 2010년대 상승장에서 가장 자본소득이 컸다.

- 2000년대 상승장에서 가격 거품 구간은 2006~2009년이었다. 2010년대 상승장에서 거품 시작 구간은 2021년? 2022년?

2018년 9·13대책에서 2019년 9월까지 시장의 움직임

9·13대책 이후 수도권 시장을 간략하게 정리한다.

9·13대책 이후 2018년 10월부터 강남 하락폭이 시작되면서 조정장세는 투자수요가 많은 수도권 핵심입지 전역으로 확산되었다. 재건축 초기단지가 가장 낙폭이 컸고 이어 신축과 재개발 입주권 프리미엄도 이주비대출 규제로 크게 하락했다. 조정장세가 7개월간 이어지며 수도권 전역에서 거래량이 급감했다.

결과적으로 강남 기준으로 지난 2월이 바닥이었다. 3월에 바닥을 다지고 4월에 반등했다. 압구정과 잠실주공5단지가 먼저 저가매물이 소진되면서 반등에 나섰다. 5월에 서울 강남 신축·준신축이 상승했다. 6월부터 상승폭이 커졌고 거래량이 9천여 건으로 폭발한 7월에 동마용성 등 서울 핵심입지와 과천, 성남판교·분당, 광교, 위례, 광명, 구리 등으로 확산되었다.

8월 초에 민간택지 분양가상한제(분상제) 이슈로 잠깐 주춤했지만 곧바로 상승세로 돌아섰다. 9월에는 셋째 주 추석 연휴 이후 인천부천, 남양주다산, 하남미사, 광주, 시흥, 안산, 고양일산까지 수도권 동서남북 전역에서 거래량이 늘어났다. 9월 들어 거래량을 동반한 상승 랠리가 시작되었다. 이에 정부는 10·1대책이라는

서울 아파트 마지막 폭등장에 올라타라

규제카드를 꺼냈다. 분상제 6개월 유예는 2020년 4월 총선으로 인해 한발 물러선 완화책이다. 대신 개인 매매업자와 법인 LTV 규제와 고가주택(실거래가 9억 원 초과) 보유자의 전세자금대출 규제(공적보증 금지)를 추가했다. 하지만 강남은 물론 수도권 시장은 자기 갈 길을 바삐 움직이며 상승 랠리가 계속되고 있다.

강남 등 수도권 핵심입지 신축, 재건축단지, 재개발 입주권 프리미엄은 9·13대책 이전 전고점을 대부분 돌파했다. 강남3구는 최대 2억 원까지 올랐다. 동마용성도 전고점보다 5천만 원 이상 오른 수준으로 거래되고 있다. 영등포구, 양천구, 구로구는 물론 노원구, 강서구, 성북구 등 비핵심지역도 신고가율(실거래가 총 건수 중 전고점보다 높은 실거래가 비율)이 높아지고 있다.

2021년까지 수도권 주택시장은 어떻게 움직일까?

문재인 정부에서 수도권 주택시장은 9·13대책 전후로 크게 달라졌다. 9·13대책 이전은 투자수요가 주도했다면, 9·13대책 이후 시작된 6월 상승 랠리는 실수요가 주도했다. 1주택자와 일시적 2주택자 갈아타기 교체수요가 90% 안팎이었다.

규제지역에서 유주택자의 추가 구입을 막기 위한 주택담보대출(중도금, 이주비, 잔금대출 포함) 규제는 인서울, 인도심으로의 쏠림 현상을 초래했다. 그리고 9월 이후 강남 폭등이 주변 지역으로 확산되면서 갭메우기 순환매 장세로 상승세가 수도권 전역으로 확산되고 있다. 2000년 이전에 지은 서울 등 수도권 외곽 구축까지 오른다면 폭등장이 올 것이다.

1주택자와 일시적 2주택자는 임사 세제혜택도 대폭 축소되어 주택 수를 늘릴 수 없어 상위입지 또는 중대형으로 갈아타는 교체 수요가 늘어나고 있다. 20년 이상 지난 구축에서 10년 이내 신축 준신축으로 갈아타는 경우도 많다.

참여정부에서도 규제 수위가 높을수록 지역별 양극화, 단지별 차별화가 심화되었다. 문재인 정부도 마찬가지다. 수도권 동남권의 핵심입지 정비사업(입주권·신축·준신축)과 판교, 위례, 광교, 동탄 2 등 2기 신도시가 상승장을 주도할 것이다.

8·2대책, 9·13대책, 10·1대책까지 규제의 누적효과로 합법적으로 사고팔 수 있는 유통물량을 급감시키고 있다. 신축·준신축·구축 가릴 것 없이 유통물량 감소로 희소가치가 높아지면서 호황기가 길어질 가능성이 높다. 2018~2019년 입주했거나 2020~2021년 입주 예정인 정비사업 신축은 단기 폭등할 것이다. 개포동 래미안블레스티지와 디에이치아너힐즈, 송파헬리오시티, 신촌그랑자이 등 성공투자 스토리를 복기하면 쉽게 추론할 수 있다.

상승장에서 금리하락기와 규제책이 만났을 때는 수익률이 아니라 자본소득(시세 차익)에 집중해야 한다. 지방이 아니라 수도권에 베팅해야 한다. 직주근접성, 리테일 접근성, 학군, 공원 접근성 등으로 30~40대 고소득 직장인이 선택하는 입지에 투자해야 한다.

2019년 8월에 시작된 로또분양은 분양시장을 더욱 과열시킬 것이다. 대전, 인천, 수원 등 비규제지역의 조정대상지역 확대가 예정되어 있다. 2006년 판교 동시분양 후폭풍이 생각나는 대목이다.

서울은 분상제 시행 전 분양할 둔촌주공, 개포주공1, 4단지, 방배5구역 등 강남권 분양단지 완판으로 후폭풍이 올 가능성이 높다. 비강남권에서는 흑석3구역, 증산2구역, 수색6구역, 장위4구역이 대표적이다.

또 분양시기가 유동적이지만 과천지정타가 안양 동안구, 인덕원, 북의왕을, 호반써밋송파 등 북위례가 남위례(8호선 위례역 역세권 또는 휴먼링 내 위례신사선 역세권부터)나 구성남을 견인할 가능성이 높다. 성남은 신흥2구역, 수원은 팔달6구역과 팔달8구역 연내 분양 완판 이후를 주목해야 한다. 더욱이 수원은 전매제한 기간이 6개월이고 성남 신흥2구역은 1년 6개월이다. 인천은 10월 2차 SK리더스뷰 등 루원시티 주상복합 3곳 분양을 비롯해 연내 주안1구역, 부개서초교북측구역, 산곡4구역이 잇달아 분양한다.

2020~2021년 수도권 주택시장이 폭등할 가능성이 높은 이유는 앞에도 언급했지만 역대급으로 유통물량이 감소하기 때문이다. 더욱이 금리 하락기를 맞아 유동성 파티가 절정에 달하는 시기이기 때문이다. 2020~2021년은 MB정부 이후 규제 완화와 상승장이 겹치면서 수도권 정비사업에서 이주수요 및 멸실주택이 역대급으로 증가하는 시기다. 또 입주물량이 2017~2019년 증가세에서 2020년 이후 감소세로 진입하는 시기다.

서울 등 수도권 입주물량은 2018년 25만 8천 가구로 정점을 찍고, 2020년 18만 5천 가구, 2021년 14만 9천 가구로 감소세로 돌아선다. 임대사업자 등록으로 인한 매물잠김에다 다주택자 조정대상지역 양도세 중과 및 대출규제로 전월세 공급물량까지 감소하는 시기다. 2019년 10월 기준 수도권 주택시장은 과거 2000년대 상승장으로 치면 2002년 또는 2003년(강남3구)으로 추론한다.

하락장이 언제 올지는 아무도 모른다. 거시경제 분석으로 금융위기, 경제위기를 예측할 수 있을까? 어렵다고 본다. 그저 경기가 좋지 않아 안전자산으로 인식되는 강남, 동마용성 등 핵심입지 아파트값이 폭등하는 것이다. 디플레이션을 걱정할 단계는 아니다.

개인적으로 수도권 하락장 시기는 수도권 미분양 추이와 미국 20대 대도시 케이스-실러 지수로 추론하고 있다. 8월 말 기준 수도권 미분양은 2001년 말 수준인 1만 가구 안팎이다. 1만 5천 가구+가 1차 하락 시그널, 2만 가구+가 2차 하락 시그널로 본다.

케이스-실러 지수는 2019년 7월 1일 기준 전년 동기 대비 상승률이 2% 이하로 떨어졌다. 상승장 초기에는 2013년 13%대까지 치솟고 2018년 상반기까지 5%대를 유지하다 상승폭이 떨어지고 있다. 하지만 2018년 11월 이후 회복세가 시작되고 2019년 7월 이후 신규착공, 기존주택판매량 등 각종 지수가 호전되고 있다.

정부의 규제책은 어떻게
아파트 신계급 사회를 앞당겼나?

2019.9.12.

한반도에 태풍이 온다고 해도 나는 크게 걱정하지 않는다(물론 대비는 한다). 한반도를 관통하는 태풍은 7년에 하나 정도 된다. 또한반도를 관통한다고 해도 태풍의 크기와 강도에 따라 피해는 크게 다르다. 지나가봐야 피해를 정확히 알 수 있다. 너무 비관적이거나 너무 낙관적으로 예측할 필요는 없다. 부동산 투자자의 마음도 비슷해야 한다고 생각한다.

　이번에는 민간택지 분양가상한제(분상제) 등 규제정책의 부작용을 정리했다. 규제책에 따른 부작용은 크게 2가지다. 바로 전셋값상승과 초양극화다.

전세난이 우려되는 전셋값 상승

먼저 수도권 전셋값 상승이다. 서울뿐만 아니라 인천·경기 모두 2019년 상반기에 강보합세로 돌아섰다. 2020년에는 역전세난이 아니라 전세난을 걱정해야 할 상황이다.

KB국민은행 서울 전세수급지수(부동산 공인중개사들에게 전세공급 상황을 부족, 적당, 충분으로 질문해 기준 100에다 부족하다는 답변을 더하고 충분하다는 답변을 뺀 심리지수. 100+ 수치가 클수록 전세공급이 부족하다는 응답이 많다는 뜻)를 보면 2019년 9월 2일 기준 140을 돌파했다. 전세수급지수 140 돌파는 전세난을 예고한다고 보면 된다. 서울은 144.3으로 치솟았다. 인천도 140을 넘어섰고 경기도 125.2를 기록해 지난 1월 바닥을 치고 가파르게 상승하고 있다.

수도권 전셋값 상승 원인을 분상제로 풀이하는 사람이 있지만 결정적인 원인은 아니다. 2017년 이후 누적된 규제의 부작용으로 수급 밸런스가 무너져 전셋값이 상승하고 있다. 수급에서 공급은 동탄2 등 2기 신도시 입주물량 소진 및 서울 입주물량(입주물량·전세물량) 감소세 영향이 크다.

특히 서울은 입주물량도 감소하고 있지만 전세거래가 가능한 유통물량이 규제책으로 인해 갈수록 줄어들고 있다. 주택 임대사업자 등록에다 양도세 비과세 2년 실거주 요건 등으로 신축 전세물량도 감소하고 있다. 반면 관리처분인가를 받거나 받을 예정인 서울, 인천, 경기 등 수도권 정비사업은 급증하고 있다. 관리처분인가는 3개월 안에 이주가 시작된다는 것을 의미한다.

유통물량은 갈수록 줄어들고 멸실주택 이주수요는 갈수록 늘어나 수도권 주택시장 수급 밸런스가 무너지고 있다. 전세난이 다가올 것이다.

전셋값 상승에 기여한 규제책으로는 지난 2018년 12월 11일 이후 전국 분양단지에서 시행 중인 '무주택자 우선공급'이 대표적이다. 전셋값 변동률은 전국적으로 비슷하지만 2019년 들어 전셋값이 일제히 우상향하고 있다. 무주택자에게 전체 분양물량의 75%를 우선공급하는 주택공급에 관한 규칙 개정안의 영향이 매우 크다. 분양가 통제까지 이어져 분양시장 과열이 전국으로 확산되고 있다.

또 12월 강화된 종합부동산세액이 고지되면 매도자 우위 시장에서 집주인이 보유세 부담을 세입자에게 전가해 전셋값 추가 상승을 부추길 것이다. 오른 전세금을 월세로 받는 반전세가 늘어날 것이다.

인서울이거나 아니거나, 초양극화

유동성 장세에 안전자산으로 부각 중인 인서울, 인강남, 인도심에 대한 수요가 전국에서 몰려들고 있다. 초양극화가 심화되고 있다. 초양극화를 가속화시킨 것은 소득과 주택 가격에 상관없이 오로지 규제지역 주택 수를 기준으로 유주택자에게 대출규제를 가한 9·13대책의 부작용이 컸다.

아파트 실거래가 조회 사이트 시세미(sise.me)를 통해 9·13대책 전후 서울 아파트 매매거래량이 월 7천여 건으로 비슷했던 2018년 7월과 2019년 6월을 비교했다.

2018년 7월 서울 구별 거래량 랭킹을 보면 노원구(672건), 강서구(481건), 구로구(432건)가 상위 1~3위를 차지했다. 반면 9·13대책 이후 2019년 6월 거래량 랭킹은 송파구(740건), 노원구(673건), 강남구(596건)가 상위를 차지했다. 소형 저가 아파트가 몰려 있어 절대 거래량이 많은 노원구는 작년과 올해 거래량이 비슷했다.

반면 1위를 차지한 송파구는 2018년 402건에서 2019년 740건으로 84% 증가했다. 3위 강남구도 299건에서 596건으로 99.3% 늘어났다. 거래량 순위가 지난해 10위권 밖에서 올해 6위로 진입한 서초구도 360건으로 작년보다 25.4% 증가했다. 강동구도 117건에서 315건으로 무려 169.2%나 급증했다.

거래액으로 비교하면 초양극화를 실감할 것이다. 지난 4월 이후 비싼 아파트일수록 거래량이 많았으니 거래액(실거래가) 상승은 당연하다.

2018년 7월 서울 아파트 매매거래액은 건당 평균 8억 4천만 원이었다. 2019년 6월에는 10억 3천만으로 급증했다. 9·13대책 이후 전고점을 돌파하지 않는 6월에 작년보다 거래액이 건당 1억 9천만 원이 올랐다. 전용면적별 거래액을 보면 중형(60m² 초과 ~85m² 이하)은 지난해 7월 6억 8,700만 원에서 올 6월 8억 8,200만 원으로 1억 원 가까이 올랐다. 중대형(85m² 초과~135m² 이하)은 9억 6,500만 원에서 12억 9,200만 원으로 3억 3천만 원이 뛰었다. 이는 대형(135m² 초과) 상승폭(2억 9,500만 원)보다 더 큰 것이다.

2018년 7월과 2019년 6월의 거래량과 거래액을 비교한 결과 두드러진 차이는 2018년 9·13대책 이후 서울 강남 중대형 아파트가 6월에 거래량이 늘어나면서 상승장을 선도했다는 것이다. 반면 상승장에서 소외된 서울 외곽의 강북구, 중랑구는 거래량 감소로 집값도 보합세에 머물렀다.

9·13대책의 대출규제는 초양극화를 부추겼다. 전용면적 84타입 기준 실거래가 15억 원 이상인 서울 도심 강남의 중대형 초고가 아파트가 거래량이 증가하면서 상승폭이 커져 9·13대책의 최대 '수혜주'가 되었다. 결과적으로 8·2대책, 9·13대책, 분상제 등 문재인 정부의 규제책은 무주택자에게 선택을 강요하고 있다.

역대급 규제책인 9·13대책에도 불구하고 지난 6월 이후 수도권 상승 랠리가 다시 시작되었다. 또 이수푸르지오더프레티움, 송파시그니처캐슬 등 서울 9억 원 이하 분양단지는 로또시장이 되었다. 전셋값도 오르고 있다. 가점이 낮은 30~40대 무주택자는 전세 재계약 대신 구축 매수를 강요당하고 있다.

분양가 9억 원 초과는 중도금대출이 나오지 않으니 무주택자에게 그림의 떡이다. 최근 인천 검단신도시 미분양 완판, 인천 송도, 파주 운정신도시 등 인천·경기 분양시장에 서울 1순위 청약자 수가 늘어나고 있다. 무주택자 전세난민이 생각났다. 아니 이제 '청약난민'이다.

정부의 규제책은 2019년에 서울 강남 59타입 20억 원대, 84타입 30억 원대, 아파트 신계급 사회를 앞당겨버렸다.

인서울이 아니라
인도심이다

사람을 만나도 겉모습만 보면 안 되듯 주택시장을 바라볼 때도 순진하게 액면(글자) 그대로 받아들여서는 안 된다. "인서울에 투자하라."라는 말이 대표적이다. 여기서 인서울이란 서울시 25개 구에 속한 아파트를 말하는 것이 아니다. 내가 생각하는 인서울이란 인도심이다. 서울 도심 A급, B급 단지와 서울 도심 접근성이 좋은 인천·경기권 A급 단지를 말한다.

구체적으로 서울 인도심은 3도심, 7광역 중심으로 보면 된다. 가격으로는 인도심 A급 단지를 기준으로 했을 때 2018년 8월 기준 전용면적 84타입 매매가가 서울 도심은 10억 원 이상, 서울 도심 영향권과 경기권은 8억 원 안팎, 인천(송도)은 5억 원(6억 원) 안팎이 되는(또는 될) 단지가 될 것이다. 인서울에 집착해 입지가치가 C급인 서울 아파트를 살 것인가? 인서울은 아니지만 서울 도심 접근성이 좋은 인천·경기권 A급 단지를 살 것인가?

2018년 수도권 주택시장은 양적인 시장에서 질적인 시장으로 바뀌었다. 서울 도심이 아니라면 입주 5년 안팎 신축을 사야 한다. 정비사업으로 신축이 될 주택을 사야 한다. 신축 희소가치는 정비사업 규제책으로 문재인 정부 다음 정부에서 정점에 이를 것이다. 현재 사업시행인가를 받은 재개발·재건축 등 정비사업이 가장 모멘텀(상승동력)이 높은 투자 상품이다.

대구 주택시장이 1년 6개월의 조정장세를 벗어나 수성구 등 원도심 신축부터 반등했다. 조정장세인 부산도 2019년이 될지 2020년이 될지 모르겠지만, 최우선적으로 반등할 지역은 연제구, 동래구, 중구 등 중부산 신축이 유력할 것이다.

이에 앞서 서울 등 수도권도 6개월 남짓 조정장세가 끝나고 8월의 '진앙지'는 압구정, 대치 등 강남3구다. 지금은 인서울 C급을 사면 안 된다. 서울 인도심 A급과 B급 또는 인도심 영향권 인천·경기권 A급 단지를 사야 한다.

문재인 정부 이후 개발(역세권 환승역센터, 정비사업, GTX 등)이 집중되고 있는 강남4구 등 서울 동남권은 물론 기업입주, 도로망, 전철망으로 확대되는 서울 동남권 배후주거지, 경기권을 우선적으로 주목해야 한다.

다음으로는 중구·종로구·용산구 등 도심권과 도심권 접근성이 좋아지는 인천·경기권에 주목해야 한다. 영등포구·강서구·양천구·동작구 등 서남권, 성동구·광진구·동대문구 등 동북권, 은평구·마포구·서대문구 등 서북권은 3도심과 7광역 중심으로 옥석을 가려 인도심 A급과 B급 단지에 투자해야 한다. 인서울이 아니라 인도심 및 인도심 배후주거지에 투자해야 한다.　　(2018. 8. 7.)

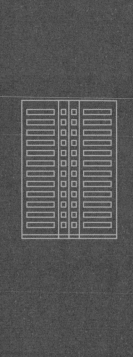

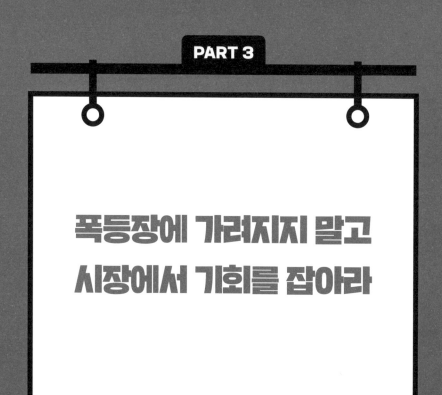

PART 3

폭등장에 가려지지 말고
시장에서 기회를 잡아라

주택시장 슈퍼사이클에서의
역발상 투자

2020.11.19.

'불장'이라는 표현을 좋아하지 않지만 연중 극비수기인 2020년 11월에 전국 아파트시장은 뜨거워지고 있다. 돈이 적은 사람은 지방으로, 돈이 많은 사람은 강남으로 몰려들고 있다.

자본차익을 실현한 뭉칫돈과 전셋값 상승으로 늘어난 현금(유동성)이 전국 아파트시장 곳곳에 유입되고 있다. 2021년 3월 입주하는 마포프레스티지자이의 경우 84타입 전셋값이 12억 원 이상을 호가한다. 입주하지 않는 다주택자 조합원이라면 이주비대출을 갚더라도 전세를 주면 10억 원 안팎의 현금이 생긴다.

전국 아파트시장은 매매와 전세 모두 수급 밸런스가 붕괴된 데

서울 아파트 마지막 폭등장에 올라타라

다 유동성 장세가 강해지고 있다. 과거 2000년대 전반기처럼 전국이 동시다발로 슈퍼사이클에 진입하고 있다. 갭벌리기·갭메우기가 반복되는 순환매 장세로 돈의 '유속'이 빨라지고 있다.

11월 둘째 주부터 반포잠원, 삼성청담, 대치, 개포, 서초방배 등 강남 전역에서 매수세가 늘고 있다. 반포 아크로리버파크 84타입이 36억 6천만 원에 거래되어 신고가를 기록했다. 강남2구 신축 84타입 40억 원 시대가 눈앞이다. 압구정은 30평형대 중심으로 거래량이 폭발하고 있다. 10월보다 1억 원이 올랐다. 신현대 35평형이 28억 1천만 원에 거래되어 최고가(28억 3천만 원)에 근접했다. 압구정1~5구역 모두 연내 조합설립인가 신청이 가능해지면서 7·10대책 이후 지속된 관망세가 11월 들어 매수세로 돌아섰다.

이번에는 전국 주택시장 동반 상승장에서 부동산 가치투자자라면 반드시 실행해야 할 역발상 투자전략을 정리했다.

순발상 투자자(추세매매)

> **공시가격 1억 원 이하 저가주택은 다주택자 취득세 및 양도세 중과에서 제외되니 공시가격 1억 원 이하 주택을 매수한다?**

저가주택을 취득하거나 양도할 때 공시가격 1억 원 이하면 취득세를 중과하지 않고 일반세율(1%)을 적용한다. 또 저가주택은 양도세도 중과 배제되어 일반세율(6~45%)을 적용한다. 하지만 규제지역에서 대출을 받을 때 또는 양도세 계산 시 저가주택은 주택 수에 포함된다.

그런데 공시가격 1억 원 이하 주택(주로 정비구역으로 지정되지 않는 구축)을 사서 2년 보유하고 팔 때 공시가격 1억 원이 넘으면 누가 매수할까? 실수요는 물론 투자수요도 매수하지 않을 것이다. 더욱이 임대차2법의 부작용으로 전세 낀 매물의 환금성이 떨어져 낮은 매도가에 매도 타이밍을 잡기가 갈수록 힘들어질 것이다.

지방 비규제지역에 초기 투자비를 최소화해 주택 수를 늘려 자본차익을 극대화한다?

그래서 나온 말이 선선진입인가? 선진입이든 선선진입이든 내가 보유한 아파트를 사줄 사람을 후발주자, 투자수요로 보면 그건 투기다. 실수요자에게 매도한다는 생각으로 4년 이상 장기보유해야 투자다.

지방에서 선호하지 않는 구축을, 아직 안전진단도 통과되지 않았고 정비구역으로 지정되지 않은 재건축단지를, 규제지역으로 지정된 후 원하는 매도시기에 마음대로 팔 수 있다고 생각하는가? 최악의 경우 하락장이 온 지방에 아파트 여러 채를 보유한 하우스푸어가 될 가능성이 높다.

선선진입을 해서 규제지역으로 지정되기 전에 치고 빠진다? 늦어도 규제지역 고시일 전날까지 매매계약을 맺고 탈출하면 된다?

방망이를 짧게 잡으면 1루타를 친다는 이야기와 같다. 단기투자는 아무리 잘해야 1루타다. 또 짧게 잡고 친다고 다 안타가 되는 것이 아니다. 10번 치면 잘해야 1루타를 3번 칠 수 있다.

반면 내재가치가 높은 부동산을 선제 매수하고 4년 이상 장기 보유하는 가치투자자는 10루타도 칠 수 있다. 최소한 3루타 이상이다. 주택시장에서 1루타를 쳐서 인서울, 인강남 1급지로 갈아탄 사람은 지금까지 한 번도 보지 못했다.

재건축 규제가 심하고 재개발시장이 뜨거우니 초기 재개발구역에 선선 진입한다?

우선 가장 비싼 아파트는 재건축단지다. 속도가 문제지만 자금이 된다면 재건축에 투자를 해야 한다. 안전진단과 정비구역 지정을 충족했다면 인강남 후발 투자자로 몸테크라도 해야 한다.

2020년 11월 기준 정비구역으로 지정되지 않은 재개발구역은 투자 리스크가 매우 크다. 특히 10년 이상 장기간 사업이 중단되었고 지금도 중단된 곳은 공공재개발 호재가 있다고 하더라도 들어가지 말아야 한다.

공공재개발이 사업 속도를 높여줄 것으로 기대하고 투자하는 것은 서울에서 청약가점 60점인 사람이 둔촌주공 또는 반포주공 1단지 일반분양분 84타입을 기다리는 것과 똑같다. 서울 공공재개발 20곳이 정비구역으로 지정된다고 하더라도 6년 후 입주할 수 있을까? 잘해야 20%, 즉 4곳 정도만 정비구역 지정 후 10년 이내 입주가 가능할 것이다.

상승장 후반기 정비사업은 갈수록 리스크가 커질 수밖에 없다.

2025년 전후 찾아올 하락장이 최대 리스크다. 정비사업 추진 중 하락장을 맞는다면 지정 이후 입주까지는 최소 15년 이상 걸리게 된다. 서울이든 강남이든 성남이든 안양이든 부산이든 간에 모두 마찬가지다. 정비사업 규제가 완화되고 하락장이 끝나야 다시 사업 속도가 빨라질 것이다.

역발상 투자자(가치투자)

비규제지역이 아닌 조정장세에 있는 규제지역에 투자하라
인천, 안양, 부천, 안산 등 규제지역에서 서울 접근성이 좋거나 좋아지는(신역세권) 신축(입주권 포함)·준신축을 매수해야 한다. 지금 전국에서 가장 뜨거운 김포나 부산 등 비규제지역에 진입하고 싶다면 규제지역으로 지정된 후 6개월 안팎 되는 시점에 1급지 입주권을 매수해야 한다. 이게 바로 역발상 투자다.

보유 중인 주택 수를 줄이고 인도심, 인서울, 인강남으로 진입하라
종부세 부담으로 자꾸만 수도권 외곽에 투자하려고 하는데 매우 잘못된 투자전략이다. 당신이 펀더멘털(기초체력)을 갖춘 투자자라면 집요하게 인강남 또는 서울권에 집중 투자해야 한다. 종부세 회피전략은 얼마든지 있다(돈이 문제지만).
지방 주택의 수를 줄이고 인서울 정비사업 신축으로 갈아타야 한다. 종부세를 줄이고 2채 모두 양도세 비과세 혜택을 받을 수 있는 '1주택+1입주권' 또는 '1정비사업주택+1대체주택' 보유전략을 추천한다. 쉽게 말해 지방 주택 여러 채를 팔고 서울권 정비사업 입주아파트로 갈아타라는 이야기다. 갈수록 입주물량이 줄어들고 매물이 적다. 2021년 3월 입주하는 마포프레스티지자이(1,694가구)도 2020년 11월 기준 나와 있는 매물은 5~6건뿐이다.

▎서울권 정비사업 입주 예정 단지를 매수하라

상승장 후반기 가장 안전한 갈아타기 투자처는 정비사업 입주 예정의 초신축 아파트다. 서울, 과천, 안양 등 서울권 투기과열지구에서 정비사업 신축은 갈수록 희소가치가 높아지기 때문이다.

다음은 입주아파트 매매가 흐름을 잘못 판단하는 경우다.

입주시점에 매물이 늘어나 매매가가 하락한다? 전셋값이 약세를 보인다? 등기 나는 시점에 매물이 늘어난다? 입주 2년이 지나면 양도세 비과세 매물이 늘어난다? 지금처럼 수급 밸런스가 무너진(역대급 미분양 바닥 수준) 상승장에서는 매물이 늘어나지도 않고(늘어날 수가 없다. 등기 나기 전에는 10년 이상 장기보유자만 합법적으로 매매 가능) 매매가도 급등한다.

입주아파트를 가장 싸게 사는 방법은 입주 3개월 남은 시점(늦어도 사전점검까지)에 시세대로 매수하는 것이다. 입주 2년을 앞두고 있지만 등기가 늦고 있는 송파헬리오시티의 경우 84타입이 11월 20억 4천만 원으로 신고가를 기록했다. 2021년 6월 전후 등기가 나오면 매매가는 얼마가 될까?

건축심의~사업시행인가 전 정비사업을 적극 매수하라

재건축의 경우 서울 등 투기과열지구에서는 조합설립인가를 받으면 조합원 매매가 금지되어 매도자 우위 시장으로 매도호가가 급등한다. 통상 2억 원 안팎 오른다. 도심 1급지 재건축단지는 5년 이상 장기보유할 생각으로 조합설립인가 전 매수해야 한다.

서울권 재개발의 경우 조합설립인가 후 건축심의~사업시행인가 총회 전이 최적의 매수 타이밍이다. 서울 재개발 지분은 건축심의를 통과하면 최소 1억 원 이상, 사업시행인가를 받으면 1억 5천만 원 이상 가격이 오른다. 건축심의와 사업시행인가는 정부와 지자체 입김이 강하게 작용하는 단계다. 리스크가 낮아져 매매가가 급등한다.

전세레버리지를 적극 활용해 전세 낀 매물을 선매수하라

아크로리버파크도 11월 84타입 매매·전세 갭이 15억 원이다. 경희궁자이는 갭이 6억 원(매매가 17억 5천만 원-전셋값 11억 5천만 원)이다. 동판교 40평형대도 갭이 6억 원까지 줄어들었다.

전셋값이 안정되려면 다주택자의 추가 주택 구입을 자유롭게 해줘야 한다. 지금처럼 추가 주택 구입을 차단한다면 인허가 실적, 착공 실적, 입주물량 모두 감소세가 장기화될 것이다. 앞으로는 입주물량이 늘어나도 전세물량이 급감한다. 2021년 2월 19일부터 거주의무 기간 최대 3년인, 분양가상한제가 적용되는 민간택지(정비사업 등)에서 아파트를 분양받으면 입주시점에 전세를 줄 수 없다. 한마디로 '전월세금지법'이다. 최초 입주 가능일(입주 시작일)로부터 90일 이내 입주해야 한다.

계약갱신청구권 등 임대차2법으로 인해 전세 낀 매물은 입주물보다 매매가가 10% 이상 낮다. 바로 입주할 수 없다는 것과 전셋값이 낮아 매매·전세 갭이 크기 때문이다.

역발상 투자로 전세 낀 매물을 적극 공략하라. 상위지역 입주 10년 이내 서울권 정비사업 신축·준신축이라면 보유 중인 주택을 팔고서라도(입주 전 반전세나 월세를 살더라도) 전세 끼고 선매수하라.

자금이 부족하다면 최근 계약갱신청구권을 행사한 전세 낀 급매물을 공략하라. 2년 이내 전세 만료 후 신규 전세 또는 입주 중 하나를 선택할 수 있으니 말이다.

자본차익을 크게 올린 선제 투자자라면 '재건축 입주권+1주택'을 보유하라

입주권의 장점은 매우 많은데, 우선 시세가 50억 원이 넘더라도 철거되면(멸실등기) 새 아파트 준공일까지 종부세를 내지 않는다. 또 입주권만 보유하고 있다면 현재는 자유롭게 전세자금대출을 받을 수 있다. 기존 주택을 팔고 상급지 입주권을 매수하라. 입주할 때까지 전세자금대출을 받아서 반전세로 거주하라.

규제가 심할수록 서울 등 투기과열지구를 매수하라

지방처럼 규제가 덜할수록 입주물량은 갈수록 늘어날 것이다. 반면 서울 등 투기과열지구는 갈수록 정비사업 입주물량이 감소할 것이다. 갈수록 신축 희소가치가 높아질 것이다.

재건축 초과이익 환수제를 피하기 위해 2017년에 한꺼번에 관리처분인가 신청을 한 강남구, 서초구 등 강남 재건축단지 입주물량이 2024~2026년에 쏟아진다. 이에 앞서 2023년에 둔촌주공(둔촌올림픽파크에비뉴포레, 1만 2천여 가구)과 래미안원베일리(반포경남, 신반포3차 등 2,990가구)가 입주 예정이다.

　강남구, 서초구 84타입 신축은 2023년 이후 입주시세가 45억 원을 넘을 텐데, 입주물량이 일시적으로 늘어난다고 3기 신도시가 입주한다고 서울 매매가가 하락할까? 강남 전셋값이 일시적으로 안정될 테지만 매매가가 크게 하락하지는 않을 것이다.

최소한 서울권에서 하락장을 맞아라

　지방, 서울 외곽, 수도권 외곽에서 하락장을 맞으면 안 된다. 서울 도심 정비사업 신축이나 신축이 될 입주권에서 하락장을 맞는 것이 가장 좋다. 하락장이 오기 전 일반분양을 하면 가장 좋은 케이스다.

　2025년 전후로 수도권 하락장이 온다고 지방에 지금처럼 상승장이 계속 될까? 그럴 가능성은 현재로서 낮다. 수도권 하락장 이후 지방 상승장이 계속되려면 무엇보다 비규제지역으로 남거나 규제지역에서 해제되어야 한다. 지금 조정대상지역은 과거 참여정부 시절 투기과열지구보다 규제 강도가 더 세다. 늦어도 2021년 12월까지 지방 대도시는 물론 중소도시 대부분이 조정대상지역 또는 투기과열지구로 지정될 것이다. 또 지방 상승장이 장기화되려면 입주물량이 지금처럼 태부족한 상황으로 지속되어야 한다. 주택담보대출 금리가 지금처럼 2%대를 유지하고 일자리가 줄어들지 않아야 한다.

　과거 2009년 가을 이후 지방 주택시장이 상승장으로 돌아선 것은 2007~2008년에 투기과열지구(2003년 참여정부 시절 지정된)에서 해제되었기 때문이다. 또 2007~2012년 입주물량이 워낙 적었기 때문이다. 하지만 지방은 지난 2015년 전후 정비사업 인허가(사업시행인가 기준) 실적이 꾸준히 늘어나고 있다. 정비사업 입주물량이 늘어날수록 구축(지은 지 20년 이상) 대비 신축(지은 지 5년 이내) 비율이 높아질 것이다. 여기에 금리가 2023년 이후 본격적으로 오르기 시작한다면 어떻게 될까? 참고로 지방 주택시장 침체기(미분양 급증기)인 2006~2008년의 정책금리는 4%대였다.

모두가 상승장을 외칠 때 출구전략을 세워라

주택 수를 줄이고 부채 비율을 낮추면서 기초체력을 키워야 한다. 출구전략을 세워야 한다.

　임대수익형이 아니라 시세 차익형 투자자라면 수도권에서는 30~40대 실수요자가 많거나 갈수록 늘어나는 강남3구나 강남3구와 접근성이 좋은 동남권으로 갈아타면서 주택 수(입주권 포함)를 2주택 또는 3주택 이하로 줄여야 한다. 강남3구에는 서울 중견기업(직원 500명 이상)과 대기업의 절반 이상이 몰려 있다. 앞으로 강남3구를 포함한 수도권 동남권 일자리는 강동, 수서문정, 과천, 분당판교, 용인, 화성까지 확장될 것이다.

상승장 후반기
최대 수익을 원하는 투자자에게

2020.10.22.

2020년 10월 서울권 아파트시장은 여전히 보합세다. 시가 15억 원 초과는 약보합세, 15억 원 이하는 강보합세에 가깝다. 10월 들어 압구정, 잠실, 고덕 등 강남4구에서는 최고가보다 5% 정도 낮은 가격에 매물이 거래되고 있다. 하지만 셋째 주부터 매수세는 증가하고 있다.

지난 8월 12일 이후 취득세 중과로 다주택자의 추가 아파트 구입이 힘들어지면서 거래량이 급감하고 있다. 1주택자나 일시적 2주택자도 세입자의 계약갱신청구권 행사로 입주물로 갈아타기가 쉽지 않다. 7·10대책 이후 7월보다 8월, 8월보다 9월 거래량이 감소세다. 성수기인 10월 거래량이 전달 9월보다 얼마나 늘어날지가 관전 포인트다.

이번에는 수도권 주택시장 상승장 후반기에 코로나19 팬데믹 이후 최대 수익을 바라는 부동산 가치투자자를 위한 투자전략을 소개한다.

투자전략 1: 주택 수를 구조 조정하라

수도권 주택시장 상승장 후반기에 마지막 불꽃(상승 랠리 또는 호황기)이 언제까지 계속될지는 어느 누구도 알 수 없다. 다만 분명한 사실은 산이 높으면 골이 깊다는 것이다.

코로나19 팬데믹이 촉발시킨 역대급 유동성 장세에다 30년 만에 전세계약 기간이 2년에서 4년(2+2년)으로 바뀌면서 전셋값이 급등했다. 강남3구 전세가율(매매가 대비 전셋값 비율)도 60~70%로 치솟아 전세레버리지 투자(갭 투자)를 부추기고 있다.

2021년 이후 주택 수를 늘리는 것은 문재인 정부의 부동산 정책에 대응하는 것이 아니라 대항하는 것이다. 바람직하지 않다. 주택 수를 줄이고 서울권 또는 동남권 아파트로 포트폴리오를 재편해야 한다. 참고로 전국 동시다발로 전셋값이 급등할 2021년에 전셋값이 매매가를 밀어 올릴(전세가율이 높아) 지방 대도시는 모두 조정대상지역으로 지정될 가능성이 매우 높다.

부동산 가치투자자라면 지방 비규제지역에 주택 수를 늘려 단타 투자를 해서는 안 된다. 이를 위해서 늦어도 2021년까지는 하락장이 오기 전 팔아야 하는 아파트(언제 올지 알 수 없지만 어깨에 판다는 생각으로)와 하락장이 와도 장기보유할 아파트로 구분해 포트폴리오를 재구성해야 한다.

2018년 이전 선제 투자한 다주택자라면 하락장이 오기 전까지 주택 수를 구조 조정해 최소한 2주택을 유지하는 것을 추천한다. 가장 이상적인 포트폴리오는 '1주택+1입주권'이다. 여기에 여유 자금이 있다면 비규제지역 준신축에 전세레버리지투자를 하거나 재개발구역 소액투자를 추천한다. 또는 1정비사업 주택(관리처분인가 전)+대체주택(사업시행인가 후 공사 중 거주할 대체주택을 추가 매수)도 좋다.

수도권 주택시장에 2019년 이후 진입한 후발 투자자라면 점차 부채를 줄여가되 여력이 된다면 일시적 2주택을 유지하는 것을 추천한다. 또 하락장이 오기 전까지 상급지로 갈아타기를 추천한다. 자금 여력이 된다면 계약갱신청구권을 행사한 전세 낀 매물을 매수하고 전세 만기 시 입주해 양도세 비과세 요건을 갖춰 입주물로 매도하는 것을 추천한다.

세대 분리를 못 한다면 수도권 규제지역에서 1세대 3주택 이상을 보유하는 것은 바람직하지 않다. 종부세 부담이 되지 않더라도 늦어도 2023년까지 3주택 이하로 줄이는 게 바람직하다.

투자전략 2: 대단지 중대형으로 갈아타라

하락장이 오기 전 실거주용으로는 서울권 규제지역 도심에 위치한 대단지 중대형이 가장 안전한 투자처다. 물론 신축이 좋지만 2005년 이후 입주한 대단지 준신축 또는 구축도 추천한다.

자금이 부족한 30~40대라면 대단지 재건축 또는 리모델링 몸테크도 추천한다. 연내 조합설립인가 신청이 가능하고 인근 신축이 최소한 12억 원이 넘는 서울권을 추천한다. 이번 상승장이 끝나기 전 전용면적 84타입 기준으로 15억 원이 넘는다면 용적률 200% 안팎은 재건축 또는 리모델링 투자가치가 있다고 본다. 재건축 대상이라면 지은 지 28년 전후가 상승장 후반기에 진입하기 좋다. 리모델링 단지는 지은 지 20년 이상 된 1천 가구 안팎 단지를 매수해야 할 것이다. 재건축이든 리모델링이든 84타입이 가장 환금성 높고 안전한 투자처다.

실거주용 아파트에서 입지가치로는 여전히 직주근접성(+전철망 역세권)이 가장 중요하다. 다음으로 리테일(소매점) 접근성, 즉 슬세권이 갈수록 중요해지고 있다. 반경 500m 이내, 걸어서 10분 거리에 마트, 쇼핑몰, 식당, 영화관, 도서관, 은행, 병원, 공원(산책로) 등을 갖춘 단지의 주거 선호는 갈수록 높아질 것이다.

단지가치로는 커뮤니티 시설을 기본적으로 갖춘 2010년대 이후 입주한 대단지가 좋다. 단지 내 평형 구성은 84타입 비중이 50% 이상이거나 85㎡ 초과로만 구성된 중대형 단지들이 코로나19 팬데믹 이후 선호도가 높아질 것이다.

투자전략 3: 최대 수익은 4년 이상 보유해야 나온다

주변 투자자들을 보더라도 1~2년 보유하고 자주 사고판 경우 자본소득이 크게 증가하지 않았다. 반면 자본소득이 크게 증가한 사람은 대부분 4년 이상 보유하고 갈아탄 경우가 많다.

나는 항상 부동산 가치투자를 위해 4년 이상 장기보유를 추천해 왔다. 2년 보유시점에 중간 평가를 하고 명백하게 잘못 매수한 것이 아니라면 계속 보유를 추천했다. 내가 산 아파트보다 다른 사람이 산 아파트가 더 많이 올랐다는 이유로 갈아타서는 안 된다.

부동산 가치투자자라면 조바심은 버리고 인내심을 가져야 한다. 존버하는 힘을 키워야 한다. 최소한 4년은 보유하고 매도해야 최대 수익이 날 수 있다는 믿음을 가져야 한다. 내가 산 아파트가 시장에서 제대로 평가를 받으려면 4년은 필요하다. 내재가치가 시세로 바뀌는데 필요한 시간이다.

30~40대 기혼 직장인 실수요가 늘어난다면 내재가치가 높다는 것이며 펀더멘털(기초체력)이 강하다는 것을 의미한다. 이런 아파트는 4년 이상 장기보유해야 한다. 같은 단지 또는 같은 생활권에서 실수요자들이 소형에서 중대형으로 갈아타는 교체수요가 늘어난다면 역시 장기보유해야 한다.

큰 자본차익을 실현한
사람들의 공통점

2015년 이후 상승장을 거치면서 큰 자본차익을 실현시켜 자산 구매력을 높인, '오윤섭의 가치투자 정규반' 수강생들의 공통점을 정리해보았다.

큰 자본차익을 실현한 수강생들은 시장 타이밍(Market Timing)에 무덤덤했다. 즉 꼭지에 팔고 바닥에 사겠다는 고집을 부리지 않았다. 단기 고점에 팔고 현금을 보유하다 단기 저점에 매수하는 것에 대해 이상할 만큼 관심이 낮았다. 이들은 마켓 타이머(Market-Timer)가 아닌 밸류 타이머(Value-Timer)였다. 다시 말해 장세에 휘둘리지 않고 최소한 4년 이상 장기보유하는 가치투자자였다.

아직까지 잊히지 않는 수강생의 한 마디가 있다. "앞으로 10년간 팔 생각이 없어요." 이 수강생은 지난 2016년 하반기에 동작구 흑석뉴타운 A아파트를 매수했다. 총 매매가 7억 5천만 원 아파트를 매매·전세 갭 1억 5천만 원으로 투자해 샀다. 4년이 지나자 A아파트의 실거래가는 15억 원이 넘었고 매도호가는 16억 5천만 원 이상이었다.

큰 자본차익을 실현한 수강생들은 참여정부를 뛰어넘는 문재인 정부의 역대급 규제책에도 시장을 떠나지 않았다. 2018년 9·13대책 이후에도, 2019년 12·16대책 이후에도 서울권 주택시장에 머물렀다. 2020년 6·17대책, 7·10대책에도 마찬가지였다. 상승장 후반기 폭등열차에 올라타겠다고 시장에 머무른 것이 아니다. 아주 잠깐이라도 부동산을 팔고 현금을 보유하는 것에 대해 거부감이 강했다.

대신 조정장세에서 적극적으로 갈아탔다. 2015년 이후 수도권 상승장에서 조정장세는 2016년 1~3월, 2017년 1~3월, 2018년 4~6월, 2019년 1~4월, 2020년 1~4월이 대표적이다. 이들은 조정장세에서 상위지역 또는 큰 평형으로 갈아탔다. 재건축단지는 대지지분이 더 많거나 한강 조망 등 조망가치가 높은 대형 평형대로 갈아탔다. 특히 인강남, 인서울 정비사업 구축·신축·준신축으로 갈아탔다.

이렇듯 큰 자본차익을 실현시키고 싶은 투자자라면 조정장세든 하락장이든 언제나 서울권 주택시장 중심부에 머물러야 한다. 저점인지 고점인지는 무시하고 장기보유해야 한다. 시장에 머문 시간이 짧은 사람일수록, 시장을 자주 떠난 사람일수록, 자주 팔고 사고를 반복한 사람일수록 자본차익이 적었다.

마지막으로 미국의 억만장자 투자자 찰리 멍거의 말을 인용한다. "우리는 해류에 대해 예측하지 않는다. 누가 해류를 거슬러 헤엄칠 것인지 예측한다." (2020.8.31.)

서울 아파트 마지막 폭등장에 올라타라

상승장에서 자산 구매력이 떨어진 사람들의 특징

2020.9.17.

수도권 주택시장에 규제책이 시행된 지 만 4년이 지나가고 있다. 하지만 규제책은 여전히 현재진행형이다. 2020년 9월 22일부터 재개발·재건축 등 민간택지 분양권 전매가 대도시에서 전면 금지된다. 수도권은 물론 부산, 울산 등 비규제지역인 지방 광역시도 모두 전매가 금지된다. 또 2020년 9월 24일 이후 사업시행인가를 신청하는 재개발구역은 임대주택 의무건설비율이 서울의 경우 최대 30%까지 늘어날 수 있다.

10월 27일부터는 조정대상지역 등 규제지역에서 주택 취득가액에 상관없이 자금조달계획서를 제출해야 한다. 여기에 추가로 투기과열지구는 자금조달 관련 15종 증빙서류를 제출해야 한다.

리스크 없는 비즈니스가 없듯이 리스크 없는 부동산 투자도 있을 수 없다. 리스크 없는 인생이 가장 큰 리스크라는 말이 있다. 이번에는 예측과 확률에 의존하는 부동산 투자의 리스크를 정리한다.

사례 1: 청약가점 69점의 고가점자이니 원하는 아파트를 기다려 분양받겠다

본인이 원하는 아파트를 기다리기보다는 상승장이 지속되고 있는 지금 바로 중도금 또는 중도금대출을 감당할 수 있는 아파트를 분양받는 것이 중요하다.

반포주공1단지(1, 2, 4주구), 반포디에이치클래스트를 분양받으려고 2년 전부터 기다리는 A씨는 69점의 높은 청약가점임에도 요즘 초조하다. 아직 이주는 시작도 하지 않았으니 일반분양은 202년에나 가능할 것이다. 또 민간택지 분양가상한제로 인해 후분양한다면 2025년에나 가능할 것이다. 이제 69점은 인기 단지에서 당첨 안정권이 아니다. 송파위례 리슈빌퍼스트클래스, DMC 센트럴자이 등에서 보듯 69점 낙첨자가 속출하고 있다. 고가점자들이 많이 기다리는 재개발·재건축 일반분양 물량이 급감하고 있다. 둔촌주공은 조합 내부의 문제로 분양시기가 유동적이다.

래미안원베일리, 신반포메이플자이, 잠실 미성크로바 및 진주,

방배5, 6구역, 반포주공1단지 등 강남3구의 재건축 일반분양은 분양가상한제로 인해 대부분 후분양을 선택할 것으로 보인다. 최근 경기권에서는 과천푸르지오써밋 이후 처음으로 안양 동안구 덕현지구가 후분양을 선택했다.

공공택지는 2022년까지 공격적으로 선선분양(사전 청약)을 하는 반면, 민간택지는 선분양을 포기하고 후분양을 택하고 있다. 주택 시장이 갈수록 왜곡되고 있다. 수급 밸런스가 붕괴되고 있다.

요즘도 당첨되기 전에 분양가 9억 원 초과 중도금을 어떻게 조달할 것인가를 고민하는 청약자가 있던데, 전선 위의 참새를 잡기도 전에 어떻게 요리해 먹을까를 고민해서는 안 된다. 먼저 참새를 잡고 나서 레시피를 결정하라.

사례 2: 교산지구 사전 청약을 위해 하남으로 이사해 당첨 확률을 높이겠다

3기 신도시 하남교산지구 분양물량 중 지역우선공급은 하남 30%, 경기 20%, 수도권(경기·서울·인천) 50%를 배정한다. 하남 거주자(청약시점에 2년 이상 거주)는 총 3번의 당첨기회가 있으니 합리적인 선택이라고 볼 수 있다.

하지만 당첨 가능성을 냉정하게 분석해야 한다. 교산지구에 짓는 주택 3만 2천 가구 중 90%가 아파트라면 아파트 공급물량은 2만 9천 가구다. 교산지구는 다른 3기 신도시처럼 LH 단독 시행이 아닌 지자체의 공동시행이다. 교산지구에서 LH 몫이 65%, 나머지는 GH(경기주택도시공사)가 30%, 하남도시공사가 5%다. GH와 하남도시공사가 공급하는 물량 중 절반은 장기임대 등 공공임대를 지어야 한다.

가점제로 당첨자를 결정하는 3기 신도시 민간건설 분양물량 비중은 적게는 15%, 많게는 40%로 추정된다. 교산지구는 30% 정도로 본다. 따라서 교산지구 민영아파트는 9천 가구 안팎으로 추정된다. 이 중 100% 가점제가 적용되는 전용면적 85타입 이하는 7천여 가구가 될 것이다. 7천 가구 중 무주택 청약자가 가장 선호하는 84타입(85타입 이하 민영 중 50% 이상을 공급한다고 가정할 때)은 많아야 4천 가구가 될 것이다.

그런데 가점제로 분양받을 수 있는 민영 일반공급 물량이 너무 적다. 85타입 이하 7천 가구 중 일반공급은 15%인 1,050가구에 불과하다. 나머지 85%는 신혼부부(30%), 생애최초(25%) 등 특별공급(특공) 물량이다. 따라서 특공 안정권이나 최소 65점 이상 고가점자가 아니면 민영 84타입 당첨 가능성은 더더욱 낮을 것이다. 84타입 청약 경쟁률은 하락장이 오지 않는 한 최소 100대1 이상으로 본다.

이보다 더 큰 리스크는 따로 있다. 당첨되더라도 상승장 후반기(2021~2025년?)에 매매가 모멘텀(상승동력)이 없다는 것이다. 입주 전 분양권은 물론 입주 후 아파트도 장기간 매매가 금지되어 계단식 상승을 기대할 수 없다. 정부 계획대로 교산지구 조성공사를 2023년에 착공한다고 하더라도 민영아파트는 2024년에나 분양이 가능할 것이다.

2021~2024년은 상승장 후반기에 매우 중요한 시기다. 초저금리와 급증한 통화량이 공존하며 부동산 버블이 발생하는 구간이다. 매매가 모멘텀이 터지는 시기다. 2021년 하반기 교산지구 사전 청약에 당첨되었다 하더라도 분양가가 인근 시세의 70%선이라면 전매제한 10년, 거주의무 기간이 5년이다. 사전 청약 당첨자는 2023년 본 청약, 2026년 입주할 경우 2033년 이후에나 전매제한 및 거주의무 기간을 모두 채워야 시세대로 팔 수 있다.

사례 3: 다주택자 급매물이 12월 전후에 나올 것이니 당분간 관망할 것이다

2015년 이후 상승장에서 투자에 가장 실패한 그룹이 바로 선매도하고 현금을 보유하다 20% 하락장이 오면 매수하겠다고 생각했던 사람들이다.

강남3구의 경우 일시적 조정장세에서 재건축 초기 단지는 최대 20%까지 하락했지만 현금을 보유한 사람들도 대부분 단기 저점에서 매수하지 못했다. 현금을 갖고 있어도 단기 저점에서 사지 못한 이유는 더 떨어질까 봐 불안하기 때문만은 아니다. 최대 20% 떨어진 급매물이 워낙 적어 매수한 사람이 극히 일부에 불과하기 때문이다.

2020년 8월 디에이치자이개포 84타입 분양권이 30억 원에 실거래되었다고 한다. 분양가(14억 3천만 원) 대비 프리미엄이 15억 원이 넘는다. 가점 커트라인이 69점이었다. 대모산 조망이 뛰어난 31층 이상 라인에 당첨되었다면 정말 억세게 운이 좋은 사람일 것이다.

20% 이상 하락한 강남 급매물을 조정장세에 잡은 사람도, 디에이치자이개포를 30억 원에 매도한 사람도, '로또'에 당첨된 사람일 뿐이다. 로또를 바라는 투자는 투자가 아니다. 도박이다.

유주택자가 갈아탈 때는 싸게 팔고 비싸게 산다는 역발상 투자를 해야 한다. 구매력이 된다면 한 달 전보다 1억 원, 2억 원이 올랐다고 구입을 포기해서는 안 된다. 포기는 매수 후 보유기간 중 매매가의 상승 여력이 낮다고 판단했을 때 하는 것이다.

2021년 1월 이후 1주택자(일시적 2주택 포함) 장기보유특별공제 축소로 시가 20억 원 안팎의 초고가 아파트 급매물이 쏟아진다? 2021년 6월 이후 조정대상지역 양도세 추가 중과(2주택자 20%, 3주택 이상자 30% 가산세 부과)로 2021년 5월까지 매물이 쏟아진다? 2020년 8월 18일 이후 아파트 주택임대사업(임사) 폐지로 자동말소 또는 자진말소로 매물이 쏟아진다?

말소된 임사 매물이 쏟아지려면 팔고 고물가 시대에 현금을 보유하겠다고 생각하는 사람이 많아야 한다. 만약에 연말까지 서울에 임사 등록된 아파트 3만 가구가 자동말소 된다고 하자. 시장에 매물로 내놓은 것은 못난이 구축일 가능성이 높다. 종부세 부담이 크고 현금이 필요한 다주택자만 못난이를 시장에 매물로 내놓을 것이다.

서울 아파트 마지막 폭등장에 올라타라

말소된 임사 아파트 매물이 시장에 많이 나오려면 팔고 쉽게 갈 아탈 수 있어야 한다. 그런데 양도세 일반과세로 팔더라도 취득세 중과 및 매물잠김으로 갈아타기가 매우 어렵다. 상승장 후반기에 거래세(취득세·양도세) 중과로 인한 동결효과는 더욱 커질 것이다. 동결효과란 양도차익(자본소득)에 대한 과도한 양도세로 인해 투자자가 매도 대신 계속 보유만 하면서 시장에서 거래가 급감하는 것을 말한다. 취득세까지 최대 12%로 중과되었으니 동결효과는 더욱 클 것이다.

8~9월 거래량 급감에도 신고가 행진이 계속되는 이유도 동결효과가 큰 몫을 하고 있다. 매도보다 보유를 선택한 다주택자로 인해 매물잠김이 심한 반면, 실수요자들은 양도세 비과세 혜택을 받으려면 2년 이상 거주해야 하기 때문에 로열동 로열층을 최고가에 매수하고 있다.

사례 4: 상승장이 끝나기 전 팔고 현금으로 보유하다 하락장 바닥에 사겠다

앞에서도 언급했지만 초보투자자가 가장 많이 하는 실수다. 하락장이 언제 올까? 아무도 알 수 없는 미래의 영역이다. 하락장을 확실히 알 수 있는 시기는 하락장이 오고 2년이 지나서다. 하락장에서의 바닥은 실제로 바닥을 치고 1년이 지나야 알 수 있다.

지난 2018년 9·13대책 이후 일시적 조정장세를 하락장으로 오판하고 아파트를 매도한 후 지금까지 현금을 보유하던 사람은 현재 자산 구매력이 크게 떨어졌다. 예를 들어 2019년 상반기에 매도하고 보유하던 현금 10억 원은 매도 당시에는 서울 도심 신축 84타입을 주택담보대출을 받아 살 수 있는 돈이다. 하지만 지금은 2019년 12·16대책으로 인해 59타입도 사지 못한다. 시가가 15억 원을 돌파해 LTV 0%로 대출을 못 받기 때문이다. 이제는 45타입이나 겨우 살 수 있을 뿐이다.

상승장이 끝나기 전, 하락장이 오기 직전 아파트를 팔아 현금화하고, 하락장에서 바닥을 치는 것을 본 뒤 상승장이 오기 전 아파트를 싸게 산다는 투자전략은 허황된 꿈이다.

지난 2015년 이후 수도권 상승장에서 순자산 50억 원(대출·전세금 제외)을 돌파한 부동산 가치투자자들은 처음부터 허황된 꿈을 꾸지 않았다. 현실적 낙관주의자로서 선제적으로 대응했을 뿐이다.

3기 신도시 사전 청약으로
3040 패닉바잉이 진정될까?

2020.9.10.

문재인 정부의 집값 안정에 대한 집착이 생각보다 강하다. 그러나 집값 안정은 집착이나 의지로만 이루어질 수 없다. 8·4대책이 발표되고 한 달 만에 수도권 집값이 안정되었다는데… 8월 서울 아파트 매매거래량 중 50% 이상이 신고가다. 쉽게 말해 거래량이 폭발하며 폭등한 6~7월보다 높게 거래되고 있다는 것이다.

이번에는 수도권 공급 확대책, 8·4대책에 이은 9·8대책을 보고 느낀 점을 정리했다.

3기 신도시 등 수도권 공공택지에서 2021년 하반기부터 2022년까지 공급될 사전 청약 공공분양물량은 6만 2천 가구에 달한다.

그러면 3기 신도시 등 사전 청약이 본격화되면 수도권 집값이 안정될까? 한 번 알아보도록 하자.

3기 신도시의 한계

우선 3기 신도시는 수도권 무주택자를 위한 신도시라는 태생적인 한계를 안고 있다. 공급물량의 90% 이상은 무주택자가 당첨될 가능성이 높다. 이는 기반시설, 상권, 학군 등 생활 인프라가 구축되는 데 마이너스 요인이 될 가능성이 높다.

3기 신도시 등 수도권 공공택지는 민영주택이 30% 이상 넘기 힘들 것이다. 나머지 70% 이상은 공공임대, 공공분양 등 공공물량이 될 것이다. 민영주택도 전용면적 85m² 이하는 무조건 100% 가점제다. 즉 유주택자는 당첨기회가 없다는 것이다. 85m² 초과는 1주택자가 당첨될 수 있는 추첨제 물량이 50% 이상 배정된다. 하지만 지자체장이 얼마든지 줄일 수 있다. 또 추첨제 물량의 75%는 무주택자에게 우선공급된다. 나머지 25%는 처분조건부 각서를 쓴 1주택자가 75% 추첨제에서 떨어진 무주택자와 경쟁해 당첨될 수 있지만 당첨 가능성은 낮다.

3기 신도시의 선호도가 낮아지는 데는 1, 2기 신도시 학습효과도 크다. 과거 분당, 판교, 위례 등 신축으로 갈아탄 사람보다 서울 도심 핵심입지에서 구축이라도 재건축을 기대하고 투자한 사람이 결과적으로 훨씬 자본차익이 컸기 때문이다. 또 신도시로 가

서울 아파트 마지막 폭등장에 올라타라

지 않고 서울 도심에 위치한 재개발 입주권 또는 재개발 신축으로 갈아탄 사람의 자본차익이 컸기 때문이다.

사실상 무주택자만 입주할 수 있는 3기 신도시는 서울의 대체 신도시가 되기 힘들다. 인천·경기의 대체 신도시일 뿐이다. 입지 가치로 봐도 서울권 정비사업보다 입지 열위에 있다. 또 신도시 간 경쟁에서도 분당, 판교, 위례, 광교보다 열위다. 최소한 3기 신도시 시범단지가 입주하고 10년이 지날 때까지는 그럴 것이다.

분당의 경우 2022년부터 집중적으로 재건축 연한이 도래한다. 분당은 주거 인프라가 뛰어나고 강남구로의 접근성이 좋은 서울권이자 동남권 재건축단지(또는 리모델링단지)다. 다시 말해 강남 3구에 진입하기 힘든 인강남 대기 수요자가 매수할 가치가 있는 '대체재'다. 예를 들어 인강남 나홀로 아파트 20평형대 구축에 사느니 분당 중대형 구축을 매수하고 재건축 또는 리모델링을 기다리는 것이다.

1기 신도시 재건축 연한이 도래하는 2020년대는 강남 저밀도지구 재건축 시대를 열었던 2000년대와 유사하다. 여의도를 비롯해 목동, 개포, 송파, 강동, 노원 등 중층 재건축까지 겹치면서 주택시장의 폭발력이 클 것이다. 2000년대 강남 저밀도지구는 반포, 잠실, 청담도곡에서 총 4만여 가구였다. 1기 신도시는 분당만 공동주택이 9만 5천여 가구에 달한다.

따라서 3기 신도시는 비서울권과 서울권 일부 무주택자 중심으로 관심을 받을 것으로 보인다. 고양, 하남에서 구축을 처분하고 무주택자가 되어 3기 신도시 청약을 기다리는 사람들이 있는 것을 보면 말이다. 하지만 서울 아파트를 팔고 3기 신도시를 기다리 겠다는 사람은 못 봤다.

공공분양 사전 청약이라는 문제

이번 사전 청약 물량은 모두 공공분양이다. 따라서 가점제, 추첨 제와 무관하다. 일반공급은 3년 이상 무주택세대 구성원 중 저축 총액(납입금액)이 많은 순으로 당첨자를 결정한다. 그런데 신혼부 부(30%), 생애최초(25%) 등 특별공급 물량이 무려 85%를 차지한 다. 일반공급은 15%에 불과하다. 언 발에 오줌 누기인가? 또 전 매제한은 최대 10년, 거주의무 기간 최대 5년이 유력하다. 거주요 건은 본 청약까지 지역우선공급 거주요건(투기과열지구 2년, 나머지 는 1년)을 갖춰야 한다.

더 큰 문제는 중도금대출이다. 조정대상지역·투기과열지구 등 규제지역에서 중도금대출을 받으면, 입주 후 소유권이전등기 6개 월 이내 실입주를 하고 거주의무 기간을 채워야 한다. 전세를 줄 수 없다. 실입주를 하지 않으려면 분양가 9억 원 이하도 중도금대 출을 받지 않아야 한다. 공공이든 민간이든 이제 모두 거주의무 기간이 생겼으니 싫든 좋든 입주해서 5년을 살아야 한다. 이로 인 해 신도시 입주 초기에 살기가 불편하니 대출금 회수 및 3년 주담 대 금지 등 페널티를 감수하고 전세 주겠다는 사람도 있다.

사전 청약에 당첨이 되더라도 본 청약은 물론 입주시점까지 전세대원이 무주택을 유지해야 한다. 시세의 70%에 분양한다면 전매제한 기간이 10년, 거주의무 기간이 5년이다. 입주 후 7년 이상 매도할 수 없다. 또 입주 후 5년 이상을 거주해야 시세대로 매도할 수 있다. 사전 청약 후 입주까지 5년이 걸린다고 본다면 당첨되더라도 최소 10년간 3기 신도시 한 아파트에 '올인'해야 한다. 즉 10년이 지나야 되팔 수 있다. 그럼에도 선호도 높은 서울 유휴부지와 3기 신도시 공공분양 사전 청약 당첨 가능성은 매우 낮을 것이다.

지난 3월 과천지정타 공공분양인 과천제이드자이의 경우 59A타입 일반공급 당첨 커트라인은 납입금액 2,646만 원에 달했다. 22년간 매달 10만 원씩 납부했다고 보면 된다. 가장 낮은 당첨 컷을 기록한 49A도 납입금액이 1,740만 원으로 14년 6개월을 매달 10만 원씩 납부한 것이다. 앞으로 선호도 높은 서울 유휴부지나 3기 신도시 등 공공분양 당첨 컷은 최소 2,500만 원 이상으로 봐야 한다. 서울 도심권이나 강남권 유휴부지나 과천공공택지 등은 2,400만 원 이상이 안정권이 될 것이다.

3기 신도시는 신도시 중 처음으로 공공주택특별법에 따라 짓는다. 공공임대, 공공분양 등 공공물량을 최소한 50% 이상 지어야 한다. 누구나 선호하는 메이저 브랜드(공공택지에는 메이저 브랜드가 매우 적지만)의 민영주택은 이재명 경기도지사 리스크를 감안하면 40%를 넘기 힘들 것이다. 민영아파트 전체 분양물량 중 일반공급 물량은 42%에 불과하다. 나머지 58%는 신혼부부 20%, 생애최초 15% 등 특별공급이다. 2기 신도시는 민영주택이 70% 안팎, 공공물량이 30% 안팎이었다.

따라서 가점제로 선호도가 높은 3기 신도시 민영아파트를 당첨받기가 만만치 않다. 창릉과 교산지구의 경우 민영 가점 컷은 최소 60점 이상이 될 것이다. 과천공공택지의 경우 지난 7월 분양한 지정타의 과천푸르지오벨라르테 당첨 컷처럼 최소 65점 이상 되어야 할 것이다.

주택시장 과열을 초래할 사전 청약 후폭풍

한편 이번 사전 청약은 후폭풍을 초래할 가능성이 높다고 생각한다. 2006년 판교 동시분양 후폭풍처럼 말이다. 사전 청약이 이루어지는 2021년, 2022년은 역대급으로 입주물량이 줄어드는 시기다. 역대급 청약 경쟁률을 기록한다면? 청약과열로 인해 사전 청약에서 낙첨된 무주택자들이 3기 신도시 청약이 끝날 때까지 2023년, 2024년까지 기다릴까? 낙첨자들이 청약과열로 당첨 가능성이 희박해질수록 청약을 포기하고 인근 경기 아파트를 매수하지 않을까? 그러면 국지적으로 주택시장 과열을 초래하는 후폭풍이 올 가능성이 높다.

서울·경기 입주물량을 보면 판교 분양시기인 2006~2008년에는 각각 14만 2천 가구, 11만 8천 가구, 14만 3천 가구로 과소 공급 구간이었다. 사전 청약을 하는 2021~2022년에도 13만 3천 가구, 11만 가구로 역대급으로 입주물량이 적은 구간이다.

서울 아파트 마지막 폭등장에 올라타라

이보다 더 심각한 것은 역대급 유통물량 감소다. 양도세 폭탄으로 인한 동결효과(매도 보류), 임사 등록과 증여로 인한 매물잠김을 비롯해 9월 이후 수도권 및 광역시 분양권 전매 전면금지, 재개발·재건축 투기과열지구 조합원지위 양도금지로 주택시장에서 살 수 있는 매도물량이 갈수록 줄어들고 있다. 양도세 중과에 취득세 중과로 갈아타기가 힘들어져 매수 후 바로 입주하거나 시세대로 전세를 줄 수 있는 입주물은 더욱 찾기 힘들다.

2021년, 2022년 수도권 주택시장은 2006년처럼 상승장 후반기다. 전세수요보다 매매수요가 많아 매매가 상승폭이 큰 시기다. 전세가율(매매가 대비 전셋값 비율)이 낮아지는 시기다(전세가율은 2006년 47% 안팎. 2020년 8월 현재 53%대).

2021년 하반기 사전 청약에서 청약과열로 낙첨자 수가 많을수록, 서울권 정비사업 분양물량이 급감할수록, 전셋값 상승이 길어져 전세가율이 높아질수록, 유통물량이 더욱더 줄어들수록, 사전청약 후폭풍 가능성은 높아질 것이다. 30~40대 서울권 패닉바잉이 다시 시작될 수 있다.

그런데 이번 사전 청약에서 서울 유휴부지는 대부분 제외되었다. 특히 서울의료원, 서울지방조달청, 외교원 유휴부지 등 강남 3구는 모두 빠졌다. 범강남권으로 본다면 용산정비창(3천 가구)과 과천공공택지(1,800가구)뿐이다. 반면 서울권 무주택자 선호도가 낮은 인천, 시흥, 안산, 군포, 고양, 남양주 등에 사전 청약 물량이 몰렸다.

수도권 vs. 지방 주택시장
누가 먼저 하락할까?

2020.12.10.

전국 아파트시장은 예측 가능한 공급은 갈수록 줄어들고 예측 불가능한 수요는 실수요에 투자수요까지 가세하면서 갈수록 늘어나고 있다. 2021년 1~2월은 연중 극성수기다. 전월세는 물론 매매거래가 가장 많은 시기다. 통상 수능이 끝나면 학군 수요가 재편(떠날 사람 떠나고 들어올 사람 들어오고)되면서 거래량이 점차 늘어난다. 이후 3월 초 거래량이 정점에 달한다.

서울권 대부분이 전세물량은 물론 매매물량도 없는 시장 상황이다. 전세물량이 없으니 세입자는 어쩔 수 없이 반전세나 월세를 선택해야 한다. 세입자가 입주물로 내 집 마련을 하려면 최고가로 매수해야 한다. 갈아타고 싶은 유주택자도 입주물이 없으니 전세 낀 매물을 선매수하고 있다.

취득세와 양도세 중과로 인해 역대급으로 유통물량이 줄어든 주택시장에서 2020년 겨울 성수기는 매매가와 전셋값 모두 변동 폭이 커지며 가장 불안정한 시기가 될 것이다.

이번에는 2019년 하반기부터 시작된 수도권과 지방 아파트시 장의 동조화가 언제까지 지속될 것인지, 또 누가 먼저 하락장으로 돌아설 것인지를 수급요인을 중심으로 분석해보겠다.

미분양, 인허가

수도권과 지방 주택 미분양, 인허가 실적은 동반 감소세다. 전국 미분양은 2008년 16만 5천 가구를 정점으로 해서 계단식 감소세 가 지속되고 있다. 2020년 10월 말 기준 전국 미분양은 2만 6천 가구로 2003년 10월 이후 가장 적다(2020년 12월 기준 전국 미분양은 1만 9천여 가구).

수도권은 3,600가구로 2002년(12월 기준) 1,300여 가구 이후 역 대급 바닥을 향하고 있다. 지방도 2만 3천 가구로 최저점(2014년 12월 2만 가구)을 향하고 있다. 참고로 과거 부울경(부산·울산·경남) 과 수도권은 미분양이 1만 5천 가구 이하로 줄어들 때 상승장 이 왔다. 그렇다면 미분양이 각각 1만 5천 가구로 향한다면 하락 장이 임박했다고 추론할 수 있을 것이다. 부울경 미분양은 현재

8,700여 가구다. 미분양만 보면 부울경이 수도권보다 2배 이상 많으니 하방압력이 더 크다고 볼 수 있다.

주택 인허가의 경우 수도권은 2016년부터, 지방은 2017년부터 감소세로 돌아섰다. 집값이 오르면 인허가 실적이 늘어나고 하락하면 감소하는 게 공급의 법칙이다. 그러나 수도권은 상승장 초기인 2016년부터 상승장 후반기 2020년 12월까지 인허가 실적이 계속 감소하고 있다.

부동산 증세 3종 세트(취득세·보유세·양도세 중과)와 임대차2법으로 유통물량까지 줄어들어 한마디로 공급 붕괴다. 공공택지 소진과 정비사업(재건축) 규제책이 결정적으로 작용하고 있다. 공공택지 아파트 인허가는 착공 전 사업승인을 기준으로 하니 3~4년 뒤 입주물량으로 볼 수 있다. 반면 정비사업 인허가는 사업시행인가가 기준이니 입주까지 7년 안팎의 시간이 필요하다.

인허가와 미분양이라는 공급요인과 규제지역이라는 수요 억제요인은 수도권과 지방의 동조화 또는 탈동조화를 결정짓는 핵심요인이다.

탈동조화 시기인 2009~2011년 주택 인허가 실적은 수도권이 이전(2005~2008년)보다 27.1% 급증한 반면 지방 5개 광역시는 -45.7%로 급감했다. 미분양도 지방은 2008년 13만 8천 가구로 정점을 찍고 2014년(부울경은 2012년 급증)에 2만 가구 수준으로 감소했다. 이후 2015~2018년 5만 3천 가구까지 늘어났다. 수도권 미분양은 2007년 1만 4천 가구로 전년보다 1만 가구나 증가하기 시작해 2013년 3만 3천 가구까지 급증했다. 그러다 2015년 하반

서울 아파트 마지막 폭등장에 올라타라

기에 1만 5천 가구로 이하로 줄어들면서 수도권 집값은 대세상승장에 진입했다.

입주물량

지방 투자를 할 때 가장 먼저 체크하는 공급요인이 입주물량이다. 입주물량이 감소세로 돌아서는 시기에 앞서 선진입, 선선진입을 하는 투자전략이다.

지방은 인구밀도가 낮을수록 생활권 내 입주물량이 1천 가구만 되어도 매매가와 전셋값에 미치는 영향이 컸다. 수도권의 경우 2천 가구가 넘으면 전셋값에 큰 영향을 줬다. 하지만 2020년 들어 규제정책으로 양도세를 적게 내려면 실거주를 해야 해 전세물량이 급감하고 있다. 입주물량의 10% 안팎에 불과하다.

문재인 정부와 하락론자가 많이 언급하는 강남4구 입주물량 증가(2023~2026년)의 원인은 재건축 초과이익 환수제를 피하기 위해 2017년에 관리처분인가를 신청한 곳이 많았기 때문이다. 일시적인 증가일 뿐이다. 매매가는 물론 전셋값 하방압력 요인이 될 수 없다. 인근 구축 전셋값은 내려가겠지만 말이다.

2021~2022년 입주물량은 수도권과 지방 모두 감소세이며 과소 구간에 해당된다. 공공택지 고갈로 전국 동시다발로 입주물량이 크게 줄어들고 있다. 이주철거가 한창인 정비사업 입주물량은 수도권의 경우 2023년부터 점차 늘어날 것이다.

규제지역, 대출규제

과거 2009년 이후 수도권과 지방 탈동조화에 크게 영향을 미친 규제책은 투기과열지구 등 규제지역 지정에 따른 대출규제다.

지방은 지난 2008년 1월에 천안, 아산, 울산, 부산 해운대구 등을 마지막으로 투기지역, 투기과열지구가 모두 해제되었다. 반면 수도권은 강남3구가 2011년 12월에 투기과열지구에서 마지막으로 해제되었고, 투기지역도 강남3구가 2012년 5월 가장 늦게 해제되었다.

부산, 대구가 상승장으로 돌아선 2009년 하반기 이후 대출규제를 보면 수도권은 비규제지역도 LTV가 50%로 10%포인트 축소되었다. DTI는 강남3구 40%, 기타 서울 50%, 기타 수도권 60% 등 수도권에만 적용되었다. 이후 2014년 8월에 전국 LTV 70%로 일원화해서 완화되었고, 수도권에만 적용되던 DTI도 60%로 일괄적으로 완화되었다.

결과적으로 지방은 투기지역, 투기과열지구 등 규제지역에서 해제되면서 대출규제가 완화되었다. 이어 2010년 이후 상승장이 시작되었다. 글로벌 금융위기 이후 하락장을 맞은 수도권과 탈동조화가 본격화되었다. 수도권은 미분양이 급증한 데다 규제지역 대출규제가 무주택자까지 적용되었다.

2020년 12월 규제지역 대출규제 수위는 역대급이다. 참여정부, MB정부보다 2배 이상 높다고 보면 된다. 2배 이상 늘어난 통화량(M1)을 감안하면 지방 비규제지역 풍선효과가 MB정부 시절보

서울 아파트 마지막 폭등장에 올라타라

다 최소 2배 이상 크다는 것을 의미한다. 이는 역으로 앞으로 조정대상지역 등 규제지역으로 지정될 경우 타격이 2배 이상 크다는 것을 뜻한다.

2020년 12월 기준 투기과열지구에서 시가 15억 원 초과 아파트를 사면 무주택자도 LTV 0%다. 전국에 주택이 한 채만 있더라도 조정대상지역 등 규제지역에서 추가로 주택담보대출을 받을 수 없다. 투기과열지구는 LTV 40%(9억 원 초과분 20%), DTI 40%다. 조정대상지역은 LTV 50%(9억 원 초과분 30%), DTI 50%다. 여기에 DSR 규제도 시행되고 있다.

또 규제지역으로 지정되면 2주택 이상 다주택자에게는 취득세 폭탄, 보유세 폭탄, 양도세 폭탄이 기다리고 있다. 규제지역의 파괴력을 잘 알고 있는 정부는 지방 규제지역 지정에 소극적이다. 대전, 부산 해운대구처럼 폭등하지 않으면 조정대상지역 또는 투기과열지구 지정에 소극적이다. 그러나 부울경 등 지방 대도시는 2020년 하반기부터 폭등장에 진입해 규제지역 확대는 시간문제다.

전세가율, 전셋값

전국 동시다발로 입주물량이 줄어드는 시기에 2020년 7월 31일 임대차2법을 강행했다. 대도시 도심을 중심으로 전셋값이 급등하고 있다. 상승장 후반기에 전세가율(매매가 대비 전셋값 비율)이 오르는 기현상이 발생하고 있다.

강남3구 신축조차 전세가율이 60%를 넘어서고 있다. 통상 서울권은 전세가율이 60%(강남3구는 50%)가 넘으면 전세수요가 매매수요로 돌아서기 시작한다. 인천·경기권은 70%, 지방은 70%를 변곡점으로 본다. 전세거래보다 매매거래가 늘어난다.

전셋값 상승이 매매가 상승에 미치는 영향은 서울권보다 지방이 크다. 신용상의 2015년 한국금융연구원 정책보고서 〈국내 주택시장의 수도권 비수도권 간 탈동조화 현상과 정책시사점〉에 따르면 전셋값이 1% 오를 때 매매가는 수도권의 경우 0.15%, 지방은 0.33% 상승하는 것으로 분석되었다.

2008년 글로벌 금융위기 이후 2018년까지 수도권과 지방 주택시장은 탈동조화가 계속되었다. 순환매(갭메우기·갭벌리기)로 볼 수도 있다. 2019년 하반기부터 수도권 지방 주택시장이 동반 상승하고 있다. 수도권 지방 동조화가 언제까지 계속될지는 알 수 없다. 다만 수도권과 지방 중 다음 수급요인이 다르게 움직일수록 탈동조화가 다시 시작될 것이다. 어느 한쪽(지역)에서 인허가가 늘어나 미분양이 급증할수록, 과잉공급으로 매매가와 전셋값이 하락할수록, 규제지역이 확대될수록(대출규제가 강화될수록), 주택담보대출 이자가 4%대에 접근할수록 말이다.

직관적으로, 또 주택시장 사이클을 보더라도 3기 신도시 등 공공택지 입주물량이 늘어나기 시작하는 2025년 전후(인천·경기 정비사업 입주물량 증가, 주택임대사업자 매도물량 증가, 증여 매도물량 증가) 수도권이 먼저 하락하면서 탈동조화가 시작될 가능성이 높다.

지방 집값은 규제지역(정비사업이 많을수록 투기과열지구 지정은 직격탄) 확대 속도가 최대 변수다. 2021년 지방 규제지역이 급증하면 국지적으로 조정장세가 오는 지역이 늘어나 탈동조화가 간헐적으로 발생할 수 있다.

2020년 11월 이후 폭등하는 전셋값을 레버리지 삼아 기대수익률에 따라 전국 곳곳으로 스며드는 돈의 유속이 매우 빨라지고 있다. 언제인지 모르겠지만 환율 급등으로 이어지는 경제위기 또는 입주물량, 미분양 급증으로 인한 전셋값 폭락으로 부동산 버블이 붕괴될 때까지 수도권과 지방의 주택시장 동조화 기간이 예상보다 길어질 수도 있다는 생각이다.

유주택자는 주택시장 리스크에 어떻게 대응해야 할까?

2020.4.2.

수도권 전역에서 매수자 우위 시장이 확산되고 있다. 시장참여자들의 심리는 묘하다. 조정장세 매수자 우위 시장에서는 신고가 대비 10% 이상 낮게 나온 급매물도 매수를 주저하고 있다. 코로나19 팬데믹이 확산되면서 대기 매수자는 더욱 관망하고 있다.

이번에는 코로나19 팬데믹으로 촉발된 주택시장 리스크에 대한 1주택자와 다주택자의 대응전략에 대해 정리했다. 주택시장 리스크는 크게 2가지다. 하나는 수급 등 내부 변수에서 발생하는 리스크다. 또 하나는 이번 코로나19 팬데믹과 같은 외부 변수에 의한 리스크다.

1주택자의 주택시장 리스크 대응

내·외부 변수에 따라 리스크가 발생할 경우 통상 1주택자의 대응법을 살펴보자. 전셋값 하락과 매매가 하락에 따라 대응이 다르다. 특히 일시적으로 매매가 하락이 발생하는 경우다.

본인 집값은 물론 생활권 내 다른 집값이 약보합세 또는 하락세를 보이면 1주택자들은 대부분 갈아타기에 무관심해진다. 어차피 한 채를 소유하고 있으니 올라도 그만, 내려도 그만이라고 생각하는 경우가 많다. 한마디로 복지부동이다. 만약 매매가와 전셋값이 하락하는 대세하락장으로 돌아설 경우 1주택자들은 주택을 팔고 전세입자로 돌아서기도 한다. 최악의 수다.

정답은 아니지만 1990년대부터 주택시장을 지켜봐온 사람으로 주택시장 리스크에 대한 1주택자의 바람직한 대응전략을 제시한다.

3월 셋째 주부터 시작된 매수자 우위 시장에서 1주택자는 적극적으로 갈아타기를 시도해야 한다. 시장에 계속 머무르되 상위지역으로 갈아타야 한다. 자금 여력이 있다면 일시적 2주택을 활용해 상위지역으로 갈아타기를 추천한다. 최악의 경우 중복보유기한(1년 또는 2년, 3년)이 지나도 일시적 2주택자가 종전주택을 신규주택 취득 후 3년 이내에 팔면 조정대상지역에서도 양도세가 중과되지 않고 일반과세가 적용된다.

1주택자는 리스크가 발생해 일시적 조정장세로 매수자 우위 시장이 왔을 때 평형보다 지역을 우선순위로 갈아타야 한다. 지역보다 평형을 선택하는 것이 자가 점유(자기가 소유하는 집에 거주하는)하는 1주택자가 많이 하는 실수다. 하나만 선택해야 한다면 평형보다 지역이다. 같은 동네 같은 아파트에서 평형을 넓혀가기보다는 입지가치가 높고 앞으로 높아질 지역의 아파트로 갈아타야 한다. 입지가치는 강남접근성(도심 업무밀집지역 접근성)과 직주근접성(대기업 또는 4차 산업 기업 대중교통 접근성)만 보면 된다. 2020년대에는 더욱더 거주지가 소득을 결정하게 될 것이다.

가족구성원 여건상 지금 거주지역을 떠날 수 없다면 입주 5년 안팎의 신축으로 갈아타기를 하라. 정비사업으로 상향여과 현상이 강해지는 아파트면 더욱 좋다. 외부 변수로 인한 리스크가 고조되면서 심약한 매도자들이 내놓은 입주 예정 분양권을 적극 공략해야 한다.

또 미등기(아직 소유권이전등기가 나지 않은) 상태인 입주 1년 안의 신축으로 갈아타야 한다. 미등기로 주택담보대출(주담대)을 받을 수 없다면 일단 전세를 주고 등기 이후 전세입자를 내보내고 주담대를 받아 실입주하면 된다.

다주택자의 주택시장 리스크 대응

다주택자가 가장 무서워하는 리스크는 크게 2가지다. 하나는 경제위기 등 외부 변수로 인해 집값이 대세하락장으로 돌아서는 것이다. 또 하나는 세 부담이 늘어나는 경우다. 양도세와 종부세가 대표적이다.

서울 아파트 마지막 폭등장에 올라타라

3월 셋째 주 이후 강남3구 초고가 시장에서 급매가 늘어난 이유는 2020년 종합부동산세 인상이 가장 크다. 특히 시가 20억 원이 넘는 초고가 아파트를 여러 채 보유하고 있는 다주택자에게는 종부세 부담이 크다. 여기에 코로나19 팬데믹으로 리스크를 헤지하려는 생각이 강해지고 있다.

다주택자의 종부세 대응전략은 다양하다. 우선 주택임대사업자 등록을 한 주택의 경우 종부세가 합산되더라도(임대 개시일 현재 수도권 공시가격 6억 원 초과) 자동말소될 때까지(단기임대 4년, 장기임대 8년) 계속 보유하는 것이다. 양도세 일반과세와 장기보유특별공제 혜택을 최대한 이용하는 것이다.

두 번째는 자녀에게 증여하는 것이다. 2020년 6월 말까지 10년 이상 보유한 조정대상지역 주택은 양도세 중과가 유예되어 증여냐 매도냐를 놓고 고민하고 있다. 강남 초고가 아파트는 매도보다는 증여가 우세하다. 전세 낀 아파트를 자녀에게 부담부증여(증여자인 부모는 전세금에 대한 양도세를, 수증자인 자녀는 유무상취득분에 대한 취득세와 무상취득분에 대한 증여세 부담)를 하는 것이다.

세 번째는 종부세 부담을 느껴 매물로 내놓은 경우다. 종부세 부담과 양도세 중과를 피할 수 있는 10년 이상 장기보유 다주택자는 2020년 5월 말까지 처분해야 한다. 4월이 마지노선이 될 것이다. 3월 중순부터 매물이 나오고 있지만 급매물은 많지 않다. 4월 말까지 팔리지 않으면 계속 보유할 생각도 하고 있다. 싸게 팔지는 않겠다는 것이다. 만약 로열동 로열층 기준으로 신고가(실거래가 최고가) 대비 3억 원 이상 하락했다면 매수할 가치가 있는 급매물이라고 할 수 있다.

마지막으로 매년 늘어나는 종부세 부담을 줄이기 위해 전세를 반전세 또는 보증부 월세로 돌리는 것이다. 즉 월세를 모아 매년 12월 종부세를 납부하며 장기전에 나서겠다는 것이다.

다주택자는 대부분 리스크에 차분하다. 투자 경험이 많기 때문이다. 특히 임대소득이 매달 발생하는 다주택자의 경우 계속 보유할 가치가 있는 아파트는 좀처럼 팔지 않는다. 항상 플랜B를 마련해놓고 있다.

주택 매매 경험이 많은 다주택자에게 굳이 리스크 대응전략을 추천한다면, 우선 상승장 후반기를 맞아 주택 수를 3주택 이하로 줄이라는 것이다. 2020년부터 매년 한 채씩 매도해서 말이다. 물론 장기보유할 가치가 있다면 매도보다는 증여를 추천한다.

초고가 아파트를 보유해 종부세 부담이 크다면 입주권으로 갈아타는 것을 추천한다. 5월 말까지 압구정 현대, 대치동 은마, 잠실주공5단지 등 재건축 초기 단지를 팔고 반포 래미안원베일리(신반포3차+반포경남 등), 개포프레지던스자이(개포주공4단지), 개포주공1단지, 삼성동 래미안라클래시처럼 철거가 끝난 재건축 입주권을 사면 된다. 준공일 이후 6월 1일 되는 시점까지 종부세 부과대상에서 제외된다. 또는 선매도 후 6월 이후 늦어도 2021년 5월 말까지 멸실등기(철거완료)가 가능한 청담 삼익, 한신4지구, 잠실 미성크로바 및 진주 등 입주권으로 갈아타면 된다. 종부세를 감당할 수 없다면 말이다.

부동산 가치투자자를 위한
코로나19 팬데믹 대응전략

2020.3.26.

수도권 주택시장은 3월 셋째 주에 코로나19 팬데믹으로 인한 증시 폭락으로 공포가 확산되면서 매물이 늘어나고 있다. 아직은 몇천만 원 내린 저가매물이 대부분이다. 반면 강남3구는 30% 안팎 오른 2020년 공시가격으로 종합부동산세 부담이 커져 실거래가 최고가 대비 3억 원 이상 떨어진 급매가 나오고 있으며 제한적으로 거래되고 있다. 대부분 5월 말까지 잔금 조건이다.

시장참여자들의 매수심리를 나타내는 매수우위지수도 수도권에서 일제히 하락했다. 서울과 인천은 3월 셋째 주에 전주보다 10%포인트 가까이 떨어졌다. 일시적 매수자 우위 시장이 시작되었다. 매물은 늘어나고 대기 매수자는 관망하고 있다.

반면 분양시장은 뜨겁다. 3월 24일 1순위 청약한 힐스테이트 송도더스카이의 경우 84B타입 수도권(서울·인천·경기 등 기타지역) 청약 경쟁률이 543.7대1을 기록했다. 분양가가 7억 5천만 원 안팎에 달한다. 예상대로 비규제지역이라 인근 신축 실거래가 수준으로 분양가를 책정했다.

위기일수록 기본으로 돌아가야 한다. 이번에는 부동산 가치투자자들이 코로나19 팬데믹에 어떻게 대응해야 하는지를 정리했다. 평소 부동산 가치투자에 대한 내 생각이다.

- 현실적 낙관주의자가 되어라. 시장에 공포가 지배할수록 더더욱. 위기에서 기회를 찾아야 한다. 시장에 머물러야 한다.
- 주식 가치투자의 아버지 벤저민 그레이엄이 말했듯이, 가치투자 최대의 적은 코로나19 팬데믹이 아니다. 투자자 자신이다.
- 달걀은 한 바구니에 담아야 한다. 물론 한 바구니에 담은 달걀은 모두 싱싱해야 한다. 장세에 따라 부동산과 주식을 왔다 갔다 하는 어설픈 분산투자는 살얼음판을 걷는 것과 같다. 지금 코로나19 팬데믹으로 주가가 폭락했다고 부동산을 팔아서 주식으로 갈아타는 투자가 가장 멍청한 투자다. 달걀을 여러 바구니에 담는 분산투자는 순자산(부채 제외)이 최소한 50억 원 이상 될 때 하면 된다.
- 부동산 가치투자로 최대의 수익을 올리려면 최소한 4년 이상 보유해야 한다. 부동산에서 2년 미만 단타는 푼돈만 벌 가능성

이 높다. 티끌 모아 태산이 아니다. 티끌은 티끌일 뿐이다. 적진성산(積塵成山)이 아니라 적진성진(積塵成塵)이다.

- 시세 차익형 투자자라면 평생 5번 정도의 부동산 가치투자로 '경제적 시민권'을 획득하고 나아가 부자가 될 수 있다.

- 자신이 잘 아는 부동산에만 투자하라. 빌라, 상가, 상가주택, 토지 등에 투자하고 싶다면 잘 알 때까지 투자를 해서는 안 된다.

- 부동산 가치투자자는 매크로(거시경제) 분석가가 아니다. 맞지도 않는 매크로 분석에 시간을 허비하지 마라. 그 시간에 부동산의 내재가치에 집중하라. 거시경제는 변수일 뿐이다. 누구도 예측할 수 없다.

- 코로나19 팬데믹도 주택시장에서 하나의 변수일 뿐이다. 집값에 큰 변수가 되었는지, 작은 변수가 되었는지는 지나봐야 안다.

- 경제위기 리스크에 대비하고 싶다면 미국 집값을 주시하면 된다. 미국 집값이 하락하지 않으면 수도권 집값도 하락하지 않는다. 미국 집값이 하락하지 않았는데 수도권 집값이 하락장으로 돌아섰다면 수급 등 내부 요인이나 1997년 외환위기와 같은 '국가 부도 사태'가 왔을 때뿐이다.

- 2010년 이후 수도권 주택시장 하락장이 글로벌 금융위기 때문에 왔다고 착각하는 사람이 많은데 그렇지 않다. 내부 요인이 더 컸다. 잠실, 반포 등 강남권과 판교, 광교, 동탄1 등 2기 신도시 입주물량이 2008년 이후 급증했기 때문이다. 여기에

주택담보대출 금리가 폭등했기(7%대) 때문이다. 글로벌 금융 위기로 낙폭이 증가했을 뿐이다.

- 주택시장을 이기는 정책은 없다. 한국에서 규제책으로 집값이 잡힌 적 있는가? 그럼 규제책이 없는 미국 집값은 계속 오르기만 했는가?

- 하락장이든 상승장이든 계속 시장에 머물러야 하는 이유는 쌀 때 살 수 있기 때문이다. 하락장에 주택시장에서 이탈한 다음 상승장으로 돌아서기 전 과연 싸게 살 수 있을까?

- 부동산 가치투자는 사업을 하는 것이다. 정비사업은 물론 재고아파트도 지분을 사들여 주주가 된다고 생각해야 한다. 입지가 뛰어나다고 사업성과 수익성이 뛰어난 것은 아니다.

- 무엇보다 보유기간 중 수익성이 뛰어나야 한다. 수익성이 뛰어난 곳은 아파트 내재가치가 아직 가격에 반영되지 않은 상태로 4년 이상 보유하는 도중 가치가 가격으로 빛을 발하는 곳이다. 이런 아파트를 부동산 개미들보다 선제 매수해 장기보유해야 한다.

- 아파트 내재가치 중 가장 중요한 것은 강남 접근성(고소득)과 직주근접성(안정적인 소득)이다. 다음은 리테일(소매점) 접근성과 학군이다. 생활권 내 고소득이 몰려 남보다 빨리 가치가 가격으로 빛을 발하기 때문이다. "거주지가 소득을 결정한다.(경제학자 엔리코 모레티의 『직업의 지리학』 중에서)"

- 나는 부동산 가치투자를 위해 블러드하운드 투자법을 지향한다. 투자 성공 스토리를 통해 제2의 흑석 한강센트레빌1차, 성

268

수동1가 강변건영 및 뚝섬중앙하이츠빌, 돈의문센트레빌, 미아동 송천센트레빌, 노량진쌍용예가를 수색해 선제 매수하는 것이다.

위기에서 희망을 이야기하고 기회를 잡아야 한다. 코로나19 공포로, 증시 폭락으로, 종부세 부담으로 심약해진 매도자를 공략해야 한다. 4년 이상 장기보유할 가치가 있는 아파트를 내 것으로 만들어야 한다. 그때 비로소 부동산은 V자 반등이든 U자 반등이든 상관없이 결과적으로 최대의 수익을 안겨줄 것이다.

마음 편한 투자를
하고 싶다면

집값이 오르고 앞으로도 오를 것이라는 기대심리가 최고조에 달하면 집값 상승폭이 커진다. 이에 정부의 규제 수위는 갈수록 높아지고 규제책 발표 주기는 갈수록 짧아진다. 참여정부와 문재인 정부에서 보듯 상승장에서 5년 단임 정부는 집값 안정 효과가 있든 없든 수요를 억제하는 단기 규제책을 쏟아낸다. 집값이 오르니 뭐라도 해야 하는 것이다.

재건축을 최우선 타깃으로 삼는 이유는 상승장에서 가장 먼저 상승하고 상승폭이 가장 크기 때문이다. 도심 아파트의 노후화가 심각하고 신축 공급이 부족해도 재건축 규제를 완화하지 않는 데는 다 이유가 있다. 재건축 규제를 완화하더라도 이주·철거에서 입주 전까지는 오히려 공급 감소(특히 저가 전세물량)를 초래한다. 상승장에서는 매매가와 전셋값 동반 상승을 초래한다. 재건축을 통한 새 아파트 입주는 일러야 차기 또는 차차기 정부에나 가능하니 현 정부와 상관없는 공급 확대책이다. 그래서 문재인 정부가

270

공급 확대책으로 3기 신도시 사전 청약, 공공재개발, 그린벨트 해제 등 변죽만 울리는 것이다.

본론으로 들어가 2020년 7·10대책 이후 무주택자, 1주택자, 다주택자 등 시장참여자들 모두 마음이 편치 않다. 부동산 증세 3종 세트에 더해 수도권 규제지역에서 대출을 받고 집을 사면 6개월 이내 전입해야 한다. 여기에 전월세상한제, 계약갱신청구권 등 임대차3법처럼 소급 적용이 남발되어 혼란스럽다.

상승장 후반기 규제정책의 시대에는 마음 편한 투자를 하는 것이 최고다. 물론 규제책에 적극적으로 대응하면서 마음 편한 투자를 하는 것이 쉽지는 않다. 마음 편한 투자법은 이미 가치투자자인 필립 피셔가 알려줬다. "마음 편한 투자를 하려면 보수적인 투자를 하라." 보수적인 투자란 최소한의 리스크로 자신의 자산 구매력을 잃지 않는 투자를 말한다.

고가 아파트를 여러 채 보유한 다주택자가 마음 편한 투자를 하려면 2020년부터 순차적으로 주택 수를 줄여야 한다. 종부세는 최소한 2025년까지 대비해야 한다. 정권이 바뀐다고, 집값이 하락한다고 해서 곧바로 종부세율이 낮아지지 않는다. 종부세는 매매가와 전셋값이 동반 상승하는 상승장 후반기에서는 견딜 수 있지만, 하락장에서는 엄청난 부담으로 다가올 것이다. 7월 말 임시 국회에서 통과될 종부세안이 최소한 2025년까지 시행된다고 생각하고 대비해야 한다.

종부세 합산배제가 되지 않는 초고가 아파트를 보유한 다주택자라면 주택 수를 줄여야 한다. 주택 수를 줄이는 방법은 여러 가지가 있다. 가장 적극적인 대응법은 종부세를 내지 않는, 철거된 (늦어도 2021년 5월 말까지 철거되는) 입주권으로 갈아타는 것이다. 성수1지구에서 왜 상가 매물이 씨가 말랐을까? 감정평가액도 낮고 초기 투자비도 큰데 말이다. 자녀 증여, 배우자 증여, 비주택 부동산 상품으로 갈아타기는 소극적인 대응법이다.

주택시장에 규제 수위가 높아진다고 어설프게 분산투자를 해서는 안 된다. 수도권을 피해 지방으로 가는 것은 추천하지 않는다. 어차피 늦어도 2021년까지 전국이 조정대상지역이 될 것이다.

종부세 리스크를 컨트롤하면서 서울권 원도심, 신도심 아파트에 집중투자를 하라. 최고의 투자처는 원도심 생활권 내에서 가장 비싼 아파트가 될 재건축단지다. 2020년대 강남3구, 여의도, 목동 중층 아파트 노후화와 분당 1기 신도시 노후화로 엄청난 투자 기회가 오고 있다.

상승장 후반기에도 가장 마음 편한 투자법은 가치투자다. 블러드하운드 투자를 하라. 즉 성공 사례와 팩트를 기반으로 예측 가능한 리스크에 베팅하라. 그리고 장기보유하면 된다.

저점 매수에 집착하지 말고 고점 매수에 걱정하지 마라. 신반포메이플자이(신반포4지구) 84타입을 총 매매가(매매가+추가분담금) 27억 5천만 원의 신고가에 샀다고 걱정할 필요가 없다. 예측 가능한 리스크를 감수하고 샀으니 말이다. 중요한 것은 1~2년간 수익률이 아니라 4년 이상 보유한 후 매도해 얻는 자본소득(시세 차익)이다. 투자자의 자산 구매력이 얼마나 늘어났느냐에 따라 최후의 승리자가 결판난다. (2020.7.20.)

코로나19 팬데믹에
차분한 시장참여자 vs. 초조한 전문가

2020.3.19.

코로나19 팬데믹 이후 수도권 주택시장을 들여다보면 시장참여
자들은 차분하다는 것을 알 수 있다. 수도권 전역에서 매물이 늘
어나고 있지만 급매물은 많지 않다.

언론에서는 강남3구 아파트값이 최고가 대비 4억~5억 원이 떨
어졌다고 하지만 가짜 뉴스다. 20억 원 이상 초고가 아파트는
12·16대책 이전 대비 2억 원 안팎 떨어졌다고 보는 게 정확하다.
3월에도 압구정 현대, 잠실주공5단지 등 초고가 아파트는 종합부
동산세 회피성 저가매물이 나오면서 거래되고 있다.

2천 가구가 넘는 대단지에서 동별 층별 가격 차이는 2억 원 안

팎이다. 여기에 지은 지 10년이 넘은 아파트는 내부 상태에 따라 5천만 원 이상 차이 난다. 잠실 엘스와 리센츠도 2억 원 정도 떨어져 급매가 나오고 있다.

이번에는 코로나19 팬데믹 이후 시장참여자들은 차분한 반면 전문가들은 장세에 휘둘려 초조한 상황을 소개하고자 한다.

코로나19 팬데믹에 차분한 고가 시장 시장참여자들

2020년 3월 18일 기준 분석한 수도권 아파트시장 시장참여자들의 심리다.

연초 부동산 전문가들은 종부세 등 보유세 부담으로 20억 원 초과 초고가 아파트가 3월까지 급매로 쏟아진다고 했다. 종부세를 피하려면 잔금 기준으로 5월 말까지 팔아야 하기 때문이다. 그렇다면 3월 18일 발표한 2020년분 고가주택 공시가격(잠정치) 두 자릿수 상승(시세 15억~30억 원 기준 26% 상승)으로 급매가 늘어날까?

초고가 시장에서 급매가 나오는 곳은 대부분 압구정 현대, 대치 은마, 잠실주공5단지처럼 단기 폭등한 재건축 초기 단지다. 급매 물량도 매우 적다. 2010년 전후 입주한 신축·준신축에는 급매가 더더욱 적다.

이 대목에서 부동산 하수는 가격에 집착하고, 부동산 고수는 가치에 집중한다는 말을 강조하고 싶다. 20억 원짜리 아파트를 사면서 5천만 원 깎아주면 산다는 사람은 대표적인 하수라고 생각한다. 특히 미래가치를 보고 재건축단지를 산다면 말이다. 보유기간 중 가치가 가격으로 빛을 발한다면 지금 조정장세에 로열동 로열층을 저가 매수해야 한다. 대단지 신축·준신축이라면 로열동에 집중하라.

정부가 정해놓은 시가 9억 원 이상 서울 고가 시장의 경우, KB부동산 일반평균가 기준 15억 원 미만은 신구축 상관없이 의미 있는 거래가 이어지고 있다. 구축 시세를 지속적으로 트래킹(Tracking)하는 지역 중에 성수동1가가 있다. 지난 2003년 10월 입주한 중앙하이츠빌의 실거래가 상승폭이 가파르다. 전용면적 84타입이 1년 만에 실거래가가 10억 원대에서 13억 원대로 3억 원이 올랐다. 동북권 최대 업무밀집지역이라는 직주근접의 힘일까? 아니면 땅값의 힘? 성수동1가의 공시지가는 지난 2년간 모두 20% 이상 올랐다.

최근 15억 원 초과 고가 시장의 전셋값 추이를 많이 들여다보고 있다. 전셋값이 약보합세인데, 당연히 전세물량이 늘어났기 때문이다. 2019년 9월 이후 12월까지 폭발적으로 늘어난 매매거래량으로 인해 전세물량이 늘어난 것이 컸다. 또 12·16대책으로 2020년 1월 20일부터 시행된 시가 9억 원을 초과하는 1주택자의 전세자금대출 규제 영향이 적지 않다.

인터넷 매물을 집계하는 아실(아파트실거래가) 앱에 따르면 실수요층이 두터운 입주 5~10년 준신축 중 마포래미안푸르지오 전세물량은 2020년 2월에 1월보다 21% 늘었다. 래미안옥수리버젠도

2월에 39% 늘었다. 길음뉴타운8단지도 2월에 전세물량이 78% 늘어났다. 강남도 마찬가지다. 강남구 래미안대치팰리스도 2월에 전세물량이 28% 늘어났다. 서초구 반포래미안퍼스티지도 15% 증가했다.

전세 재계약을 기준으로 2020년 3월의 서울 강북 준신축 전셋값은 2년 전보다 대부분 1억~2억 원 올랐다. 강남 준신축은 2년간 2억 원 안팎이 올랐다. 래미안대치팰리스는 4억 원 이상 급등했다.

한편 규제지역에 상관없이 9억 원 이하 중저가 시장은 3월에도 매매가가 오르고 있다. 9억 원 이하가 대부분인 수원, 인천, 시흥, 안산, 구리, 남양주, 하남, 성남, 광명, 안양의왕 등은 12·16대책 전후 매매가 앞자리 숫자가 바뀌고 있다. 6억 원대가 7억 원대로, 7억 원대가 8억 원대로, 8억 원대가 9억 원대로 말이다.

코로나19 팬데믹에 초조한 전문가들

수차례 규제대책이 발표될 때 봐왔지만 이번 코로나19 팬데믹에도 초조한 전문가들이 판을 치고 있다. 불과 2개월 전만 해도 전저후고(前低后高)라고 하더니 이제는 전저후저(前低后低), 아니 전저후락(前低后落)을 설파하고 있다.

앞으로 경기침체로 집값이 상승하기 어렵다는데 과연 그럴까? 그럼 2015~2019년에는 경기가 좋아서 수도권 집값이 올랐나? 경기가 좋지 않았지만 그동안 상승장 선제 매수로 주머니에 돈이 늘어난 투자자가 지속적으로 매수에 나서고 실수요까지 가세해 집값이 올랐던 것이었다.

금리가 내려간다는 것은 시중에 풀리는 돈이 늘어난다는 의미다. 대출규제가 없는 비규제지역의 주담대가 크게 늘어날 전망이다. 한마디로 유동성이 확대되는 것이다. 정부가 대출규제에 '집착'하는 이유다.

2020~2022년까지 역대급으로 많은 돈이 시장에 풀릴 예정이다. 수도권에서는 3기 신도시 토지보상을 비롯해 'GTX A, C노선, 월곶판교선, 인덕원동탄선, 위례선, 위례신사선' 등 철도망, '삼성역(GBC 포함), 수서역, 복정역' 등 복합환승센터, '광명시흥, 고양일산' 등 테크노밸리, '광운대역세권, 수색역세권, 마곡마이스(MICE) 복합단지' 등 각종 개발호재가 2022년까지 착공예정이다.

2008년 글로벌 금융위기와 비교하는 전문가들이 있는데 상황이 전혀 다르다. 내부 변수로 인한 수급이나 금리 차이가 크다. 2008년은 2기 신도시 입주가 본격적으로 시작되었고 서울 아파트 전세가율이 40% 안팎이었던 시기였다. 주담대 금리는 2008년 7%대였지만 지금은 2%대다.

다주택자는 6월 말까지 빨리 팔고 무주택 실수요자는 연말까지 기다려라? 종부세를 감당할 수 없는 3주택 이상 다주택자는 2020년부터 1년에 하나씩 매도해 주택 수를 줄이는 것이 바람직하다. 하지만 2주택자의 경우 섣불리 매도해서는 안 된다. 또 일시적 2주택자는 2020년에 양도세 비과세로 매도한다면 다시 갈아타는 것을 추천한다.

지금도 시장에 매물이 없는데 어떻게 연말에 실수요자가 저가 매수를 할 수 있을까? 만에 하나 경제위기로 낙폭이 커진다면 과연 연말에 실수요자가 집을 살 수 있을까? 대세하락장이 오지 않는 한 상승장에서는 매물이 줄어들면 가격이 오르기 마련이다. 개포주공4단지(개포프레지던스자이)의 경우 2019년 11월 착공 후 매도물량이 급감하자 84타입 매도호가가 2억 원 올랐다.

대세하락장을 알고 싶다면 분양시장을 보면 된다. 하락장이 시작되면 1순위 미달 단지가 늘어나 미분양 물량이 급증해야 한다. 또 분양권 프리미엄이 하락해야 한다.

그 어느 때보다 공포가 시장을 지배하고 있다. 위기를 과대평가하기보다는 있는 그대로 받아들이면서 차분하게 대응해야 할 것이다. 시장을 떠나는 실수를 범하지 않아야 한다. 이 시기를 버티는 힘을 키우는 시간으로 활용하기 바란다.

애널리스트의 말을
믿지 마라

무주택자나 1주택자가 남보다 빨리 부동산으로 순자산 20억 원을 만들고 싶다면 꼭 알아야 할, 부동산시장을 보는 눈을 키우는 법을 소개한다.

우선 부동산으로 순자산 20억 원을 만들기 위해서는 기본에 충실해야 한다. 여기서 기본이란 부동산 투자자 자신만의 인사이트(안목)로 돈(대출·전세금 레버리지 포함)을 갖고 부동산 투자를 저지르는 것(실행력)이다. 이를 위해서는 대세상승장이든 대세하락장이든 현실적 낙관주의자가 되어야 한다. 비관론자라면 부동산으로 순자산 20억 원 만들기는 처음부터 포기하는 게 낫다.

기본을 갖췄다면, 특히 인사이트를 갖췄다면 부동산 뉴스나 애널리스트 등 전문가의 말을 믿지 말아야 한다. 그래야 부동산으로 순자산 20억 원을 남보다 빨리 만들 수 있다. 부동산 뉴스를 생산하는 언론사 기자는 대부분 부동산 초보자다. 부동산 담당 경력이 3년 이상이 된다고 해도 뉴스는 뉴스에 그칠 뿐이다. 냉정하게 말하면 가짜뉴스에 가깝다. 데스크에서 이미 야마(주제)를 정하고 기사를 쓰는 경우가 많아 결과적으로 부동산시장을 왜곡하는 일도 부지기수다. 인사이트가 부족해 잘못된 기사를 낼 때도 많다. 뉴스에 따라 투자하면 선제매수가 아닌 추격매수를 할 확률이 매우 높다. 따라서 너무 늦게 매수하고 너무 빨리 매도하는 실수를 저지를 확률이 높다.

한편 이코노미스트, 애널리스트의 경제 예측은 왜 번번이 틀릴까? 애널리스트 자신이 미래에 대해서는 아무것도 모른다는 사실을 몰라서일까? 아니면 번번이 틀리는 것을 알지만 월급을 받으려면 어쩔 수 없이 경제 예측을 해야 하기 때문일까?

나는 부동산으로 돈 번 애널리스트를 본 적이 없다. 부동산시장 예측에 정통하다면 왜 부동산으로 돈을 벌지 못하는 걸까? 부동산은 불로소득이라며 아예 투자하지 않아서일까? 애널리스트도 회사에서 월급을 받고 일하는 월급쟁이에 불과하다. 부동산 담당 언론사 기자와 오십보백보다.

수억 원, 수십억 원이 오고 가는 부동산 투자에 부동산 초보자나 월급쟁이의 말을 믿고 투자하는 것은 무모하다. 부동산으로 순자산 20억 원을 만들고 싶다면 뉴스는 물론 애널리스트의 투자 의견은 믿지 마라.

부동산으로 순자산 20억 원을 만들기 위해서는 부동산 투자자 스스로 자신에게 맞는 멘토를 찾아야 한다. 멘토는 10년 이상 부동산시장을 들여다본 사람 중에서 찾는 것을 추천한다. 특히 2010~2013년 하락장을 지켜본 사람으로 말이다. 장세에 휘둘리지 않고 소신을 지키는 사람을 찾는 것도 중요하다.

그다음으로 중요한 것은 부동산에 관심의 끈을 놓지 말고 꾸준히 연구·조사·분석하면서 시장을 보는 눈을 키우는 것이다. 부동산 인사이트의 '근육'을 키우는 것이다.

순자산 20억 원을 남보다 빨리 만들고 싶다면 애널리스트의 눈이 아닌 부자의 눈으로 시장을 봐야 한다. 자수성가해서 부동산으로 부자가 된 사람들, 특히 강남2구(강남·서초구)에 거주하는 부동산 부자들은 지금 아파트를 팔고 있는가, 늘리고 있는가? 아니면 장기보유 전략을 유지하고 있는가? 그들을 예의 주시해야 한다. 설령 수원이나 인천 아파트에 투자할 때도 부자의 눈으로 시장을 바라봐야 한다.

마지막으로 부동산 가치투자에 관한 글을 쓸 때 많은 도움을 준 피터 린치의 말을 소개한다. "이코노미스트들, 애널리스트들과 같은 사람들을 위해 쓸 시간이 없다. 그들은 지속적으로 시장을 예측할 수 없다. 경제를 예측하는 데 13분을 썼다면, 그중 10분은 낭비한 것이다. 경제, 금리 그리고 시장에 대해 예측을 하는 것은 무의미하다. 나의 주식 선택은 철저하게 경험적이다. 나는 냄새를 쫓아가도록 훈련받은 하운드(개)처럼 하나의 사례로부터 다른 사례로 냄새를 킁킁 맡는다." (2018.9.30.)

고분양가 또는 저분양가에
시장은 어떻게 반응했나?

2020.2.13.

2020년 2월의 주말 잠실, 압구정, 개포에서 의미 있는 거래가 나왔다. 특히 잠실주공5단지 34평형은 18억 7천만 원을 바닥으로 2월 셋째 주에 최저 매도가가 19억 9천만 원으로 치솟았다. 아직 12·16대책 이후 15억 원 초과 고가 아파트 반등을 단정하기는 힘들지만 예상보다 빨리 매수심리가 살아나고 있다.

이런 생각을 해본다. 시가 15억 원 초과 주택담보대출(주담대)을 금지한 12·16대책도 결국 주담대를 레버리지로 삼아 갈아타려는 1주택자의 매수를 차단할 뿐이다. 일시적 2주택자나 다주택자는 종전주택을 판 다음 전세 끼고 사두면 된다.

이번에는 고분양가와 저분양가로 초양극화된 수도권 분양시장을 들여다볼까 한다. '투기과열지구인 서울의 저분양가 vs. 비투기과열지구인 인천·경기의 고분양가'라는 문재인 정부의 분양가 역차별 정책이 시장에 어떤 부작용을 초래하는지를 분석하겠다.

비투기과열지구인 인천·경기의 고분양가

인천·경기 비투기과열지구 고분양가는 정비사업 일반분양가가 주도한다. 고분양가로 책정된 일반분양분이 완판되면 인근 입주권 프리미엄이 급등하고 이웃한 신축·준신축은 물론 구축까지 시세를 끌어올린다. 입주권 전매가 자유롭고 분양권 전매제한도 대부분 6개월이라 호황기 아파트시장이 갈수록 뜨거워지고 있다.

이와 관련해 2월 들어 수원 팔달8구역 등 매교역세권 입주권 매물이 늘어나고 있다. 매수세는 주춤하고 있다. 조정대상지역 또는 투기과열지구 지정 임박에 대한 매도자·매수자 부담 때문일까? 매일 시장을 예의 주시한다는 문재인 정부가 수도권 비규제지역의 풍선효과 부작용을 모를까? 아랫목만 뜨거울 수 없으니 윗목도 어느 정도 뜨거워질 때까지 방치하는 건 아닐까?

지난 2018년 5월 규제 프리 지역인 수원 장안구 정자동 대유평지구에서 화서역파크푸르지오가 분양되었다. 84타입 분양가가 상한가 기준 5억 5천만 원, 평당 1,700만 원에 육박했다. 1년 6개월 전 분양한 영통아이파크캐슬은 84타입 분양가가 4억 4천만 원, 평당 1,300만 원대였다. 화서역파크푸르지오는 고분양가 논란에도 1순위 경쟁률은 평균 65대1에 달했다. 분양한 지 1년 9개월이 지난 후 매도호가는 11억 원을 넘어서고 있다. 분양권 프리미엄이 5억 원을 넘어섰다.

2월 19일 청약하는 팔달8구역 매교역푸르지오SK뷰는 평당 1,900만 원에 달한다. 5월 분양 예정인 화서역파크푸르지오 2차는 얼마에 나올까? 평당 2,300만 원대, 8억 원 안팎일까?

인천도 수원처럼 분양가가 고공행진 중이다. 그럼에도 비규제지역 풍선효과로 가수요가 붙으면서 분양권 프리미엄까지 고공행진이다. 2019년 송도국제도시와 미추홀구 재개발구역 일반분양가가 쌍끌이를 하면서 고분양가를 주도하고 있다. 3월 분양 예정인 힐스테이트송도더스카이의 분양가는 최소한 평당 2,100만 원이 넘을 것이다. 수도권 1순위자라면 누구나 당첨기회가 있고 재당첨제한도 없어 더욱 뜨겁다.

2019년 9월 청약 경쟁률이 평균 122대1에 달했던 송도더샵프라임뷰 84타입 분양가는 평당 1,700만 원, 6억 원에 육박했다. 분양 당시 더샵퍼스트파크 15블록 실거래가가 7억 원이었다. 이어 10월 분양한 송도대방디엠시티시그니처뷰는 호수 조망 라인 분양가가 6억 8,500만 원으로 평당 2천만 원을 넘어섰다. 투기과열지구인 서울에서는 꿈도 꿀 수 없는 분양가 상승 속도다.

2019년 6월 분양한 미추홀구 주안4구역 주안캐슬앤더샵듀포레의 경우 84타입 분양가가 4억 4천만 원대였다. 6개월 뒤 12월 분양한 주안1구역 힐스테이트푸르지오주안은 4억 9천만 원

서울 아파트 마지막 폭등장에 올라타라

대였다. 힐스테이트푸르지오주안 분양권 프리미엄은 전매제한 기간임에도 최고 1억 원을 호가하고 있다.

투지과열지구인 서울 강남의 저분양가

그럼 정부의 분양가 통제를 온몸으로 맞고 있는 투기과열지구, 서울 강남 저분양가 수준을 볼까? 지난 1월 분양한 강남구 개포주공4단지 개포프레던스자이는 비로열층임을 감안하더라도 일반분양가가 15억 7천만 원에 불과했다. 하지만 이보다 먼저 2018년 11월 분양한 서초동 래미안리더스원(17억 3천만 원)과 2019년 5월 분양한 방배그랑자이(17억 3,600만 원)가 개포프레지던스자이보다 분양가가 높았다. 입주권 시세는 물론, 강남 분양가의 70% 이상 차지하는 땅값이 더 낮은데도 말이다.

결국 개포프레지던스자이는 중도금대출도 잔금대출도 0임에도 불구하고 저분양가로 인해 가점 커트라인이 68점(서초 래미안리더스원 60점, 방배그랑자이 36점)까지 치솟았다. 2020년 2월 기준 입주권 총 매매가는 24억 원을 넘어서고 있다. 2023년 2월 입주시점 시세가 30억 원을 넘어선다고 볼 때 분양권 입주 프리미엄은 최소한 10억 원 이상일 것이다.

4월 분양을 추진 중인 둔촌주공(일반분양분 4,786가구)의 경우 주택도시보증공사(HUG)가 평당 3천만 원 분양가도 비싸다고 한다. 최근 고분양가 심의기준을 변경한다고 하는데, 준공무원과 비전문가들이 하는 꼼수가 궁금하지도 않다. 조합이 책정한 둔촌주공 분양가는 평당 3,550만 원으로 84타입 기준 12억 원이 조금 넘는다. 조합원 입주권 총 매매가(매매가+추가분담금)가 18억 원에 육박하는데 말이다. 민간택지 분양가상한제를 피해 4월 28일 이전에 분양하려고 안간힘을 쓰고 있는 개포주공1단지(일반분양분 1,206가구)의 일반분양가는 얼마가 될까?

정부가 강남 분양가를 후려쳐 로또시장을 만들면 강남 아파트값은 안정될까? 2월에 개포주공3단지 디에이치아너힐즈 84타입이 29억 2천만 원에 거래되었다. 정부의 잣대로 재건축아파트 일반분양가를 강제로 낮추더라도 수요초과 시장인 강남 분양권 입주 시세는 입주권 또는 이웃 신축 아파트의 가격에 수렴하게 된다.

문재인 정부는 강남 아파트값을 잡기 위해 재건축시장을 집중적으로 규제하고 있다. 재건축 초과이익 환수제를 비롯해 조합원 지위 양도금지, 민간택지 분양가상한제, 이주비대출 규제(재건축아파트 시가 15억 원 초과 이주비대출 금지) 등 수많은 규제를 쏟아냈다.

하지만 강남 재건축 입주권(신축)은 지위재이자 슈퍼스타 아파트로서 자기 갈 길을 가고 있다. 반포 래미안원베일리(반포경남+신반포3차 등) 입주권은 33억 원대에 진입 중이다. 청담 삼익도 30억 원에 달한다. 2020년대 강남 재건축 신축은 압구정-반포-삼성청담-대치-잠원-개포-서초2동-잠실-방배 순으로 서열화할 것이다. 그리고 반포 신축부터 84타입 40억 원 시대를 열 것이다.

수도권 집값 상승을 아랫목에서 윗목까지 확산시키는 게 정부의 주택정책 목표(또는 의도)라면 방향은 맞다. 하지만 집값 안정이라면 명백한 실패다. 정부는 이미 2017년 3월부터 고분양가 관리지역을 통해 사실상 분양가상한제를 실시하고 있다. 정비사업 등 민간택지에 분양가상한제를 도입하면 집값이 안정될 줄 알았는데 강남 집값이 고공행진하자, 정부는 2017년 8·2대책, 2018년 9·13대책, 2019년 12·16대책 등 굵직한 규제책을 발표했다.

민간택지 분양가상한제를 도입하면 고분양가 관리지역 시절보다 분양가가 10% 이상 낮아지니 강남 집값이 안정될 거라고 생각하는 사람이 있을까? 민간택지 분양가상한제가 시행되면 정부미(또는 깡통) 아파트 시대가 시작된다. 4세대 아파트가 사라지고 3세대 성냥갑 아파트 시대로 후퇴할 것이다.

마지막으로 2020년 4월 28일까지 민간택지 분양가상한제를 피하지 못한 서울 정비사업장에서는 5월 이후 분양 공백기가 찾아온다. 분양물량이 급감한다. 강남3구는 분양물량 0으로 향하고 있다. 또 서울 입주물량은 하반기부터 급감한다.

만약 둔촌주공 84타입을 12억 원에 분양한다면 최소 65점 이상은 되어야 당첨이 가능할 것이다. 69점도 떨어질 수 있다는 생각이다. 2023년 7월 입주 시세는 하락장을 맞지 않는 한 22억 원 이상일 것이다. 수도권 무주택자가 기다리는 교산지구 등 3기 신도시는 2023년 이후에나 본격적으로 분양할 것이다. 더욱이 후분양까지 한다면 더 나중이 될 것이다.

5월 이후 당첨되지 못한 서울 무주택자들은 어떤 선택을 해야 할까? 최대 피해자는 당첨된 극소수 무주택자를 제외하고 낙첨된 대다수 무주택자가 될 것이다.

조정대상지역으로
수도권 상승장과 하락장 예측하기

2019.11.14.

2015년 이후 수도권 주택시장 상승장에서 선제 매수로 막대한 자본소득을 올린 사람도, 그냥 현금으로 보유했거나 종잣돈이 없어 상승장에서 소외된 사람도 비판적일 것이다. 문재인 정부의 부동산 정책에 대해서 말이다.

참여정부의 부동산 정책 실패를 반복하지 않겠다는 의지는 좋다. 그러나 의지가 강할수록 어깨에 힘이 들어가고 스텝이 꼬인다. 현 정부는 참여정부의 부동산 정책 실패를 닮아가고 있다.

문재인 정부의 강력한 부동산 정책이 없었다면 지금보다 훨씬 더 많이 서울 집값이 올랐을 거라고 주장하는 사람이 있다. 시장

서울 아파트 마지막 폭등장에 올라타라

에 부작용이 클 것이 뻔한 규제책, 수요 억제책으로 단기간 10% 이상 급락시키면 뭐하나? 3~6개월 지나면 전고점을 넘어서는데 말이다. 단기 급락과 단기 급등을 반복하는 규제책이 과연 정부가 지향해야 할 집값 안정책일까?

역대급 규제책이라는 2018년 9·13대책이 발표된 지 14개월이 지난 2019년 11월 기준 강남3구 등 서울 핵심입지는 9·13대책 이전 전고점 대비 10% 안팎 올랐다. 규제책의 최대 수혜 단지로 꼽히는 개포 래미안블레스티지의 경우 전용면적 84타입이 9·13대책 이전 분양권 입주권일 때 20억 원에서 지난 8월 등기 후 2019년 11월 기준 27억 원을 호가하고 있다.

이번에는 지난 11월 6일 부산 해수동(해운대·수영·동래구)과 고양 일산, 남양주 일부 조정대상지역 해제를 계기로 수도권 주택시장 규제지역의 역사를 통해 상승장이 얼마나 지속될 것인가를 추론해보겠다.

투기과열지구 지정의 역사

과거 2003년 이후 참여정부의 투기과열지구 규제의 역사는 2017년 이후 문재인 정부의 조정대상지역 규제의 역사와 유사한 흐름을 보이고 있다. 먼저 참여정부 시절 전국적으로 확대된 투기과열지구는 김대중 정부의 작품이다. 그걸 적극 활용한 정부가 차기 노무현 참여정부였다.

먼저 2000년대 상승장에서 투기과열지구는 2002년 4월 서울 전역과 일산, 남양주 등이 처음으로 지정되었다. 이어 2003년 10·29대책 이후 부산, 대구 등 지방 광역시까지 확대되었다. 2006년 말에는 수도권과 지방 광역시 전역은 물론 충북, 충남, 경북, 경남 주요 지역까지 투기과열지구로 지정되었다.

하지만 2007년 들어 지방에서 미분양이 급증하자 그해 6월 부산(13개 구), 대구(6개 구), 경남 등 24개 시군구가 투기과열지구에서 해제되었다. 이어 9월에 부산, 대구, 아산 등 14곳이 추가로 해제되었다. 수도권도 2007년 하반기부터 미분양이 급증하자 2008년 11월 수도권 전역이 투기과열지구에서 해제되었다. 마지막으로 강남3구가 2011년 12월 해제되었다.

2010년대 상승장에서 조정대상지역 역시 문재인 정부가 아니라 박근혜 정부가 만들어낸 규제지역이다. 2002년 김대중 정부와 2016년 박근혜 정부는 모두 임기 4~5년차 후반기에 주택시장 상승장을 맞아 규제책을 도입하기 시작했다는 공통점이 있다.

박근혜 정부는 2016년 국지적인 집값 과열을 진정시키기 위해 11·3대책을 발표하고 조정대상지역 제도를 도입했다. 서울 전역과 과천, 성남, 하남, 고양, 남양주, 화성동탄2신도시, 부산 5개 구, 세종이 조정대상지역으로 지정되었다. 이후 2018년 12·28대책까지 광명, 성남, 안양 동안구, 구리, 수원광교, 수원 팔달구, 용인 수지구·기흥구 등 수도권 핵심지역이 조정대상지역으로 지정되었다.

청약, 전매, 대출 등을 규제하는 투기과열지구와 조정대상지역

서울 아파트 마지막 폭등장에 올라타라

의 차이는 크게 2가지다. 하나는 정비사업 조합원지위 양도금지다. 투기과열지구에서 재건축은 조합설립인가부터, 재개발은 관리처분인가부터 조합원지위 양도가 금지된다. 조정대상지역은 현재 정비사업 조합원지위 양도금지 규제가 없다.

또 하나는 대출규제다. LTV가 조정대상지역은 60%, 투기과열지구는 40%다. 지난 10월 이후 조정대상지역인 성남권 위례센트럴자이가 위례에서 상승장을 주도하고 있는 이유이기도 하다.

조정대상지역 바라본 수도권 하락장 타이밍

문재인 정부에서 조정대상지역은 참여정부에서 투기과열지구의 역할을 대신하고 있다고 보면 된다. 2020년 이후 수도권 상승장 후반기에 수도권은 물론 지방에서도 조정대상지역은 지속적으로 확대될 것이다. 집값이 하락하고 미분양이 급증하지 않는 한 말이다. 특히 2020년 4월 총선 이후 전국 동시다발 집값 상승폭이 커지면 조정대상지역이 빠르게 확대될 것이다.

문재인 정부에서 조정대상지역 지정요건의 핵심 포인트는 2가지다. 첫째, 한국부동산원 조사 기준으로 아파트 주간 상승률이 3~4주 연속 0.3% 안팎 지속되는가이다. 둘째, 2개월 평균 아파트 청약 경쟁률이 5대1(국민주택규모 10대1)을 넘는가이다. 하지만 정비사업 규제와 분양가상한제로 문재인 정부가 만들어놓은 로또 분양시장에서 두 번째 청약 경쟁률 요건은 의미가 없다.

따라서 한국부동산원의 주간 상승률이 갈수록 높아진다면 조정대상지역으로 지정될 가능성이 높다. 조정대상지역으로 지정되어도 무주택자는 분양가가 9억 원 이하라면 중도금 전액(분양가의 60%) 대출이 가능해 정부 입장에서는 투기과열지구(중도금대출 40%)보다는 적극적으로 지정할 수 있다.

그러나 위 2가지 요건을 차고 넘치게 갖춘 대전은 2019년 11월 기준 조정대상지역으로 지정되지 않았다. 이처럼 정치적 이해관계에 따라 조정대상지역이 지정되고 해제된다면 누가 정부의 부동산 정책을 신뢰할까? 성남판교 조정대상지역, 하남미사 투기과열지구가 형평에 맞다고 보는가?

지방과 달리 수도권은 일단 조정대상지역으로 지정되면 하락장이 오지 않는 한 해제되기가 어려울 것이다. 이번 김현미 국토부 장관의 지역구인 고양일산 해제는 상당히 이례적이다. 부산 해수동 해제도 마찬가지다. 부산은 2007년 하반기 투기과열지구 해제 시점에 미분양이 1만 가구에 육박했다. 2008년 하반기에는 1만 4천 가구가 넘어섰다. 지금 부산 미분양은 9월 말 기준 4,562가구에 불과하다. 그것도 지난 4월 이후 감소세다.

참여정부의 투기과열지구와 문재인 정부의 조정대상지역으로 바라본 수도권 하락장 타이밍에 대한 추론이다.

- 참여정부 이전 투기과열지구는 2000년대 상승장이 시작되고 2년 후 지정되기 시작되었다.
- 참여정부에서 2006년 12월 서울 등 수도권 전역이 투기과열

지구로 지정되었다. 이후 지역별 단지별로 2008년과 2009년에 전고점을 찍고 하락장이 시작되었다.

- 참여정부 이후 투기과열지구 해제는 미분양이 급증한 이후 1년 지나 단행되었다.

- 참여정부 이후 수도권 투기과열지구 해제(강남3구 제외)는 수도권 미분양 2만 5천 가구가 넘어서는 시점이었다.

- 문재인 정부 이전 조정대상지역 지정 역시 상승장이 시작되고 2년 지나 시작되었다.

- 문재인 정부에서 2019년 9월 말 기준 수도권 미분양은 1만 가구에 못 미친다. 조정대상지역 확대 후 해제시기는 미분양이 2만 가구 안팎은 되어야 본격화될 것이다. 2만 가구가 넘는 시점은 2022년 이후 다음 정부가 될 것이다.

- 문재인 정부에서 미분양이 적은 데다 청약 경쟁률이 치솟고 있어 2020년 이후 수도권 조정대상지역은 빠른 속도로 확대될 것이다. 2021년까지 인천, 부천, 안양 만안구, 수원 영통구·권선구는 물론 시흥, 의왕, 안산, 의정부 등 수도권 전역이 조정대상지역으로 지정될 가능성이 높다.

- 문재인 정부 이후 수도권 전역이 조정대상지역에서 해제되면 2년 안팎 지나 하락장이 올 것이다.

10·1대책 이후 유통물량 급감과 대폭등 가능성

2019.10.3.

부동산시장은 뜨거운데 문재인 정부가 너무 조용하다 싶었더니 8·12대책(민간택지 분양가상한제)에 이어 10·1대책(LTV 규제 확대)이 발표되었다. 규제책 발표 횟수가 잦은 것을 보니 정부가 매우 초조한가 보다. 시장참여자들에게 정부에 맞서지 말라고 경고하고 있다. 하지만 부동산 가치투자자는 정부에 맞서지 않는다. 적극적으로 대응할 뿐이다.

이번에는 2019년 10·1대책 이후 부동산 가치투자자의 대응전략을 정리했다.

먼저 시장 움직임을 보면 9월 셋째 주 이후 서울은 폭등장이다. 신축 중소형에서 신구축 중대형으로 상승세가 확산되고 있다. 압구정은 추석이 지나고 구현대, 신현대 전 평형에서 신고가 행진이 계속되고 있다. 잠실주공5단지도 34평형 20억 원 시대가 다시 왔다. 둔촌주공도 민간택지 분양가상한제와 상관없이 중대형 평형 매물을 중심으로 신고가 러시가 이어지고 있다.

전용면적 84타입 기준으로 동작구 아크로리버하임 한강 조망라인이 최근 18억 9,500만 원에 거래되었다는 소식이다. 비강남 84타입 20억 원 시대가 머지않았다. 성동구 래미안옥수리버젠도 한강 조망 동호수가 15억 원에 거래되어 옥수동 15억 원 시대를 열었다.

마포구 아현동 마포래미안푸르지오도 15억 2,500만 원으로 전고점(15억 원)을 돌파했다. 용산구 이촌동 한가람은 10월 첫째 주에 16억 3천만 원 신고가로 거래되었다고 한다. 직주근접가치가 뛰어난 동마용성은 신축·준신축·구축 가릴 것 없이 초강세다.

인천·경기 전역에서도 거래량이 늘어나고 있다. 지난 6~8월 과천, 광명, 성남분당판교, 위례, 수원에 이어 9월 이후 인천송도, 부천, 안양, 의왕, 시흥, 광주, 안산, 고양일산까지 거래량이 증가하고 있다. 10·1대책으로 분상제 불확실성이 해소되었다. 10월 16일 금리까지 내린다면 거래량을 동반한 폭등장은 수도권 전역으로 확산될 것이다.

잘못된 처방인 10·1대책

"허리가 아프면 무조건 디스크인가?" "집값이 오르면 무조건 투기세력 때문인가?" 예전에 병원에서 잘못된 처방으로 1년 이상 고생한 적이 있다. 그때처럼 이번 10·1대책을 보면 잘못되어도 한참 잘못된 '처방'이라고 생각한다.

6월 이후 서울 등 수도권 아파트시장 거래량 증가가 다주택자 투자수요 때문인가? LTV 규제를 피하려는 법인의 매수세 급증 때문인가? 아니면 전세자금대출로 갭 투자하는 사람들 때문인가?

2017년 8·2대책 전후 상승장은 다주택자 투자수요가 이끌었다. 하지만 9·13대책 이후 상승장은 실수요가 주도하고 있다. 매수자의 90% 안팎이 실수요다. 실수요란 1주택자나 일시적 2주택자로 갈아타는 교체수요를 말한다.

1주택자가 갈아탄다고 무조건 거주하지는 않는다. 자가점유율과 자가보유율이 5%포인트 이상 차이 나는 이유다. 서울은 2018년 기준 자가점유율이 43.4%로 매우 낮다. 자녀의 학교나 맞벌이 부부의 직장 때문에 자기 집이 아닌 다른 지역에 세 들어 사는 경우가 많다. 그런데 1주택자가 거주하지 않는 아파트를 전세 끼고 샀으니 투기수요인가?

거듭 말하지만 지난 6월 이후 서울 상승장을 이끈 핵심 수요는 다주택자 투자수요가 아니라 1주택자 실수요다. 대출규제로 인해 규제지역에서 안전자산이라고 생각되는 아파트로 갈아타고 있는 것이다. 1주택자가 자신이 보유한 자산의 구매력을 잃지 않기 위

서울 아파트 마지막 폭등장에 올라타라

해 미래가치가 높은 아파트로 상향 이동하는 것이다. 낡은 아파트에서 새 아파트로, 중소형에서 중대형으로 이동하는 것은 자연스러운 인간의 욕구다.

정부의 주택정책 목표는 바로 집값 안정이다. 하지만 지난 8·2대책, 9·13대책, 8·12대책, 10·1대책 등 모든 규제책은 결과적으로 집값 불안정책이었다. 대세상승장에서 규제책이 그나마 상승폭을 줄였다는 의견에 동의하지 않는다. 정비사업으로 공급을 늘려야 한다. 수요는 일시적으로 억제될 수 있지만 통제할 수 없다. 시장에서 합법적으로 사고팔 수 있는 유통매물을 갈수록 줄이는 규제책은 시장과의 싸움에서 필패할 수밖에 없다.

지금 거래량을 동반하며 상승장을 주도하는 서울 강남4구와 동마용성, 과천, 광명 등 투기과열지구 내 부동산 중개업소에 가서 매수하는 사람이 누구인지 확인해보라. 개인 매매업자나 법인대출 또는 전세자금대출로 갭 투자하는 사람이 얼마인지 지켜보라.

6월 이후 수도권 상승장의 모멘텀(상승동력)은 99%가 실수요자다. 주택 수에 따라 규제지역에서 주담대를 차단한 데 대한 실수요자의 역습이다.

잘못된 처방의 심각한 부작용

인천·경기도 그렇지만 서울 핵심 지역을 보면 2010년대 전반기(2010~2015년) 입주단지가 매우 적다. 참여정부의 수도권 정비사업 규제책의 후유증이다. 이로 인해 지난 2015년 이후 상승장에서 가장 많이 오른 재고아파트가 바로 입주 6~10년 준신축이었다. 참여정부와 마찬가지로 문재인 정부도 집값 상승의 주범을 재건축으로 보고 있다. 안전진단 강화, 초과이익 환수제, 이주비대출 규제, 조합원지위 양도금지, 임대주택 비율 상향, 관리처분인가 타당성 검증 등 규제책이 쏟아지고 있다.

정비사업 수요 억제책은 결국 공급 축소책이다. 정비사업 규제 수위를 높일수록 사업성과 수익성이 떨어져 사업 속도가 늦어지고 있다. 인허가 실적에 잡히는 사업시행인가 후 착공까지 걸리는 시간이 2015년 전후 3~4년에서 2018년 이후 5~6년으로 늘어났다. 관리처분인가를 받은 곳도 이주비대출을 규제한다, 이주시기를 조절한다, 고분양가 관리지역으로 분양가를 통제한다, 분상제를 적용한다 등 각종 규제가 쏟아지면서 사업 속도를 늦추고 있다.

조합설립인가 전후 정비사업 초기 단지는 말할 것도 없다. 서울에 있는, 안전진단이 통과되지 않고 정비구역으로 지정되지 않는 재건축단지의 경우 정비구역 지정에서 입주까지 15년이 걸릴지, 20년이 걸릴지 알 수 없다. 다음 정부에 하락장을 맞으면 더욱 늦어질 것이다.

2020년 이후 서울 정비사업 분양물량을 보라. 재초환을 피하기 위해 서둘러 관리처분인가 신청을 한 강남 몇 개 단지 외에 비강남에는 정비사업 분양물량이 거의 없다. 갈수록 급감할 것이다.

문재인 정부는 다주택자가 공급하는 전월세물량은 물론 매매물량까지 각종 규제로 막아놓아 유통물량을 고갈시키고 있다. 가장 심각한 부작용이다. 유통물량이 씨가 마르면서 매도자 우위 시장이 장기화하고 있다. 매도호가가 오르고 추격매수로 거래되면 실거래가로 이어지면서 폭등장이 반복되고 있다.

예를 들어 둔촌주공이 2020년 1월 분상제를 피해 분양한다고 치자. 분상제가 적용되지 않더라도 어차피 고분양가 관리지역이기에 분양가 통제로 로또분양이 될 것이다. 그런데 심각한 문제는 총 가구 수 1만 2,032가구 중 4,800여 가구가 일반분양 되자마자 합법적으로 사고팔 수 있는 유통물량이 사라진다는 것이다. 우선 11월 이후 착공을 하면 조합원 입주권은 10년 보유, 5년 거주 1주택자만 매매할 수 있다. 분양권은 전매 금지로 소유권이전등기가 되어야 매매할 수 있다. 따라서 둔촌주공 유통매물은 등기 가능 시점인 2023년 하반기 이후에나 나올 것이다.

둔촌주공뿐만 아니라 고덕그라시움에 이어 입주 예정인 센트럴아이파크, 아르테온, 롯데캐슬베네루체, 자이 등 고덕 입주물량과 래미안리더스원, 서초그랑자이, 래미안라클래시 등 최근 분양한 서울 강남 재건축단지 모두 마찬가지다.

정비사업 분상제는 당정의 꼼수로 2020년 4월 총선 이후로 늦춰졌다. 분상제가 적용되든 안 되든 2019년 4분기 이후 분양 예정인 개포주공1, 4단지, 반포주공1단지(반포디에이치클래스트), 신반포4지구(신반포메이플자이), 반포경남+신반포3차(래미안원베일리), 잠실 미성크로바와 진주, 방배5, 6, 13구역도 착공을 하면 거래 가능한 유통물량이 입주시점까지 사라지게 된다. 여기에 2020년 이후 서울, 광명 등 투기과열지구 재개발구역에서 관리처분인가 후 조합원지위 양도금지로 인해 매물잠김이 본격적으로 시작된다.

더욱이 반포주공1단지, 신반포4지구, 방배6, 13구역 등 분상제가 적용될 정비사업 일반분양분은 입주 후 최대 7년까지(당첨자발표 후 전매제한 기간 5~10년) 팔 수 없게 된다. 거주의무 기간도 최대 5년이라는 '족쇄'를 채울 예정이다.

족쇄를 피하기 위해 서울 60점 이상 청약 고가점자들은 4월 말까지 분양하는 아파트에 올인할 것이다. 지난 8월 이후 분상제 엄포로 수도권은 가점 커트라인이 10점 안팎 올랐다. 분상제를 피하는(등기시점에 마음대로 팔 수 있는) 정비사업 분양단지는 커트라인이 지금보다 최소한 5점 이상 올라갈 것이다.

더 큰 문제는 투기과열지구에 분상제가 적용되더라도 정비사업 중 A급 분양단지는 당분간 반포잠원, 방배, 잠실 외에는 없다는 것이다. 민간택지 분상제가 강남 재건축아파트 후분양을 막기 위한 미봉책임을 방증한다. 동마용성에서는 2021년 이후 분양이 가능한 공덕1구역, 행당7구역 외에는 없다. 나머지 서울 생활권별 A급은 대조1구역뿐이다. 흑석뉴타운 흑석3구역과 수색증산뉴타운 증산2구역, 수색6구역은 분상제에서 제외될 가능성이 높다.

경기 투기과열지구 중 과천은 아예 관리처분인가를 받고 분양 예정인 정비사업이 없다. 이미 분양한 과천위버필드와 과천푸르지오써밋은 조합원지위 양도금지와 분양권 전매 금지로 매물이 잠겨 있다. 광명도 대장주인 철산역롯데캐슬앤SK뷰클래스티지는 매물이 잠겼다. 분상제 대상인 광명14구역, 광명2구역, 광명10구역은 A급이라고 보기 힘들다.

서울 아파트 마지막 폭등장에 올라타라

가치투자자의 대응전략

내가 존경하는 가치투자자 필립 피셔의 말처럼 상승장 후반기에 보수적인 투자란 최소한의 리스크로 보유하고 있는 자산의 구매력을 잘 지키는 것이다.

"파도가 칠 때는 서핑을 하라."는 말이 있다. 물론 태풍이 오거나 삼각파도가 오면 서핑을 해서는 안 될 것이다. 그러나 잔파도라면 서핑에 도전할 가치가 있다. 투자자가 보유 중인 자산의 구매력을 지키고 싶다면 말이다.

10·1대책은 잔파도다. 2017년 8·2대책 효과가 6주 만에 소멸된 적이 있다. 이번 10·1대책은 2주 효과도 힘겨워 보인다. 분상제 시행령 개정안은 사실상 완화책이다. 규제 강화책은 투기과열지구·투기지역에서 개인 매매업자와 법인의 LTV 대출규제만 추가된 것뿐이다.

현재 일반분양을 했든 안 했든, 분상제가 적용되든 안 되든, 서울·인천·경기 등 수도권 핵심입지 정비사업 입주권과 정비사업 재고아파트 신축·준신축은 유통물량 급감으로 초강세가 장기간 지속될 것이다. 다주택자 양도세 중과 일시적 유예로 유통물량이 늘어나지 않는 한 말이다.

또 참여정부 시절 분당 등 1기 신도시처럼 신축과 준신축이 몰려 있는 판교, 위례, 광교, 동탄2 등 2기 신도시도 2030년 전후 3기 신도시의 기반시설이 완비될 때까지 신도시 희소가치와 사용가치가 높아져 강세를 보일 것이다. 참고로 1기 신도시 매매가는 입주 15년째에 정점을 찍었다.

　부동산 가치투자자라면 10·1대책에 적극적으로 대응해야 한다. 1주택자는 환금성에 집중해 지금 바로 갈아타기를 하라. 상향 이동을 하라. 84타입 실거래가가 15억 원 안팎이라면 중대형으로 갈아타라.

　환금성이 높은 아파트를 찾으려면 30~40대 고소득 직장인이 몰리는 곳이 어디인지 체크하라. 직주근접가치가 높아지는 지역의 정비사업 신축·준신축으로 갈아타야 한다. 특히 2020년대 사용 가치가 높아지면 매매가와 전셋값이 장기간 동반 상승할 것이다.

　다주택자는 주택 수를 최대 3주택 이하로 줄이는 게 규제책에 적극적으로 대응하는 것이다. 수도권 외곽 구축처럼 미래가치가 떨어지는 임대사업자 등록 주택은 결단을 내려야 한다. 다주택자에게는 일시적 2주택을 유지하고 추가로 비규제지역 분양권을 매수하는 게 최적의 투자조합이다.

　다만 규제지역에서 주택담보대출을 받을 때 아파트 분양권은 주택 수에 포함되고 주거형 오피스텔(분양권 포함)은 포함되지 않는다. 또 규제지역에서 2년 이내 처분조건부로 대출을 받은 경우 기존주택을 처분하기 전까지는 추가로 전국에서 주택(분양권·입주권 포함)을 구입해서는 안 된다.

입지와 신축 vs. 구축
가격 차이에 대한 고찰

2019.9.19.

2019년 8월 민간택지 분양가상한제에 대한 엄포가 기폭제가 되었지만, 신축 초강세는 상당 기간 대세가 될 것이다. 지난 2007년 12월 이후 관리처분인가 신청을 한 재개발·재건축 등 정비사업에서 2014년 12월 사실상 민간택지 분상제가 폐지된 7년 동안 소득 수준에 상관없이 도심 핵심입지에 '정부미' 아파트만 공급했기 때문이다. 소득은 그 기간에 2배 늘었지만 신축은 정부미 아파트를 강요했기 때문에 시장의 역습을 자초한 것이다.

2015년 이후 분상제가 폐지되고 정비사업에서 분양한 아파트들은 주거의 질에 맞게 업그레이드된 아파트를 공급했다. 4세대 아파트 시대를 연 반포 아크로리버파크(2013년 11월 분양했지만 2007년 11월 이전 관리처분인가 신청을 해서 분상제 제외)가 대표적이다.

하지만 문재인 정부는 2019년 10월 이후 분상제를 소급 적용해서 부활하고 다시 정부미 아파트를 강요할 생각이다. 이로 인해 84타입이 15억 원을 넘는 초고가 시장에서 분양가 자율화 시대(2015~2019년)에 공급된 신축이 2020년대에 '레어 아이템'이 될 것이다. 개포 래미안블레스티지와 디에이치아너힐즈의 단기 폭등이 이를 방증하고 있다.

이번에는 입지가치와 동일 입지에서 신축과 구축의 가격 차이를 분석해보겠다.

환경에 따라 변하는 입지가치

아파트 입지란 움직이지 않는 위치에 자리 잡은 주택을 둘러싼 사회적·경제적·문화적 주거환경을 말한다. 입지가치는 불변이 아니다. 여러 요인에 따라 입지가치는 높아지기도 하고 낮아지기도 한다. 세종 행복도시로 정부청사가 이전해 입지가치가 떨어졌던 과천이 2기 재건축과 과천지식정보타운 기업 입주, 그리고 GTX C 노선으로 다시 입지가치가 높아지는 것처럼 말이다.

좋은 입지란 한마디로 인간이 경제활동을 하기 좋은 주거지다. 대표적으로 직주근접성이 좋은 곳이다. 그리고 직주근접성이 좋으려면 업무밀집지역과 연결되는 전철망 역세권이 가장 중요하다. 따라서 입지가 좋다는 것은 직주근접성이 좋다고 보면 된다. 특히 대기업 또는 고소득 전문직이 몰려 있는 업무밀집지역에 접근성이 좋아야 직주근접가치가 높다.

직주근접성이 갈수록 중요해지는 이유는 2010년대 30~40대 직장인 트렌드와 관련 있다. 출근은 늦어지고 퇴근은 빨라지고 있다. 즉 근무시간은 줄어들고 여가시간은 늘어나면서 통근시간이 짧을수록 직주근접가치가 높다. 사무실이 주변에 많은데 왜 집값이 오르지 않냐고 질문하는데, 그것은 숙련된 인력, 즉 고소득 직장인이 적기 때문이다.

직주근접성+역세권 다음으로 리테일(소매점) 접근성이 최근 입지가치를 높여주는 핵심 요인이다. 소위 슬세권, 스세권이라고 한다. 걸어서 커피를 마시고 식사를 하고 책을 사고 공연이나 영화를 보고 옷 등을 쇼핑하기 좋은 환경을 갖춘 주거지역이 선호도가 높아지고 있다. 리테일 접근성은 여가시간이 늘어나고 소비활동이 활발한 30~40대가 선호하는 도시 어메니티(쾌적성)의 핵심 요소가 되고 있다. 여기에 자녀가 안전하게 다닐 수 있는 학교와 걷기 좋은 환경(Walkability)으로 공원 접근성도 중요해지고 있다.

신축 vs. 구축 가격 차이

아파트값은 땅값에 좌우된다. 그리고 땅값은 앞에서 언급한 입지가치에 따라 크게 달라진다. 수도권 신축 분양가에서 땅값이 차지하는 비중은 50% 이상이다. 지은 지 20년 이상 구축으로 보면 땅값은 집값에서 70% 이상을 차지한다.

강남 재건축단지가 수도권 집값을 선도하는 이유는 정비사업이 비싼 땅값을 더욱더 상승시키는 개발호재이기 때문이다. 또 고소득층 인구밀도가 높고 개발압력이 높아 오피스 빌딩을 비롯해 도로망, 전철망, 역세권, 복합상업시설, 공원, 문화시설 등 각종 개발사업이 집중되면서 땅값 상승폭이 크기 때문이다.

문재인 정부에서도 영동대로 복합개발(강남권광역복합환승센터와 GBC) 및 잠실 마이스(MICE) 복합공간, 수서역세권, 복정역 위례스마트시티, GTX A, C노선(삼성역), 양재R&D캠퍼스(양재도매시장 부지 우선 개발)와 개포디지털혁신파크 등 강남권에 대형 개발호재가 착공했거나 착공 예정이다.

강남 아파트값이 땅값에 크게 좌우된다는 것은 분양가를 보면 쉽게 알 수 있다. 강남3구 분양가에서 땅값이 차지하는 비중은 75%에 달한다. 그리고 최근 4년간(2015~2018년) 부동산 상승장에서 강남 땅값(공시지가)은 50% 이상 올랐다. 땅값이 올랐기 때문에 분양가가 오르는 것이고 집값이 오르는 것이다.

보통 '신축빨(발)'이라고 하는 신축가치는 입주 6~10년 준신축 구간에 정점을 찍는다. 땅값의 가치와 건축물의 가치가 큰 폭으로 상승하는 구간이기 때문이다. 건축물의 거주 만족도를 비롯해 학군, 리테일 접근성, 공원 접근성 등 어메니티가 좋아지면서 입지 가치가 큰 폭으로 높아지는 구간이다.

입주 15년이 지나면 건축물로서 가치는 조금씩 하락하기 시작한다. 그리고 20년이 넘으면 건축물 가치는 본격적으로 떨어진다. 30년이 지나면 낙폭이 커진다. 40년이 지나면 슬럼화되기 시작한다.

재건축이 가능한 단지는 건축연령 25년 전후부터로 집값이 하방경직성을 보인다. 사업 속도에 따라 재상승이 시작되는 구간이다. 반면 재건축이나 리모델링이 어려운 단지는 유지보수비가 늘어나면서 집값이 하락한다. 땅값이 큰 폭으로 상승하지 않는 한 집값의 하락·정체 구간이 시작된다.

한편 지난 2018년 이후 수도권은 질적인 주택시장에 진입했다. 땅값은 비슷하지만 신축 희소가치가 높아지면서 신구축의 가격 차이가 벌어지고 있는 추세다. 예를 들어 강남구 대치동에서 입주 5년차 신축 대장주인 래미안대치팰리스(용적률 258%) 84타입이 28억 원인 데 비해 인근 입주 20년차 구축 대치 삼성(261%)은 19억 원이다. 땅값 차이가 없다고 보면 신축과 구축으로서 건축물 가치의 차이는 9억 원(32%)이라고 볼 수 있다. 또 인근 입주 13년차인 대치아이파크(274%)는 22억 원이니, 입주 20년차인 대치 삼성보다 건축물 가치는 3억 원(13%) 정도 높다고 볼 수 있다.

따라서 강남3구를 기준으로 동일 입지에서 입주 5년 이내 신축과 입주 20년 이상 구축의 가격 차이는 최소 30% 이상으로 벌어진다고 보면 된다. 현재 84타입 매매가를 기준으로는 10억 원 안팎에 달한다. 앞으로 구축과 4세대 신축은 최대 40%까지 벌어질 것으로 예상한다.

입지가치가 높아지면 땅값이 오른다. 정비사업 등 개발사업이 활발하면 땅값이 올라간다. 직주근접성이 좋아져 고소득 직장인이 몰리면 땅값은 상승한다. 도로망, 전철망 등 인프라가 확대되고 다양한 리테일이 들어서면 사용가치(현재가치)가 높아져 땅값이 오른다. 땅값이 오르면 이어 집값이 오른다. 아파트 투자란 땅값이 많이 오를 것으로 기대되는, 즉 입지가치가 높아지는 땅을 매수하는 것이다. 그래서 2015년 이후 맞은 상승장에서 정비사업이 활발하게 이루어지는 곳이 땅값이 많이 오르기 때문에 가장 안전한 투자처다.

분양가상한제는 조합원 땅값을 후려치는 정책인가?

2019.8.15.

국토교통부의 민간택지 분양가상한제 강행에 대한 파열음이 여기 저기에서 나오고 있다. 정부 부처 간, 당정 간 입장 차이가 노출되면서 분상제 시행시기도 유동적이다. 과연 이런 무리수로 정부가 추구하는 집값 안정, 주택시장 정상화에 얼마나 가까워질지 큰 의문이다.

이번에는 민간택지 분양가상한제(분상제)가 도입되면 분양가가 얼마나 낮아지는지를 분석했다. 결론적으로 정부가 정비사업 조합원이 보유한 땅값을 갖고 '장난'을 치지 않는 한 분상제의 분양가 인하 효과는 크지 않을 것이라는 의견이다. 조합에서 마감재 등

건축비를 줄이기 위해 '정부미' 아파트로 대응하면 더욱 그렇다.

강남4구 등 서울은 이미 고분양가 관리지역으로 지정되어 주택도시보증공사(HUG)의 분양가 통제를 받고 있다. 분상제가 시행된다고 강남 아파트 분양가가 이전보다 20~30% 낮아지는 것은 불가능하다. 분양가에서 땅값이 차지하는 비중이 70% 이상 차지하는 강남에서 땅값을 후려치지 않는 한 말이다.

분상제의 인하효과는 어느 정도일까

분상제가 정상적으로 도입될 시 강남 분양가가 어느 수준이 될지 추론하는 데 도움이 되는 비교 사례를 보자.

서울 서초구 서초2동에는 '독수리 5형제'가 있다. 그중 가장 먼저 재건축을 한 단지가 바로 래미안서초에스티지다. 2014년 9월 입주자모집공고를 해 분상제가 적용된 단지다. 전용면적 84타입을 기준으로 비교해보겠다. 래미안서초에스티지 83.6타입은 공급면적이 110.4m²다. 상한가 기준으로 분양가는 10억 8,800만 원이었다. 대지비는 8억 1,300만 원, 건축비는 2억 7,300만 원이다. 대지 지분은 36.8m²으로 평당 땅값은 7,290만 원이었다.

우선 분상제가 적용된 분양가 10억 8,800만 원은 분양 당시 인근 아파트 시세의 100% 수준이라 놀랐다. 서초2동에 비교 대상 신축이 없어 서초4동 래미안서초스위트, 서초롯데클래식과 비교했다. 각각 2009년, 2006년 입주했는데 두 단지 모두 2014년

9월 전후 84타입 실거래가는 9억 8천만 원 수준이었다. 서초4동보다 서초2동이 입지가 더 좋은 것을 감안하면 분상제가 적용되었음에도 인근 10년 이내 신축·준신축 재고아파트 시세 수준으로 분양가를 책정했다고 볼 수 있다.

래미안서초에스티지보다 1년 앞선 2013년 10월에 분상제가 적용된 강남구 대치동 래미안대치팰리스 84B타입은 분양가가 11억 7천만 원이었다. 분양 당시 입주한 지 6년 된 대치아이파크가 실거래가 11억 원을 넘지 못했으니 오히려 인근 아파트값보다 더 비싸게 분양가가 책정되었다.

따라서 문재인 정부가 '꼼수'를 쓰지 않는 한 강남2구 등 고가 분양단지에서 분상제로 인한 분양가 인하효과는 크지 않을 것이다. 더욱이 정부는 지난 2016년 8월 이후 강남 재건축 일반분양가를 타깃으로 HUG의 분양보증심사를 통해 분양가를 통제하고 있어 사실상 분상제를 시행하고 있다.

래미안서초에스티지 분양 후 4년 뒤 서초2동 독수리 5형제 중 하나로 2018년 10월 모집공고를 한 래미안리더스원 분양가를 보자. 분상제가 적용되지 않았지만 HUG의 분양가 통제를 받은 래미안리더스원의 84A타입 분양가는 17억 3천만 원이다. 공급면적은 111.1m², 대지비는 12억 9,700만 원, 건축비는 4억 3,200만 원이다. 대지 지분은 37.1m²으로 평당 땅값은 1억 1,530만 원이다. 래미안리더스원과 비교할 수 있는 5형제 중 하나인 래미안서초에스티지S의 실거래가는 20억 원 이상으로, 리더스원은 인근 아파트값보다 3억 원 정도 낮게 분양했다.

강남 분양가의 관건은 대지비

분상제 이후 강남 분양가 관건은 대지비, 즉 땅값이 될 것이다. 조합은 건축비 중 가산비로 인정받지 못한다면 품질을 낮추는 쪽으로 절감할 수 있다. 하지만 땅값은 조합이나 시공사에서 선택의 여지가 없다. 분양가에서 땅값이 차지하는 비중이 에스티지는 74.7%, 리더스원은 74.9%에 달한다. 더욱이 지난 4년간 부동산 상승장을 맞아 강남구, 서초구 공시지가는 매년 두 자릿수로 폭등했다.

분상제에서 조합이 감정평가를 신청하면 지방자치단체장은 감정평가법인 2곳에 의뢰해 대지비를 책정한다. 그런데 국토부는 이번 분상제 관련 공동주택 분양가 산정 등에 관한 규칙 개정안을 입법 예고하면서 땅값을 후려칠 수 있는 '악법'을 추가했다. 한국부동산원이 감평가액 적정성을 검토해 부적절하다고 판단할 경우 재평가를 하도록 했다. 또 땅값 감정평가를 개별 공시지가가 아닌 표준지 공시지가(부동산원이 감정해 국토부가 책정)에 연동하도록 했다.

입지가 비슷한 3종 일반주거지역인 에스티지 대비 리더스원 땅값(대지 지분 평당 대지비)은 지난 4년간 57.5% 급등했다. 따라서 분양가를 20% 이상 낮추려면 정부가 부동산원을 앞세워 대지비를 후려치지 않는 한 불가능하다.

국토부는 여름휴가 중 이례적인 포워드 가이던스(선제 안내)로 주택법 시행령안을 2019년 8월 12일 오전 11시에 발표했다. 국토부의 초조감은 극에 달하고 있다. 김현미 장관의 초조감인가?

앞으로 주택법 시행령 개정안이 10월 초에 확정될지는 유동적이다. 또 개정안이 시행되더라도 분상제 시행시기 및 적용지역 역시 확실치 않다. 개인적으로 분상제는 시행된다면 2020년 상반기 이후로 본다. 서울 아파트값이 폭등(KB국민은행 기준 서울 아파트 매매가가 2019년 12월 말 기준 전년 동기 대비 10% 이상 상승)한다는 전제로 말이다.

분상제는 서울 집값 등락에 영향을 미치지 못한다

분상제 시행시기 및 적용지역보다 중요한 것은 분상제가 시행되더라도 서울 집값 등락에 아무런 영향을 미치지 못한다는 것이다. 서울 아파트시장에서 연간 평균 매매거래량은 10만 가구 안팎이다. 서울 연간 분양 실적은 2만여 가구로, 이 중 강남2구는 3천 가구 안팎에 불과하다. 정부가 다주택자들이 투기하는 고가 아파트라며 매년 3천 가구 정비사업 일반분양을 막거나 분상제로 싸게 분양한다고 집값이 안정될까?

이마저 입주시점까지 전매 금지로 매물이 잠겨 있다. 앞으로 분상제가 시행되어 최대 10년 전매가 금지된다면 매물잠김은 더욱 심해질 것이다. 따라서 매도물량으로 나올 수 없는 분양물량은 매매시장 수급에서 공급물량으로 볼 수 없다. 주택임대사업자가 임대 등록한 아파트처럼 말이다.

만약 정부가 부동산원을 앞세워 정비사업 땅값을 시세보다 30% 이상 낮게 후려쳐 관리처분계획안 1안(일반분양가 최소안)보다 20% 이상 낮게 분양가를 책정한다면 강력한 시장의 역습을 맞게 될 것이다. 조합에서 이 가격에 일반분양을 하지도 않겠지만 말이다.

최근 동작구 흑석7구역 아크로리버하임 84타입이 18억 9,500만 원에 거래되었다. 전고점보다 2억 원 이상 뛰어넘었다. 성동구 옥수12구역 래미안옥수리버젠도 최근 14억 6,500만 원에 거래되면서 전고점을 돌파했다. 성북구 길음2구역 래미안센터피스도 12억 원에 거래되어 신고가를 기록했다. 강북 신축의 신고가 행진은 무엇을 의미할까?

부동산 정책의 목적은 서울 강남·강북은 물론 전국에서 주택가격 변동폭을 줄이는 것이다. 서울 강남 재건축 집값이 오른다고 매매거래를 차단하고 신축 공급을 축소하는 정책은 가격 변동폭을 극대화하는 반시장 정책이다.

수도권 아파트 전세물량이
갈수록 귀해지는 이유

2019.8.1.

결국 민간택지 분양가상한제를 강행하는가 보다. 8월에 주택법 시행령 개정안을 40일간 입법 예고하고, 이르면 10월부터 시행할 것으로 보인다. 집값 상승을 주도하는 강남3구 등 투기지역이 가장 먼저 분상제가 적용될 가능성이 높아졌다. 1년 미만 단기로 볼 때 분상제는 일반분양을 앞둔 정비사업에는 악재가 될 것이다. 하지만 입주시점까지 4년 이상을 내다본다면 강력한 호재로 작용할 것이다. 2000년대 반포래미안퍼스티지가 걸어온 길을 복기해보라.

이번에는 2019년 5월 이후 서울·인천·경기 등 수도권 아파트 전세물량이 점차 귀해지는 이유에 대해 분석해본다.

수도권에서 아파트 전세물량이 귀해진다는 것은 결국 갈수록 전세공급이 감소한다는 의미다. 아직 전세난 수준은 아니지만 불과 1년 전 언론에서 역전세난에 대비하라고 설레발치던 시절이 생각난다. 서울발 전세 품귀는 광명, 과천, 수원, 성남분당, 안양, 동탄2신도시까지 서남권, 동남권 등 남쪽으로 확산되는 추세다. 물론 아직은 도심 입주 10년 안팎 신축·준신축 중심이다.

전세시장에 대한 기초

2019년 5월 이후 수도권에서 전세물량이 줄어든 것에 대해 정확히 이해하려면 전세시장에 대한 기초를 알아야 한다.

- 전세공급물량은 다주택자가 80%를 담당한다. 다주택자가 주택 수를 늘리면, 즉 전세레버리지 또는 대출레버리지로 투자수요가 늘어나면 전셋값은 안정된다. 반면 다주택자의 투자수요가 줄어들면 전세공급 감소로 전셋값은 상승한다.
- 상승장이든 하락장이든 전셋값은 수도권은 물론 전국에서 상승추세도, 상승폭도 비슷하다.
- 상승장에서 매매가와 전셋값은 대부분 동반 상승한다.
- 상승장에서 수도권 전셋값 상승폭은 매매가 상승폭의 1/2 안팎에 그친다. 2000년대 서울 아파트 누적 상승률이 매매가는

149%에 달했지만 전셋값은 70%를 기록했다.

- 아파트 전세난은 자주 오지만 역전세난은 경제위기와 입주 폭탄이 겹치지 않는 한 거의 오지 않는다.
- 상승장이든 하락장이든 전셋값은 대부분 우상향한다.
- 하락장에서는 집값 상승 기대심리가 떨어지면서 전세수요가 늘어나고 전세공급 감소까지 겹쳐 전셋값 상승폭이 커진다.
- 실수요시장인 전세시장에서 전셋값은 낙폭이 적다. 다만 1997년 외환위기와 같은 경제위기가 오면 서울의 경우 전셋값이 2년 전 대비 20% 이상 하락하기도 했다.
- 상승장이든 하락장이든 입주물량이 전셋값에 미치는 영향은 크다. 입주물량이 늘어나면 전셋값은 하향안정세를 보인다. 입주물량이 줄어들면(최근 3년간 누적 입주물량이 감소하면) 전셋값은 상승폭이 커진다.
- 전세시장은 실수요시장이지만 일시적·국지적으로 가수요가 붙는다. 과천, 고양, 하남의 전세시장이 그렇다. 과천지식정보타운과 3기 신도시 창릉지구, 교산지구, 북위례에서 지역우선공급 1순위로 당첨받기 위한 것이다.
- 정비사업 이주수요로 인한 아파트 전세수요 증가는 재건축의 영향이 크다. 따라서 오는 10월 이후 반포잠원발 재건축 이주수요는 이주비 유동성 장세까지 결합해 전셋값은 물론 매매가에 모멘텀(상승동력)을 만들 것이다. 반면 재개발은 소형 다세대가 많을수록 아파트 전세수요에 미치는 영향이 적다.

수도권에 전세물량이 귀해지는 이유

KB국민은행의 주간 아파트 전세수급지수를 보면 수도권 전세시장은 5월을 터닝 포인트로 전세수요가 늘어나고 전세공급은 감소하고 있다.

지난 5월 13일 이후 수도권 전세시장에서는 공급보다 수요가 많아졌다. 전세수급지수가 100을 돌파했다(전세공급 부족 비중이 높다는 의미). 7월 22일 기준 수도권 전세수급지수는 116.6(서울 131.3, 경기 104.4, 인천 132.0)이다. 전세수급지수가 140을 넘으면 전세난이 시작되었다고 보면 된다.

전용면적 84타입을 기준으로 2019년 1월 5억 원대에서 시작한 송파헬리오시티 전세값은 2019년 7월 기준 9억 원을 호가하고 있다. 지난 3월 시작된 입주장에서 8억 원대로 출발한 개포래미안블레스티지는 7월에 전세 실거래가 10억 원을 기록했다. 이제는 디에이치아너힐즈와 함께 12억 원을 호가하고 있다.

7월 입주가 한창인 래미안명일역솔베뉴는 6억 5천만 원에 실거래되고 7억 원을 향하고 있다. 고덕 입주장을 앞두고 6억 5천만 원을 넘어선 고덕래미안힐스테이트는 전세물량 품귀다. 2018년 11월 입주한 흑석 아크로리버하임은 6억 원대에서 시작되어 현재 8억 5천만 원에 실거래되고 9억 원을 호가하고 있다.

본론으로 들어가 왜 수도권 아파트시장에서 전세물건이 귀해지는 것일까? 특히 서울은 전세난이 머지않았다. 그동안 서울 전셋값 안정에 기여한 동탄2신도시 입주장이 마무리되어서? 2019년

서울 아파트 마지막 폭등장에 올라타라

하반기 수도권 입주물량이 감소해서? 민간택지 분양가상한제로 로또분양에 당첨되기 위해 무주택자의 전세수요가 늘어서? 3기 신도시 발표로 수도권 무주택자 전세수요가 늘어나서?

아니면 금리인하로 전세물량이 줄어들고 반전세 및 월세 물량이 늘어나서? 조정대상지역에서 1주택자 양도세 비과세 요건에 2년 거주요건이 추가되어서? 1주택자가 10년 이상 보유하고 장기보유특별공제 80%를 받으려면 2020년부터 2년 실거주해야 해서?

과연 이게 수도권 전세물량이 귀해지는 핵심 요인일까?

투자수요가 강한 매매수요와 달리 실수요 성격이 강한 전세수요는 단독세대, 결혼세대, 이혼세대의 증가로 장세에 상관없이 꾸준히 늘어난다. 따라서 전세물건이 귀해지는 것은 다주택자의 전세공급이 감소하기 때문이다. 전세공급이 감소하는 근본적인 원인으로 나는 2018년 9·13대책을 꼽는다. 9·13대책으로 정부는 규제지역에서 다주택자의 주택 수 늘리기를 차단했다. 재산세, 종합부동산세 등 보유세 강화도 마찬가지다. 다주택자가 일부는 매도했지만 주택임대사업으로 임대 등록하거나 증여를 함으로써 결과적으로 전세공급은 감소되었다.

다주택자는 2018년 9월 14일 이후 조정대상지역에서 신규 취득 시 양도세가 중과된다. 또 조정지역과 상관없이 종부세 합산 배제 혜택이 사라졌다. 더 이상 수도권 규제지역에서 추가 구입해 임대 등록할 이유가 없다. 또 조정대상지역 양도세 비과세 2년 실거주요건이 추가되면서 입주단지의 전세물량이 갈수록 줄어들고 있다. 여기에 2020년 이후 매도 시 2년 실거주하고 1주택자 장특공제 80%를 받기 위해 집주인 입주율이 높아지고 있다. 특히 재개발·재건축 입주아파트가 그렇다.

갭 투자든 전세레버리지 투자든 9·13대책으로 인해 전세공급의 80%를 담당하는 다주택자의 추가 주택 구입을 차단한 것이 전세물건이 귀해진 결정적 요인으로 본다. 여기에 2019년 하반기이후 수도권 입주물량 감소세도 한몫하고 있다. 동탄2 입주장이 마무리되고 서울 강남구, 송파구는 물론 서북권(마포·서대문구), 동북권(성동·광진·동대문구)은 당분간 입주물량이 거의 없다.

지난 2003~2004년 수도권 전셋값은 안정되었다. 그러나 2005년부터 전셋값이 큰 폭으로 상승하기 시작했다. 2008년까지 4년간 연평균 6% 상승했다. 이때도 다주택자를 타깃으로 한 2005년 8·31대책 영향이 컸다고 본다. 종부세 등 보유세 강화, 다주택자 양도세 중과, 공공택지 중대형 분양가상한제 적용 및 채권 입찰제 시행 등이 발표되었다.

문재인 정부의 수도권 전세수급 방향은 명확하다. 정비사업 멸실주택 이주수요, 분양가상한제 로또분양, 2022년 이후 3기 신도시 분양 등으로 인해 전세수요는 더욱 증가할 것이다. 반면 주택 수를 기준으로 한 다주택자 대출규제 및 보유세 강화를 비롯해 주택임대사업자 감면혜택 축소, 증여 증가, 입주물량 감소, 고분양가 관리지역 및 분양가상한제에 따른 정비사업 분양물량 감소, 양도세 비과세 및 장특공제 실거주요건, 금리인하로 인한 반전세 증가 등으로 전세공급은 갈수록 감소할 것이다.

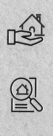

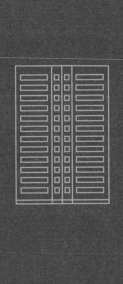

PART 4

폭등장에서도 흔들리지 않는
투자 인사이트

2020년 서울권 투기과열지구 집값이 20% 이상 폭등한 이유

2020.12.3.

한국건설산업연구원의 2021년 주택 경기전망 자료를 보면 2021년 서울 등 수도권 집값 매매가가 0.5% 하락한다고 예측했다. 그런데 그 근거가 참 요상하다. 입주 가능 물건이 적어(실입주할 수 있는 유통물량이 적어) 매수세가 둔화되기 때문이라고 한다. 사고 싶은 아파트 유통물량이 적으면 가격이 오르는 게 시장의 철칙이다. 시장참여자들은 전세 낀 매물보다 입주물을 선호해 입주물 매매가가 10% 비싼 게 현재 시장 상황이다.

이번에는 2020년 수도권 아파트시장을 분석했다. 2020년 수도권 주택시장 키포인트는 서울, 과천, 광명 등 서울권 투기과열지구 아파트값이 평균 20% 이상 올랐다는 것이다. 실거래가 기준으로 말이다. 이건 팩트다.

개인적으로 아파트값이 연평균 10% 이상 오르면 상승장, 20% 이상 오르면 폭등장으로 본다. 반대로 연평균 10% 이상 하락하면 하락장, 20% 이상 떨어지면 폭락장으로 본다. 따라서 2020년은 서울권 투기과열지구뿐만 아니라 수도권과 지방 대도시 곳곳이 폭등장이었다.

시가 15억 원을 넘는 초고가 아파트보다 금관구(금천·관악·구로구) 또는 노도강(노원·도봉·강북구)으로 대표되는 서울 외곽 9억 원 안팎 중저가 아파트가 상승폭이 더 컸다. 2019년 12·16대책 이후 가격대별로 대출규제 수위가 달라 중저가 시장이 몰린 서울 외곽에서 상승폭이 컸다. 그래서 서울 강남과 강북의 갭이 줄어드는 갭메우기가 거의 1년 내내 지속되었다.

갭메우기는 투기과열지구 시가 15억 원 초과 LTV 0%라는 사상 초유의 대출규제 영향이 가장 컸다. 상방경직성이라고 해야 하나? 여기에 지난 6월 23일 11년 만에 지정된 강남 삼청대잠(삼성·청담·대치·잠실동) 토지거래허가구역 영향도 한몫했다. 역삼동, 도곡동, 신천동 아파트는 풍선효과로 급등해 삼청대잠과 갭이 크게 줄어들었다. 지난 10월 도곡렉슬 84타입 실거래가 28억 8천만 원이 이를 입증하고 있다.

본론으로 들어가 그럼 최고 수위의 규제가 적용되고 있는 서울권 투기과열지구 아파트값은 왜 연평균 20% 이상 폭등했을까? 왜 6월 이후 V자 반등을 했을까? 역대급 규제책에도 서울권 투기과열지구 아파트값이 평균 20% 이상 상승하는 데는 문재인 정부의 유통물량 감소책이 가장 컸다. 아파트 수급 밸런스가 완전히 무너지고 수요초과 공급부족이 가속화하고 있기 때문이다.

예를 들어보자. 청약 고가점자가 오매불망 기다리는 둔촌주공의 경우 2019년 12월 3일 착공했다. 사업시행인가 후 3년 이내 착공하지 못해 한시적으로 열렸던 조합원 매매시장이 닫히는 순간이다. 구축 5,930가구 중 시장에 나온 온라인 매물은 100개가 넘지만 이 중 진성매물은 10개 안팎이다.

2023년 하반기 입주하고 이전 고시 후 등기가 나야 조합원 및 수분양자(일반분양 당첨자) 매매시장이 열린다. 투기과열지구 재건축 조합원지위 양도금지로 인해 최소한 4년간 매매시장이 닫히게 된 것이다. 한마디로 잠재적 유통물량 5,900가구 이상이 매매시장에서 사라진 것이다.

최근 조합설립인가를 받은 신반포2차(1,572가구)나 개포주공5단지(940가구)도 앞으로 최소 5년간 매매시장이 닫힐 것이다. 10년 이상 장기보유한 1주택자가 팔 수 있는 유통매물만 한두 개 남았을 뿐이다. 재건축아파트 및 신축 입주권 매수자는 많은데 유통매물이 사라지니 만성적인 매도자 우위 시장이다.

2021년에는 재개발시장에서도 입주권 유통물량이 크게 줄어든다. 이미 소급 적용되어 매매가 금지된 곳도 있다. 안양 비산초교재개발, 성남 산성구역, 구리 수택E구역 등이 대표적이다. 한남3구역, 성수1지구, 신당8구역, 노량진3구역, 흑석11구역, 광명11, 12구역 등이 2021년 이후 관리처분인가를 받으면 소유권이전등기까지 입주권 매매가 금지된다. 매매 금지 기간이 최소 5년 이상이다.

분양시장에서 유통물량 감소책은 최대 10년 분양권 전매 금지가 대표적이다. 또 입주시점에 전월세 물량 감소책인 최대 5년의 거주의무 기간, 분양가상한제 적용 주택 중도금대출 시 전입 의무 및 전세 주기 금지 등이 있다.

입주물량도 줄어드는데 사고팔 수 있는 매매물량은 물론 전월세물량이 급감하고 있다. 이런 상황에서도 집값이 안정되려면 구매력 있는 유효 수요자들이 아파트를 사지 않으면 된다. 줄어든 유통물량만큼 수요량이 줄어들면 된다.

하지만 공포와 탐욕을 오가는 시장참여자들은 정반대로 행동한다. 유통물량이 시장에 쌓이면 집을 사라고 해도 사지 않는다. 반면 유통물량이 급감하면 집을 사지 말라고 각종 규제책을 시행해도 영끌해서 사려고 한다. 1채 있는 사람은 1채 더 사려고 하고, 2채 있는 사람은 3채로 늘리려고 한다.

2019년 하반기부터 매도자 우위 시장이 수도권에서 지방까지 확산되었다. 2017년 8·2대책 이후 2020년 7·10대책까지 다주택자가 추가로 주택을 구입하지 못하게 하면서 주택 인허가가 크게 줄어들었기 때문이다. 물론 주택 인허가가 줄어든 데는 박근혜 정부에서 2017년까지 대규모 공공택지 건설을 중단한다고 발표한 2014년 9·1대책 영향도 컸다.

여기에 2017년 5월 출범한 문재인 정부의 다주택자를 타깃으로 한 규제책이 큰 몫을 했다. 84타입 기준으로 시가 15억 원 넘는 초고가 주택은 대부분 정비사업 구축과 신축에 있는데 공급을 막고 있다. 도심에 비싼 신축을 못 짓게 하면 집값이 안정된다는 논리는 도대체 어디서 나왔을까?

연도별 민간 주택 인허가 실적을 보면 2015년 68만 9천 가구를 정점으로 지속적으로 감소세다. 4년이 지난 2019년에는 39만 4천 가구까지 줄어들었으며 2020년은 37만 5천 가구를 기록했다. 누적된 수도권 지방 동반 인허가 실적 감소세가 2019년 하반기부터 전국 집값 동반 상승장을 초래했다.

지난 7월 31일 거대 여당은 입주물량 등 유통물량 공급부족이 심각해지는 타이밍에 무리수를 던졌다. 전월세상한제, 계약갱신청구권 등 임대차2법을 강행했다. 지금 문재인 정부에서는 수도권에 문민정부의 1기 신도시, MB정부의 2기 신도시나 강남 저밀도지구 재건축단지처럼 대규모 입주물량이 없다.

8월부터 전국 대도시는 동시다발로 전셋값이 폭등했다. 오른 전셋값만큼 늘어난 유동성을 확보한(주머닛돈이 늘어난) 다주택자는 자금 규모에 따라 지방 비규제지역 또는 강남, 서울로 자본을 투입했다.

M1 통화량(주머닛돈, 단기유동자금)은 수도권 상승장이 시작된 2015년 536조 원에서 2020년 1,197조 원으로 2배 이상 늘어났다. 그런데 2021년 수도권 집값이 0.5% 내리고 전셋값만 5% 오른다고? 매매가가 내리고 전셋값이 오르는 시장은 하락장에서나 가능하다. 지난 2010~2012년 수도권처럼 말이다.

종부세 폭탄은 왜
전셋값·매매가를 상승시키나?

2020.11.26.

2020년 12월은 시장참여자들의 매도심리가 중요한 달이다. 양도세는 누진과세라 다주택자는 1년에 한 채씩 팔아야 하니 12월 말까지 매도 여부를 결정해야 한다. 또 2021년 종부세 폭탄의 시그널인 2020년 종부세액이 늘어나 12월에 세금을 납부해야 하는 다주택자의 심리가 위축되고 있다.

여기에 2년 거주하고 10년 이상 장기보유한 1주택자(일시적 2주택자 포함)는 12월 말까지 매도해야 장기보유특별공제율이 80%다. 2021년 1월 이후 매도할 경우 같은 조건에서 장특공제율이 48%로 크게 줄어든다.

11월 둘째 주 이후 압구정발 거래량 폭발이 강남3구 전역으로 확산되고 있다. 반포잠원을 비롯해 서초, 방배, 도곡, 역삼, 삼성 청담, 개포 등도 거래량이 늘어나고 있다. 또 매매가와 전셋값 갭이 줄어들면서 전세가율(매매가 대비 전셋값 비율)이 70%를 넘어서는 9억 원 이하 저가 시장과 9억 원 초과~15억 원 이하 중가 시장이 활활 타오르고 있다. 특히 중가 시장의 대표격인 분당에서는 과천지식정보타운 낙첨자 등 실수요자와 투자수요자가 말소된 주택임대사업자 매물 또는 법인매물 매수에 나서면서 거래량이 폭발하고 있다. 중대형 중심으로 신고가 행진이다.

이번에는 종부세 등 보유세 강화가 왜 전셋값 매매가를 상승시키는지 분석했다.

종부세 폭탄의 역기능

종부세 폭탄으로 다주택자가 주택 수를 줄이고 추가 주택을 구입하지 않는다면 전셋값은 상승할 것이다. 이미 폭등하고 있다. 모든 세대에서 아파트를 구입할 여력은 없는데 전세공급물량이 감소하면 서민의 주거비 부담이 늘어나고 주거의 질은 악화될 것이다. 서울 도심에서 서울 외곽으로, 서울에서 경기로, 아파트에서 빌라로, 빌라 신축에서 구축으로, 방 3개에서 방 2개로 이사 가야 하는 전세난민이 속출할 것이다.

종부세 폭탄으로 가처분소득이 줄어든다. 가처분소득이 줄어들면 소비가 위축되어 내수 등 경기침체로 이어진다. 종부세 폭탄에 양도세 폭탄까지 가해지면서 매매거래가 위축된다. 거래가 위축되면 새 아파트 공급 감소로 이어진다. 공급 감소는 주택 재고 감소로 이어져 집값이 오르게 된다.

종부세 폭탄을 맞은 유주택자의 조세저항도 대표적인 부작용이다. 당장 연중 극성수기인 2021년 1~2월 전세시장에서 전세물량은 씨가 마를 것이다. 아파트 단지 1천 가구 중 전세물량이 1가구인 전세물량 0.1% 시대가 오고 있다.

고가주택을 보유 중인 다주택자들은 매매가·전셋값이 동반 상승 중이니 매도보다는 보유를 선택할 것이다. 종부세에 대비한 현금으로 전세금을 돌려주고 반전세 또는 월세를 선택할 것이다. 아니면 증여 취득세 폭탄(조정대상지역에서 다주택자가 공시가격, 즉 증여가액 3억 원 이상을 증여한 경우 증여 취득세는 공시가격의 12%)에도 증여를 선택할 것이다. 증여를 하면 5년간 매물이 잠긴다.

과거 참여정부에서 강남 집값을 잡기 위해 2003년 10·29대책을 통해 종부세 도입을 밝혔다. 그리고 2005년 12월에 처음으로 종부세가 부과되었다. 그러나 2005년에도 집값이 폭등하자 그해 8·31대책을 통해 더욱 강화된 종부세안을 발표했다.

과세기준을 공시가격 9억 원 초과에서 6억 원 초과로 낮추고 인별 과세를 세대별 합산과세로 강화했다. 이에 따라 종부세 과세대상은 2005년 7만 명에서 2006년 34만 1천 명으로 5배 이상 급증했다. 2007년에도 50만 5천 명으로 증가했다. 공시가격을 대폭 올린 2020년 종부세 대상은 59만 5천 명으로 역대급이다.

2008년 2월 출범한 MB정부는 2개월 뒤 총선에서 여당이 과반수를 차지하자 종부세가 징벌적 세금이라며 종부세율을 대폭 완화했다. 그해 9·23대책을 통해 2008년 종부세 납부분부터 과세기준을 9억 원으로 높이고 위헌 판정을 받은 세대별 합산과세가 폐지되고 인별 과세로 완화되었다.

또 종부세 최고세율이 3%에서 1%로 대폭 낮아졌다. 공정시장가액비율(과세표준을 정할 때 적용하는 공시가격 비율)도 매년 10%포인트씩 높아지다 80%로 고정되었고 세 부담 상한선도 300%에서 150%로 낮아졌다.

여기서 우리가 알 수 있는 것은 종부세 강화는 지속적이지 않다는 것이다. 집값이 최대 변수지만 집을 갖고 있다는 이유만으로 부과되는 누진세율의 종부세는 지속되어선 안 될 '악법'이다.

참여정부 시절 2005~2007년 종부세 중과는 문재인 정부의 2020~2022년과 유사하다. 거대 여당인 더불어민주당 시대가 최소한 2023년까지 유지된다. 하지만 2024년 4월 총선을 앞두고 종부세율 완화가 논의될 것이다. 따라서 최소한 2023년까지 급증하는 종부세 폭탄에 대비해야 한다.

종부세 폭탄은 왜 전셋값 매매가 상승으로 이어질까?

종부세 도입을 언급한 2003년부터 종부세가 도입된 2005년을 거쳐 종부세액이 급증한 2007년까지는 강남(2005~2006년)과 강북

(2007년)의 집값이 번갈아 폭등했던 시기였다.

대치동 은마 31평형의 경우 종부세 부담이 크게 늘어난 2006년 한 해에 7억 5천만 원에서 11억 원으로 올랐으니 1년간 46.6% 폭등했다. 강남이 조정장세를 보인 2007년에는 노도강(노원·도봉·강북구)으로 대표되는 강북권 집값이 대출규제 풍선효과와 적은 종부세 부담으로 투자수요가 몰리면서 폭등했다.

문재인 정부의 부동산 정책은 참여정부의 시즌2로 가고 있다. 정교한 규제로 집값을 잡겠다는 조바심이 집값을 안정시키기는커녕 갈수록 매매가 변동폭을 키우고 있다. 한마디로 집값 불안정책이다.

문재인 정부에서 지난 4년간 쏟아진 규제책이 집값 안정에 효과가 없다는 게 입증되었다. 학습효과로 인해 규제책의 '약효'는 갈수록 떨어지고 있다. 7·10대책 이후 4개월 만에 전국 매매·전세 동반 상승이 이를 입증하고 있다. 수급 밸런스가 완전히 무너져 매매가와 전셋값이 상승하면서 무주택자의 추격매수가 거세지고 있다.

종부세 폭탄의 역기능에 대한 결론으로 서강대 경제학과 김경환 교수의 2004년 논문 「종합부동산세 도입과 부동산 세제개편」을 인용한다.

"많은 일반인들과 일부 전문가들이 보유 과세 강화가 주거수준에 미칠 부정적인 영향을 제대로 고려하지 않는 것은 이 정책이 신규주택 공급의 감소를 가져온다는 사실을 간과하기 때문으로 보인다.

어느 도시에 100가구가 살고 있으며 주택이 100채 있다고 하자. 그런데 50가구가 2채씩을 보유하고 있으며 나머지 50가구는 세입자라고 하자. 즉 주택보급률은 100%인데 자가보유율은 50%라는 가정이다. 이 경우 1가구 2주택 보유에 대해 무거운 보유세를 부과하면 어떻게 될까?

세금부담이 과중하여 이들이 세놓고 있는 주택을 처분한다면 단기적으로 매매가격이 하락하여 적어도 일부 세입자들이 집을 살 수 있게 될 것이다. 따라서 1가구 다주택에 대한 보유 과세 강화는 주택가격 하락과 자가보유율 제고에 기여할 수 있다.

문제는 주택공급이 장기적으로 탄력적이기 때문에 이러한 제로섬 가정이 성립하지 않는다는 데 있다. 즉 단기적으로 매매가격이 하락하면 신규주택사업의 채산성이 떨어져 신규 공급이 감소하고 이에 따라 주택 스톡의 증가폭이 둔화되어 임대료가 상승할 것이다.

1가구 다주택 보유 가구들이 처분한 주택을 싼값에 산 세입자들은 이 정책의 분명한 수혜자이지만 그 이후 결혼하여 가정을 형성하는 젊은 가구 등 임대수요자들은 임대주택 부족과 임대료 상승을 경험하게 될 것이다.

뿐만 아니라 주택보유 과세 인상에 따른 주택가격 하락 현상은 단발이다. 즉 주택보유 과세가 인상되면 그 시점에서 주택보유자들의 세금부담은 늘지만 장래 세금부담의 현재가치만큼 매매가격이 하락한다. 이를 자본환원(Negative capitalization)이라고 한다.

결국 앞으로 주택을 구입하는 사람들은 낮은 가격에 집을 사서 거주하는 동안 매년 보유 과세를 더 내면 된다. 즉 주택매입가격과 세금부담의 합은 변하지 않는 것이다."

쉽게 풀이하면 종부세 부담이 늘어나면 주택 재고(주택 스톡)가 감소해 전셋값과 매매가가 모두 우상향한다는 것이다. 지금처럼 도심 정비사업 공급 규제책이 유지되는 한 종부세 부담이 늘어나도 투자수요가 줄어들지 않는다는 것이다.

또 늘어난 종부세 등 보유세는 매매가와 전셋값에 반영될 것이다. 취득세 중과도 마찬가지다. 그럼에도 고가주택을 보유 중인 다주택자는 최소한 2023년까지는 급증하는 종부세에 적극적으로 대응해야 한다. 다주택자가 단독 소유한 합산 시세가 50억 원이면 2021년에는 종부세액이 1억 원 이상이다.

주택시장이 과열되어도 침체되어도, 가장 큰 피해자는 서민(특히 44%의 무주택자)이다. 집값 반등에 정부가 과잉 대응해 고강도 규제책을 쏟아내면 심각한 부작용이 발생한다. 종부세 폭탄 등 규제책의 부작용은 다음 정부에서 더욱 크게 나타날 것이다. 이제 부작용이 무엇인지를 생각해보고 적극적으로 대응해야 한다.

유통매물이 줄어들면
풍선효과는 계속된다

2020.2.27.

문재인 정부는 19번째 부동산 대책인 2·20대책을 발표했다. 부불대(부동산시장 불법행위 대응반)를 만들어 불법행위를 단속하기 시작했다. 주택시장을 교란시키는 대표적인 창구로 부동산 스타 강사(?)가 주도하는 카톡방을 지목했다. 개인적으로 2024년 이후 하락장 리스크를 생각하면 실시간으로 투자 단지를 찍어주는 카톡방은 사라져야 한다고 생각한다.

이번에는 문재인 정부의 지속적인 유통매물 감소책이 주택시장에 어떤 영향을 미치는지를 정리했다.

서울 아파트 마지막 폭등장에 올라타라

유통매물을 줄이는 정책

공급에 장사가 없다고 하나? 유통매물이 지속적으로 늘어나면 집값은 하향안정된다. 하지만 유통매물이 갈수록 줄어들면 집값은 오르게 마련이다. 규제책은 일시적인 조정장세만 가져올 뿐이다.

미국이 주택시장 상승장에서 지향하는 정책은 바로 공급 확대다. 신규주택을 지속적으로 늘리는 것이다. 그리고 구매력이 떨어지는 서민들을 위해 LTV 80% 이상 대출을 받아 내 집 마련을 하도록 권장한다. 미국은 집값이 큰 폭으로 오른다고 규제책을 발표하지 않는다. 금리정책으로 집값 버블 리스크를 조절할 뿐이다.

하지만 한국은 미국과 정반대의 길을 가고 있다. 문재인 정부는 2017년 이후 수도권 집값이 상승하는 것은 투기수요 때문이라고 단정해버렸다. 그리고 정부는 2017년 5월 수준으로 집값을 원상복구하기 위해 규제지역(조정대상지역·투기과열지구·투기지역)을 확대하면서 투기수요를 차단하는 데 온 힘을 쏟고 있다. 각종 규제책으로 수요를 차단하고 기대수익률을 낮추려고 노력한다.

하지만 결과적으로 희소가치에다 지위재이자 슈퍼스타 아파트라는 타이틀까지 안겨주고 있다. '레어 아이템'을 만들어주고 있다. 개포주공3단지를 재건축한 디에이치아너힐즈 84타입이 2020년 2월에 30억 원이 될 줄 누가 예측할 수 있었을까? 서울시장까지 가세한 재건축 규제책은 중층 재건축의 더딘 사업 속도로 디에이치아너힐즈를 2020년대에 40억 원짜리 아파트로 만들어놓을 것이다.

규제 수위가 높아질수록 수도권 주택시장에 유통매물이 줄어들고 있다. 유통매물 감소는 서울, 과천, 세종을 투기과열지구로 지정한 2017년 8·2대책 이후 본격화되었다. 비규제지역보다는 조정대상지역이, 조정대상지역보다는 투기과열지구에서 유통매물난이 심각하다.

유통매물 감소요인으로는 가장 먼저 주택임대사업자가 등록한 4년 또는 8년 장단기 임대주택을 많이 꼽는다. 2019년 12월 말 기준 서울 장단기 임대주택은 38만여 가구로 추정된다. 서울 주택 수가 289만 가구이니 전체 물량의 13%가 최소한 2022년까지 잠긴 매물이다.

여기에 수도권 집값을 이끄는 재건축단지가 투기과열지구 조합원지위 양도금지로 매물이 잠겨 있다. 2019년 12월 착공하면서 1만 2천 가구에 달하는 잠재 매물이 잠겨버린 둔촌주공이 대표적이다. 조합원 수분양자 모두 소유권이전등기 후 매매할 수 있으니 2020년부터 2024년 상반기까지 매물이 잠긴다.

투기과열지구에서 관리처분인가 후 매물이 잠기는 재개발과 달리 재건축은 조합설립인가 시점부터 매매가 금지된다. 서울 재건축단지는 7만 가구 이상의 매물이 잠겨 있다. 송파구를 중심으로 중층 재건축단지의 조합설립인가가 늘어나고 있다.

지난 2018년 1월 24일까지 최초 사업시행인가를 신청하지 못한 재개발구역 중에서 2020년 하반기부터 관리처분인가를 받는 곳이 나온다. 관리처분인가 후 조합원지위 양도가 금지되어 이제 서울, 광명 등 투기과열지구 내 재개발 입주권도 추가로 매물이 잠긴다.

2017년 8·2대책 이후 조정대상지역 다주택자 양도세 중과로 서울을 중심으로 매도 대신 5년간 매물이 잠기는 증여를 선택하는 사례가 크게 늘어났다. 2017~2019년 서울 주택 증여 건수는 총 6만 1천여 건에 달한다. 2016년 대비 2018년 서울 증여 건수는 84%가 늘어난 2만 4천여 건에 달했다. 60% 이상이 아파트다. 2019년에는 자금출처조사가 강화되면서 증여 건수가 2만여 건으로 전년보다 4천 건 줄어들었다. 하지만 종부세 폭탄으로 2020년 11월 기준 3만 1천여 건으로 급증했다.

또 조정대상지역은 분양권 전매제한에다 양도세 비과세 실거주 요건으로 유통매물이 감소하고 있다. 2·20대책 이후 수도권 조정대상지역은 모두 소유권이전등기까지 전매가 금지된다. 분양권이 입주해도 매매할 수 없게 된다. 서울 등 분양권은 대부분 정비사업인데 등기가 늦다. 아무리 빨라도 입주 시작일 이후 6개월 이상 걸린다. 늦으면 2년 이상 걸린다.

소유권이전등기가 늦어지면 투기과열지구의 경우 당첨자 발표일로부터 5년이 지나면 매매할 수 있다. 입주 후 2년 이상 지나야 가능하다. 조정대상지역은 당첨자 발표 후 3년이 지나면 되니 입주 후 몇 개월 지나면 매매가 가능하다.

최근에 분양하는 분양가상한제 대상 공공택지 전매제한은 심각한 수준이다. 북위례나 과천지식정보타운은 최대 10년간 전매 금지에다 최대 5년 거주요건을 갖춰야 합법적으로 매매할 수 있다.

유통매물 감소와 풍선효과

유통매물이 감소하는 근본적인 원인은 조정대상지역 양도세 중과와 규제지역 대출규제다. 2018년 9·13대책에 따라 전국 주택 수를 기준으로 규제지역 내 추가 대출을 차단했기 때문이다. 지방 기준시가 3억 원 이하 저가주택을 제외하고는 1주택자가 규제지역에서 대출을 받으려면 기존주택 처분조건부만 가능하다. 다주택자는 대출 금지다.

9·13대책 이전 대출을 받아 투자하고 9·13대책 이후, 12·16대책 이후, 2·20대책 이후 갈수록 대출규제 수위가 높아졌다. 지금 투기과열지구 내 시가 15억 원 초과 아파트로 갈아타려면 주담대 금지로 100% 현금이 있어야 한다. 투기과열지구 15억 원 이하도 LTV가 9억 원 이하분은 40%, 9억 원 초과분은 20%로 줄어들었다. 또 2·20대책으로 조정대상지역 LTV도 9억 원 이하분은 50%, 9억 원 초과분은 30%로 줄었다.

집단대출인 이주비대출은 9·13대책 이전에는 다주택자도 규제지역에서 자유롭게 받았다. 하지만 9·13대책 이후 규제지역에서는 주담대와 마찬가지로 이주비대출과 분양권 중도금대출도 1주택자부터 대출규제가 적용된다. 따라서 갈수록 유통매물은 사라지고 있다. 그런데 유동성은 넘쳐난다. 유통매물이 늘어나지 않는 한 비규제지역 풍선효과는 갈수록 커질 것이다.

비규제지역은 다주택자도 대출 세팅에 스트레스가 거의 없다. 다주택자도 입주권 이주비대출(승계)이 자유롭고 분양권 중도금대출도 세대당 최대 2건까지 승계받을 수 있다. 또 양도세 중과가 적용되지 않아 전세 끼고 신축·준신축을 매수할 수 있다.

다주택자는 물론 1주택자도 거주하던 아파트를 전세 놓고 전세금을 레버리지 삼아 비규제지역 또는 조정대상지역에 투자하고 있다. 또 2019년 9월 이후 거래량이 폭발하는 비규제지역 아파트를 매도한 사람들 역시 풍선효과를 기대하고 또 다른 비규제지역 아파트에 투자하고 있다.

조정대상지역이 확대될수록 다주택자의 추가 구입을 차단해 전세물량은 갈수록 줄어든다. 2019년 하반기부터 서울 등 수도권 입주물량도 줄어들면서 전셋값이 상승하고 있다. 2020년 상반기까지 서울은 입주물량 과공급 구간(전셋값이 떨어져야 하는 구간인데 전셋값이 떨어지지 않는)을 지나가고 있다.

1주택자의 전세자금대출 규제로 세입자들은 재계약을 선호하고 있다. 2020년 하반기 이후 수도권 전셋값 상승폭이 커질 것이다. 다주택자는 2019년 이후 매년 늘어나는 종합부동산세에 대비해 재계약 시점에 전셋집을 월세나 반전세로 돌리고 있다.

전세수요는 실수요다. 규제책으로 전세수요가 줄어들지 않는다. 결혼, 학교, 직장 등 가족 구성원 사정에 따라 전세 이주수요는 지속적으로 발생한다. 참고로 서울은 100가구 중 57가구가 집이 있든 없든 전월세로 살고 있다. 강남구는 3가구 중 2가구는 세입자가 살고 있다.

정부는 GDP(국내총생산) 성장률에 직결되는 건설 투자를 늘리기 위해 풍선효과에도 전국을 규제지역으로 지정하는 데 소극적이다. 아파트 매매가 주간 상승률이 상습적으로 1%를 넘어선 대전이 아직도 비규제지역으로 남아 있는 이유다. 대전이 조정대상지역이 되면 풍선효과로 지방 대도시 전역을 조정대상지역으로 묶어야 할 것이다. (이후 대전은 2020년 6·17대책으로 조정대상지역, 투기과열지구로 지정되었다.)

시장을 이기는 정책은 없다. 신축 공급을 늘려야 한다. 다주택자 조정대상지역 양도세 중과에 대해서는 2년 이상 보유한 경우 1년 이상 유예해 하루빨리 유통물량을 늘려야 한다. 그렇지 않을 경우 풍선효과로 수도권은 물론 지방 대도시 전역을 조정대상지역으로 지정해야 할 것이다.

부산이 2017년 조정대상지역으로 지정된 후 2년간 조정장세가 지속되었다. 전국 조정대상지역 확대는 주택 건설 투자 감소에 따른 GDP 성장률 감소, 내수침체를 감수해야 할 것이다.

수도권 10억 클럽 급증은 '대출(貸出)발'이다?

2020.2.6.

2019년 12·16대책 이후 시가 15억 원 초과 고가 아파트 조정장세가 계속되고 있다. 1월에 코로나19 리스크까지 발생했다. 특히 20억 원 초과 강남3구 아파트시장은 12·16대책 이전보다 신축·준신축은 1억 원 안팎, 압구정 현대, 잠실주공5단지, 대치 은마 등 초기 재건축단지는 2억 원 안팎 하락했다. 간헐적인 급매 거래 외에는 거래 침체가 이어지고 있다.

반면 수도권 9억 원 이하 중저가 시장은 코로나19의 공포감마저 잠재우고 있다. 1월 이후에도 매수세가 유지되면서 여전히 매물난에 매도자 우위 시장이 지속되고 있다. 수도권 재고아파트 신구축 상승세는 분당, 수원에서 시작되어 구성남을 거쳐 용인, 화성 등 경기 동남권으로 확산되고 있다.

아파트 실거래가 조회 서비스 시세미(sise.me)에 따르면 2020년 2월 5일 기준 2020년 1~2월 계약된 수원 영통구 아파트 거래량은 971건이다. 이 중 251건이 신고가를 기록해 신고가율이 25.8%에 달하고 있다. 즉 4건 중 1건이 신고가다.

이번에는 수도권(서울, 과천, 판교 제외)에서는 전용면적 84타입을 기준으로 10억 원을 돌파하는 신축을 소개한다. 이어 수도권에서 10억 원 클럽에 가입하는 아파트가 급증하는 이유를 들여다보겠다.

10억 원 돌파했거나 임박한 수도권 신축

서울을 제외한 수도권에서 84타입 10억 원 돌파는 수도권 2기 신도시 중 남위례와 광교가 주도하고 있다. 광명, 안양의왕, 구성남에 이어 용인 수지구, 동탄2신도시, 미사강변도시, 수원, 고양이 가세하고 있다.

위례 성남권 자연앤센트럴자이는 지난 2018년 2월 10억 5천만 원에 실거래되어 수도권 84타입 신축에서는 가장 먼저 10억 원을 돌파했다. 2020년 2월 기준 실거래가 최고가는 13억 원이다. 매물 호가는 14억 원 안팎이다. 이어 광교 자연앤힐스테이트가 2018년 8월 10억 원을 돌파했다. 최고가는 12억 7천만 원이

서울 아파트 마지막 폭등장에 올라타라

다. 이에 앞서 입주 10년이 넘어 구축이 된 동판교에서는 봇들마을8단지가 지난 2017년 7월 가장 먼저 10억 원을 넘어섰다. 최고가는 15억 1,500만 원이다.

서판교에 인접한 성남 분당구 백현동 판교더샵퍼스트파크(2021년 6월 입주 예정) 분양권도 지난 1월에 신고가 9억 7,790만원으로 사실상 10억 원을 돌파했다. 수원 구도심에서는 2021년 8월 입주 예정인 장안구 화서역파크푸르지오 분양권이 시세를 주도하고 있다. 2019년 12월 9억 3천만 원에 거래되었다. 정비사업에서는 팔달구 팔달8구역(매교역푸르지오SK뷰) 84타입 입주권이 감정가 대비 프리미엄이 5억 원을 돌파하며 총 매매가(매매가+추가분담금) 9억 원대에 진입 중이다. 또 영통구 힐스테이트영통은 12·16대책 직후 8억 5천만 원에 거래되어 9억 원대에 진입 중이다.

광명에서는 광명역세권 주상복합 신축이 가장 먼저 10억 클럽에 가입했다. 광명역파크자이는 2019년 11월 10억 원에 실거래되었다. 한 달 앞서 광명역써밋플레이스도 10억 원을 돌파했다. 광명 구도심 철산역롯데캐슬앤SK뷰클래스티지(입주권)도 사실상 10억 원은 넘어섰다고 보면 된다. 투기과열지구 재건축(철산주공7단지) 입주권으로 매매가 자유롭지 못해 실거래가 없지만 말이다. 광명뉴타운 광명4구역 84타입 입주권은 9억 5천만 원 이상으로 매물이 나오고 있다.

2019년 11월부터 입주한 의왕 인덕원푸르지오엘센트로(인푸엘)는 그해 10억 원을 돌파했고 최근 11억 3천만 원에 거래되었다는 소식이다. 인푸엘과 이웃한 내손라구역 84타입 입주권도 2020년 2월 기준 9억 원을 넘어섰다. 또 안양의왕에서 인푸엘과 10억 원 돌파 경쟁을 벌였던 안양 동안구 평촌더샵센트럴시티는 실거래가 최고가가 9억 9천만 원이다. 매물 호가는 11억 원 안팎이다.

용인 수지구 성복역롯데캐슬골드타운은 2020년 1월 10억 원을 훌쩍 뛰어넘은 11억 7천만 원에 거래되었다. 또 전고점이 9억 6천만 원인 수지구 e편한세상수지도 매물은 10억 원 이상에 나오고 있다.

성남 수정구 산성역포레스티아도 2020년 7월 입주를 앞두고 최근 84타입 입주권이 10억 원 이상에 실거래된 것으로 알려졌다. 화성동탄2신도시에서는 2020년 1월에 동탄역더샵센트럴시티가 10억 원에 거래된 것으로 알려졌다.

하남 미사강변푸르지오1차도 2019년 12월 신고가 9억 4천만 원을 기록하고 최근 10억 원 거래 소식이 들리고 있다. 고양에서는 단연 일산동구 주상복합 킨텍스원시티가 앞서가고 있다. 2019년 12월 9억 5천만 원에 실거래되고 매물은 10억 원 이상으로 나오고 있다.

인천·송도·부천에서는 부천 주상복합 중동센트럴파크푸르지오가 가장 먼저 10억 클럽에 가입할 전망이다. 2월 20일부터 입주하는데 2019년 12월 분양권이 8억 9천만 원에 거래되었다. 현재 매물 호가는 10억 원을 넘어섰다. 송도에서는 더샵퍼스트파크(F15블록)가 12월 8억 5천만 원에 거래되어 9억 원대에 진입 중이다.

10억 클럽 가입은 '대출발'이다?

우리나라 주택시장의 역사는 갭벌리기와 갭메우기의 역사라고 할수 있다. 서울 강남3구와 비강남3구 간 매매가 갭 또는 서울과 경기 간 갭은 과거에도 현재에도 미래에도 그 차이를 벌였다 줄였다 반복할 것이다. 밀물과 썰물처럼 말이다.

내가 우려하는 것은 수도권 10억 원 돌파가 아니다. 단기 급등이다. 강남3구에서 보듯 단기 급등은 규제책으로 단기 폭락이 될 가능성이 높다. 단기 급등은 내외부 투자수요가 급증하고 실수요가 가세해야 가능하다. 물론 초과수요 구간에 발생한다.

수도권 10억 원 돌파 단지가 늘어나면서 갭메우기가 본격화되고 있다. 문제는 최근 갭메우기에서 2018년 9·13대책과 2019년 12·16대책이 초래한 대출규제 풍선효과가 크다는 점이다. 풍선효과로 인한 갭메우기가 단기간에 일어날 경우 부작용이 초래된다.

과거 참여정부는 2006년 3·30대책을 발표하고 버블세븐(서초구, 강남구, 송파구, 양천구 목동, 분당, 평촌, 용인)의 6억 원 초과 고가주택에 대해 핀셋 규제를 단행했다. 9억 원 초과를 타깃으로 한 12·16대책은 문재인 정부의 '3·30대책'이다.

참여정부는 3·30대책에 따라 투기지역 6억 원 초과 DTI를 50%에서 40%로 낮췄다. 그래도 버블세븐 집값이 잡히지 않자 11·15대책을 발표하고 투기지역 내 만기 10년 초과 및 6억 원 초과 LTV를 40%로 강화했다. 또 서울·인천·경기 등 수도권 투기과열지구 전역에 DTI 40%를 확대 적용했다. 2007년 3월부터는 투기지역과 수도권 투기과열지구 DTI를 30~50%로 세분화했다.

결국 버블세븐 아파트값은 2007년 2분기부터 하락장으로 돌아섰다. 반면 노도강(노원·도봉·강북구)으로 대표되는 저가 아파트는 대출규제 풍선효과로 단기 급등했다가 2008년 단기 급락했다.

최근 30대 후반과 40대 초반 매수 비중이 갈수록 높아지고 있다. 대출규제 풍선효과에 따른 단기 급등을 우려하는 대목이다. 수도권에 낡은 아파트가 너무 많은 상황에서 정비사업 상향여과 현상도 분명 있다.

2018년 9·13대책 이후 비규제지역 투자수요 급증은 걱정되는 수준이다. 인천·송도·부천, 수원 영통구·권선구·장안구, 의왕, 시흥, 안산 등이 문재인 정부에서 조정대상지역 또는 투기과열지구로 지정된다면 투자수요가 지금처럼 계속 유입될까? 2018년 8월 안양 동안구가 조정대상지역 지정 이후 1년간 조정장세를 맞은 것을 복기하라.

투기과열지구인 광명과 하남은 비규제지역 또는 조정대상지역보다 상대적으로 안전한 투자처다. 대출규제는 물론 전매 금지, 정비사업 조합원지위 양도금지, 재건축 초과이익 환수제 등 각종 규제를 정면으로 맞으며 우상향하고 있기 때문이다.

조정대상지역인 구성남도 비규제지역보다는 안전한 투자처로 볼 수 있다. 하지만 분당, 판교처럼 구성남도 투기과열지구로 지정된다면 일정 기간 타격을 입을 것이다. 조정대상지역이 추가로 투기과열지구로 지정되면 무엇보다 대출 타격이 크다. LTV가 60%에서 40% 이하로 급감한다. DTI도 50%에서 40%로 줄어든다. 현금자산이 적은 30~40대의 구매력이 크게 떨어질 수밖에 없다.

상승장을 주도하는 수도권 재개발구역이 비규제지역에서 조정대상지역 또는 투기과열지구로 지정되면 투자수요가 급감한다. 규제지역 지정 후 매도의 어려움에 직면할 수 있다. 2020년 7월 1일부터 비규제지역이 규제지역으로 지정되었을 때 1주택자가 신규주택을 취득하고 주택담보대출을 받기 위해서는 대출 실행일로부터 6개월 이내 기존주택을 처분하고 신규주택에 전입해야 한다.

분양권·입주권은 기존주택 처분 기한이 소유권이전등기일로부터 기산된다. 정비사업 이주비대출과 분양권 중도금대출 승계도 주담대와 마찬가지로 규제된다. 2주택자는 조정대상지역 등 규제지역에서 신규주택 취득 시 주담대를 받을 수 없다.

다주택자가 조정대상지역 주택 매도 시에는 양도세가 중과된다. 또 12·16대책으로 조정대상지역 양도세 비과세 요건에 실거주요건 외에 전입요건도 추가되었다. 일시적 2주택 중복보유 기한도 1년으로 단축되었다. 여기에 규제지역에 상관없이 2021년 1월 이후 매도 시 2년 이상 보유해야 양도세 일반세율이 적용된다.

마지막으로 다주택자 투자자들은 참여정부 시절 버블세븐의 교훈을 잊지 말아야 한다. 평촌 향촌롯데는 전고점(2006년 11월 7억 3천만 원)을 2018년 7월에 돌파했다. 용인 수지구 풍덕천동 신정마을7단지의 경우 전고점(2006년 10월 4억 5,400만 원)을 2016년 9월에 넘어섰다.

버블세븐이 투기과열지구 대출규제 때문에 전고점을 돌파하는 데 10년 이상 걸렸다는 것이 교훈의 핵심이 아니다. 2000년대 수도권 하락장은 고가주택 대출규제에다 2008년 글로벌 금융위기와 2기 신도시 입주 폭탄까지 겹치면서 2010년부터 시작되었다. 버블세븐 교훈의 핵심은 '경기권 버블세븐'은 대출규제를 받으면(투기과열지구로 지정되면) 타격이 크다는 것이다. 복원력(규제책 이후 가격 회복 속도)이 투기지역, 투기과열지구인 강남3구 버블세븐에 비해 크게 떨어진다.

수도권에서 2월에 실거래가 기준 10억 클럽에 가입한 곳은 투기과열지구인 광명을 제외하고는 모두 비규제지역 또는 조정대상지역이다. 수도권 전역이 규제지역으로 지정되어 대출규제 풍선효과가 사라질 경우 하방경직성과 복원력은 실수요층이 관건이 될 것이다.

2020년 수도권 주택시장은 상승장 6년 차, 상승장 후반기다. 3주택 이상 다주택자들은 리스크 헤지를 위해서라도 2020년에 매도 타이밍에 대해 진지하게 고민해야 할 것이다. 특히 비규제지역, 비조정대상지역 아파트의 매도 타이밍을 말이다.

4년간 집값이
2배 올랐다고 버블일까?

2020.1.23.

12·16대책 발표 이후 주택시장은 그 어느 때보다 소음이 심해지고 있다. 문재인 정부는 추가 대책을 예고하고 있다. 해프닝으로 끝났지만 전월세 5년 동결 뉴스가 나오기도 했다. 하지만 전월세 인상률 상한제와 계약갱신청구권은 강행될 것이다. 이에 따르는 엄청난 부작용은 과연 누가 감수해야 할까? 바로 희망 고문에 시달리고 있는 무주택 세입자다.

정부는 강남 집값을 되돌려놓기 위해 2020년에 역대급으로 종합부동산세를 올리겠다고 한다. 보유세는 대폭 올리지만 취득세·양도세 등 거래세는 내릴 생각이 없다. 오히려 1월부터 1세대

4주택 이상 다주택자에게 취득세율을 4%로 대폭 인상했다. (이후 2020년 8월 12일부터는 조정대상지역 2주택자 8%, 3주택자 12%로 대폭 인상했다.)

지난 4년간 서울 아파트값이 2배가 올라 버블(거품)이라는 일부 주장에 대한 내 생각을 정리했다.

적정가를 크게 벗어나는 집값 버블을 판단할 때는 여러 가지 지표를 활용한다. 실질GDP(국내총생산)나 1인당 GDP, 1인당 GNI(국민총소득), GDP 대비 가계부채 비율 등이 대표적이다. 또 전세가율(매매가 대비 전셋값 비율)이나 매매가 상승률과 전셋값 상승률 격차로 판단하기도 한다. 개인적으로 소득 대비 집값 비율(PIR)은 가장 신뢰하지 않는 버블 지표다.

10년간 vs. 4년간 집값 상승률이 같은 이유

먼저 서울 주요 아파트, 특히 입주 10년 안팎 준신축 리딩 단지들이 지난 10년간 명목가격(실거래가)이 얼마나 올랐는지 들여다보겠다. 버블의 진원지로 꼽히는 서초구, 강남구 등 강남2구 준신축 중 먼저 대치아이파크를 보겠다. 84타입은 1월에 실거래가 24억 원을 넘었다. 10년 전인 2010년 실거래가가 12억 원을 넘었으니 10년간 딱 2배가 올랐다. 4년 전인 2016년에도 실거래가는 12억 원대였다.

지난 10년간과 4년간 집값 상승폭이 같은 이유는 2008년 글로벌 금융위기 이후의 하락장 때문이다. 지난 2010년부터 2013년까지 4년간 수도권 아파트값은 지속적으로 하락했다. 이에 따라 2010년 이후 하락장 이전 대치아이파크 전고점(2009년 9월 12억 5,500만 원)은 2017년 4월(13억 원)에서야 돌파되었다. 7년 7개월간 매매가는 박스권(횡보장)에 머물렀다.

반포래미안퍼스티지 실거래가도 대치아이파크와 놀랍도록 유사한 흐름이다. 2020년 1월 현재 실거래가가 30억 원을 넘어섰다. 10년 전 실거래가가 15억 원이었으니 역시 지난 10년간 명목가격은 2배 올랐다. 2015년 하반기에 전고점을 돌파했다. 4년 전 실거래가는 16억 원이었고, 역시 2017년 상반기까지 실거래가는 17억 원대에 머물며 박스권이었다.

서울 강북 중 가장 뜨거운 마포구 준신축(이제는 구축이지만), 염리동 마포자이 실거래가를 보겠다. 2019년 11월 로열동인 109동 11층이 15억 원에 거래되어 신고가를 기록했다. 10년 전 실거래가가 7억 5천만 원이었으니 역시 10년간 2배 올랐다. 4년 전 실거래가 역시 7억 5천만 원이었으니 10년간과 4년간의 명목가격 상승폭이 같다.

통화량 증가율 급증과 자산 증가가 의미하는 것

2019년 하반기부터 한국뿐만 아니라 미국, 유럽, 일본, 중국 등 글로벌 유동성 장세가 다시 시작되었다. 미국 20대 대도시 집값

(케이스-실러지수)은 2019년 10월 바닥을 찍고 다시 우상향하기 시작했다. 11월 신규주택 판매 건수, 착공 건수, 건축허가 등 각종 지표도 상승 중이다.

미국 20대 대도시 집값에 1~2년 후행하는 서울 아파트값도 2019년 6월 강남3구부터 다시 상승했다. 10월 이후 거래량이 급증하면서 수도권 전역이 상승장 호황기에 진입했다. 그래서 12·16대책이 나왔다.

통화량 증가는 미국과 한국이 매우 유사한 흐름을 보인다. 또 한미 모두 통화량 증가에 따른 유동성 장세가 집값을 끌어올리고 있다. 미국 M2(광의통화) 통화량은 2019년 11월 기준 10년 전보다 80.0% 증가했다. 한국도 같은 기간 M2가 85.6%로 늘어 미국보다 더 많이 늘었다. 같은 기간 M1(협의통화=주머니통화=단기부동자금)의 경우 한국이 142.2% 급증했다. 부동산 주식으로 몰리는 단기 부동자금이 크게 늘어난 것이다. 미국도 134.1% 증가했다.

주택시장 유동성 장세와 직결되는 M1 증가율(전년 동기 대비)은 미국이 2019년 6월 7%를 넘어섰다. 한국도 M1 증가율이 9~10월 5%대에서 11월 7.0%로 높아졌다. 주택시장에 돈이 엄청나게 돌아다니고 있다는 것을 의미한다.

하지만 한국 통화유통속도(명목GDP/M2)는 2017년 3분기 반등한 미국과 달리 갈수록 떨어지고 있다. 아파트를 보유하려는 사람이 많을수록(대출규제가 심할수록, 규제로 거래량이 감소할수록) 아파트 시장에 돈이 잠기니 통화유통속도는 역대 최저로 떨어지고 있다.

1998년 이후 M1 증가율과 본원통화(M0) 증가율이 만나는 지

서울 아파트 마지막 폭등장에 올라타라

점(골든크로스)에서 집값 급등이 왔다. 즉 M1 증가율이 M0 증가율보다 높은 역전구간에서 말이다.

2019년 11월 기준 10년간 미국 20대 대도시 집값은 72.6% 상승했다. 미국 집값은 M2 증가율과 비슷하게 올랐다. 반면 서울 아파트값(KB부동산 아파트 매매가격지수 기준)은 10년간 평균 19.8% 오르는 데 그쳤다. 미국 상승률의 1/3에도 못 미쳤다. 한미 집값 상승폭 차이가 큰 것은 2007년 금융위기로 미국 집값 낙폭이 컸기 때문이다. 그럼에도 통화량 증가폭에 비해 서울 아파트값 상승폭은 미국보다 매우 낮다.

앞으로 2020년 이후 통화량 증가폭이 갈수록 커진다면? 돈의 가치가 갈수록 떨어지니 은행이나 지하에 있던 돈은 기대수익률을 좇아 실물시장으로 이동하게 된다.

또 2015년 이후 부동산시장에서 수도권 집값(공시가격)뿐만 아니라 전국 땅값(공시지가)도 갈수록 상승폭이 커지고 있다. 2018년 12월 말 기준 우리나라 부동산(토지 및 건물) 순자산은 1경 1,788조 원에 달한다. 2015년 이후 수도권 부동산이 매년 5% 이상 상승했다면 자산 증식 효과는 엄청날 것이다.

서울 아파트시장만 볼 때 2015~2019년 서울 1급지 리딩 단지의 자산가치는 100% 안팎 늘어났다. 2급지도 최소한 50% 이상 이 늘어났다. 따라서 지난 5년간 무주택자를 제외하고 1주택자, 일시적 2주택자, 다주택자 등 유주택자의 자산가치는 급증했다. 이로 인해 주택시장은 2019년 하반기부터 강력한 유동성 장세가 도래했다.

또 참여정부 시절처럼 2018년부터 토지보상금이 증가세다. 최소한 2022년까지 증가폭이 커질 것이다. 과거 참여정부 시절 토지보상금은 2005년 17조 2천억 원, 2006년 29조 9천억 원에 달했다. 문재인 정부에서는 2020년에만 최소 30조 원 이상으로 예상된다.

한편 참여정부의 노무현 대통령과 문재인 정부의 문재인 대통령이 부동산 투기와의 전쟁을 선포한 시기는 통화량이 급증하는 시기였다. 노 대통령이 전쟁을 선포한 2005년 2월에 M1 증가율은 8%로 증가세로 돌아서 그해 8월 14%대까지 급증했다. 문 대통령이 선포한 12월 전달 11월에 M1 증가율은 7%로 급증했다.

통화량 증가율은 개인적으로 가장 신뢰하는 집값 거품 선행지수다. 지난 5년간 통화량 급증에도 지속된 저물가 시대가 2020년에 막을 내릴 가능성이 높다. 이어 강력한 인플레이션을 동반하고 자산가치가 급등할 것이다. 자산가치가 급등하면 거품이 발생할 것이다. 그리고 어느 순간 거품이 꺼질 것이다. 거품이 꺼질 때 2008년 글로벌 금융위기의 한국처럼 연착륙하기도 하고 미국처럼 경착륙하기도 할 것이다.

과거 1997년 외환위기, 2008년 글로벌 금융위기가 오기 직전 한국 통화량(M2)의 전년 동기 대비 증가율은 정점(16~26%)을 찍었다. 경제위기가 오면 집값은 2~4년간 하락장이 지속되었다. 2019년 11월 M2 증가율은 7.7%로 3개월 연속 7%대를 유지하고 있다. 부동산 버블 초기(2020년 1월 기준)에 마지막 기회를 잡을 것인가? 아니면 2020년대 어느 순간 버블이 붕괴된 다음 기회를 잡을 것인가. 각자도생이다.

정비사업 슈퍼스타 서열화는 가속화된다

2020.1.9.

문재인 대통령이 2020년 신년사에서 부동산 투기와의 전쟁을 선포했다. 문 대통령은 취임 후 부동산 관련 코멘트를 전혀 하지 않았다. 그러다 2019년 11월부터 집값에 대해 언급하기 시작했다. 이어 15억 원 초과 초고가 아파트를 타깃으로 한 12·16대책이 나왔다.

참여정부 시절 노무현 대통령도 취임 2주년이 되는 2005년 2월 부동산 투기와의 전쟁을 선포했다. 하지만 2006년 12월 "부동산 말고 꿀릴 게 없다."라며 패배를 자인했다.

이번에는 정비사업 신축 중 슈퍼스타 아파트의 미래가치에 대해 정리해보려고 한다.

모든 규제의 타깃이 되고 있는 정비사업에서 슈퍼스타 아파트 신축은 지위재로서의 회소가치가 갈수록 높아질 것이다. 예상을 뛰어넘을 것이다. 지위재 슈퍼스타는 한마디로 누가 어디에 사느냐고 물어볼 때 동네가 아닌 단지명으로 말하는 아파트다.

2020년대 정비사업 슈퍼스타 아파트값 예측은 어렵지 않다. 관리처분인가를 받은 입주권 시세를 통해 쉽게 추론할 수 있다. 2020년대 대한민국 슈퍼스타 대장주가 될 반포 래미안원베일리 입주권은 2020년 1월 기준 매도호가이지만 전용면적 84타입이 32억 원을 넘어서고 있다. 입주 후 최초 40억 원 돌파가 유력하다. 101타입 40평형 매도호가는 현재 41억 원 이상으로 입주 3년 이상을 앞두고 이미 평당 1억 원을 넘어섰다.

강남3구를 제외하고 20억 원 안팎 초고가 정비사업 슈퍼스타 아파트시장은 과천과 마포아현, 동작흑석이 가장 앞서가고 있다. 2020년 4월 입주하는 과천푸르지오써밋은 현재 19억 원 이상을 호가하고 있다. 흑석7구역 아크로리버하임도 19억 원을 넘어서고 있다. 4월부터 이주 예정인 흑석9구역 입주권은 이미 17억 원을 돌파 중이다.

2월 21일부터 입주 예정인 마포 대흥2구역, 신촌그랑자이는 급매가 18억 원을 넘어서고 있다. 아크로리버하임과 함께 서울 재개발구역에서 최초로 20억 원을 돌파하는 정비사업 슈퍼스타 아파트가 될 것이다.

시가 9억 원 초과 정비사업 고가 아파트에서 슈퍼스타를 보면 구성남의 대장주 산성역포레스티아 84타입 입주권 총 매매가(권리가액+프리미엄+추가분담금)가 최근 11억 원을 돌파했다는 소식이다. 3월 분양 예정인 신흥2구역도 9억 원을 향하고 있다. 광명뉴타운을 이끄는 광명4구역 84타입 입주권은 10억 원에 진입 중이다. 안양의왕 정비사업을 주도하는 내손라구역은 9억 원을 넘어서고 있다. 수원 매교역세권 대장주, 팔달8구역은 8억 원을 돌파 중이다.

정비사업 입주권(분양권)은 이번 수도권 상승장에서 시세를 이끌고 있다. 갓 입주한 입주 1년 안팎 정비사업 초신축과 함께 시세를 이끌고 있다. 따라서 수도권 집값을 잡으려는 문재인 정부는 정비사업 규제 수위를 갈수록 높이고 있다. 대표적인 예가 2018년 2월 도입한 재건축 안전진단 강화다.

예를 들어 정밀안전진단에서 조건부 재건축인 D등급을 받았는데 30~55점이라면 반드시 한국시설안전공단과 한국건설기술연구원 등 공공기관으로부터 정밀안전진단을 한 번 더 받아야 한다. 목동신시가지 6단지나 마포 성산시영처럼 말이다.

본론으로 들어가 2020년대 정비사업 슈퍼스타 아파트는 언제까지 초강세를 보일까? 물론 모든 정비사업이 슈퍼스타가 될 수 없다. 우선 정비사업 슈퍼스타가 되려면 최소한 1천 가구가 넘는 대단지에 정비사업 신축이 반포잠원, 개포, 잠실, 과천이나 뉴타운처럼 몰려 있어야 한다. 그리고 어메니티(쾌적성)가 뛰어나야 한다. 현재 완벽한 어메니티를 갖춘 지역이라면 강남에서는 반포가 대표적이다. 강북에서는 마포공덕이 대표적이다.

도심(강남), 리테일(소매점), 공원 등 접근성이 뛰어나야 한다. 학교, 학원 등 교육 환경이 좋아야 한다. 도심 접근성에서는 지하철을 통한 직주근접성이 매우 중요하다. 아파트 커뮤니티(시설 및 서비스)가 어메니티에서 차지하는 비중이 높아지고 있다.

최근 자사고, 특목고 폐지 추진으로 학군 프리미엄을 많이 이야기한다. 하지만 학군 프리미엄이 집값에 영향을 미치는 비중은 10% 안팎에 불과하다. 대치동은 최대 20% 정도 된다. 학군이 좋아 집값이 비싼 게 아니다. 어메니티가 좋아지면서 학군도 좋아져 집값이 비싸지는 것이다.

신축 가치는 5년 또는 10년이 지나면 끝난다는 말을 많이 하는데 틀린 말이다. 특히 정비사업 신축은 건축물로서 가치도 높지만 30~40대 고소득 직장인을 대거 유입시켜 어메니티를 빠른 속도로 개선시킨다. 상향여과 현상이라고 한다. 특히 학원, 병원, 은행, 음식점, 패션 등 상권 확대에 결정적인 영향을 미친다. 도심 정비사업 신축과 어메니티 및 입지가치는 떼려야 뗄 수 없는 관계다.

정비사업 슈퍼스타 가치는 수급을 통해 쉽게 추론할 수 있다. 즉 신축이 넘쳐나는 구간에 진입하면 슈퍼스타 아파트도 상승폭이 둔화될 수밖에 없다. 앞으로 수도권 정비사업 슈퍼스타 가치는 수도권 미분양이 2만 가구가 넘는 시점까지 계속 높아질 것이다. 신축 미분양이 팔리지 않아 악성재고로 쌓인다면 슈퍼스타 희소가치도 떨어질 수밖에 없다.

2019년 11월 기준 수도권 미분양은 9천 가구에도 못 미치고 있다. 과거 2000년대 상승장 전반기인 2001~2003년 수준이다. 수

서울 아파트 마지막 폭등장에 올라타라

도권 미분양 물량이 2만 5천 가구를 넘은 2008년 12월 이후 하락장이 왔다. 정비사업 슈퍼스타도 가격이 떨어지기 시작했다.

2013년 8월 3만 8천 가구까지 치솟은 미분양 물량은 2015년 3월 1만 5천 가구 이하로 줄어들었다. 그리고 상승장이 시작되었다. 2015년 12월 경기권의 미분양 급증으로 한때 3만 가구가 넘어서기도 했지만 2017년 7월 이후 1만 가구 안팎이 유지되고 있다.

수도권 미분양 9천 가구 이하는 수도권에 정비사업 슈퍼스타 신축은 물론 일반 신축이 너무 부족하다는 것을 방증하는 것이다. 참고로 수도권 미분양 물량이 2만 가구가 넘어서면 최소한 3~4년 과잉 구간이 유지된다. 이어 3만 5천 가구 안팎에서 미분양 정점을 찍으면 감소세로 돌아선다. 3만 가구 안팎에서 1만 가구 안팎으로 줄어드는 데는 역시 3~4년 정도 필요하다. 신규공급이 너무 많아 미분양이 급증하더라도 바로 신규공급을 줄일 수 없는 주택공급의 비탄력성 때문이다.

수도권 미분양이 2만 가구를 넘어서면 정비사업 신축 희소가치도 크게 떨어질 것이다. 그러나 당분간 2만 가구를 넘어설 가능성이 낮다. 1~3단계로 나눠 총 7만 5천 가구(1단계 아파트 3만 3천 가구)를 공급하는 검단신도시 분양물량이 최대 변수다.

다만 2022년 이후 수도권 정비사업 입주물량이 급증한다. 2017년 이전 단기임대 임사 물량이 2022년부터 시장에 나오기 시작한다. 여기에 3기 신도시 시범단지 분양이 본격적으로 시작될 것이다. 따라서 인천·경기는 슈퍼스타 아파트가 아니라면 입주가 몰리는 시기에 역전세와 신축 가격하락 가능성도 배제할 수 없다.

　반면 대체재가 없는 서울 도심과 강남 정비사업 슈퍼스타는 2022년 이후에도 지위재로서의 희소가치가 떨어지지 않을 것이다. 사실상 중단된 강남 중층 재건축은 일반분양이 2027년 이후에나 가능할 것이다.

　2020년대에 수도권 정비사업 슈퍼스타 신축은 84타입 기준으로 50억 원 초과(서초구 반포잠원, 강남구 청담삼성)를 최상위로 해서 40억 원 초과(대치, 개포, 일원, 서초방배)-35억 원 초과(잠실)-30억 원 초과(송파구, 종로구, 동작구, 마포구, 과천, 성수, 한남, 용산, 둔촌)-25억 원 초과(강동구, 중구, 서대문구, 성동구, 영등포구, 양천구, 청량리)-20억 원 초과(동대문구, 강서구, 관악구, 성북구, 은평구, 구성남, 광명, 안양의왕, 수원, 구리)로 서열화가 가속화될 것이다.

　2019년 12·16대책으로 문재인 정부가 서열화한 3억 원 초과-6억 원 초과-9억 원 초과-15억 원 초과는 머지않아 먼 옛날이야기처럼 들릴 것이다. 부동산 투기와의 전쟁과 상관없이 수도권 생활권 내 상위 10%가 선택하는 정비사업 슈퍼스타 아파트는 자기 갈 길을 걸어갈 것이다.

지금 상승장 시장 예측보다 중요한 것

나처럼 노골적(?)으로 시장을 예측하는 사람은 부동산 고수가 아니다. 내가 다소 무리하게 시장 예측을 하는 것은 '얼치기'들의 말한마디로 부동산 개미들이 자산가치를 높일 수 있는 골든타임을 놓치는 실패를 반복하기 때문이다.

누누이 말하지만 빅데이터는 과거를 말해줄 뿐이다. 빅데이터는 투자자에게 미래를 말해주지 않는다. 미래에 대한 포지션은 오롯이 투자자의 몫이다.

입주물량으로 자꾸만 집값을 전망하는 사람에게 묻고 싶다. 이미 송파헬리오시티 입주장을 보지 않았나? 특정단지나 특정지역에서 일시적으로 늘어나는 입주물량은 집값과 상관이 없다. 송파헬리오시티 입주장에서 매매가가 하락한 것은 9·13대책 이후 조정장세였기 때문이다. 송파헬리오시티 매매가는 매도물량 초과공급 때문에 하락한 것이 아니다. 입주장이 99.9% 마무리된 송파헬리오시티는 2020년 이후 뚜벅뚜벅 자기 갈 길을 갈 것이다. 전용면적 84타입 기준으로 전셋값은 곧 9억 원이 넘을 것이고 매매가는 머지않아 20억 원을 돌파할 것이다.

다가올 고덕그라시움 등 강동권 입주장도 마찬가지일 것이다. 분양권 매매가는 조정장세가 끝나 강세장이다. 떴다방들이 그라시움 84타입 전세값을 아무리 4억 원대로 후려쳐도 입주장이 마무리되면 제자리(6억 원 이상)로 돌아갈 것이다. 빅데이터와 입주물량에 대한 의견은 예측의 영역이 아니라 인사이트(안목)의 영역이다.

서울 아파트시장은 언제 추격매수가 일어날까?

전문가 A님은 연말 연초에 상승 랠리가 시작될 것으로 보고 있다. 상승 랠리가 시작된다는 것은 추격매수가 이루어지는 것이다. 또 다른 전문가 B님은 9월에 상승장이 시작될 것으로 예측하고 있다.

몇 번 언급했지만 나는 9·13대책 이후 서울 등 수도권 1급지 상승 랠리가 오는 8월 이후 성수기를 앞두고 시작될 것이라고 예측했다. 상승은커녕 매물로 내놓았는데 보러 오는 사람이 없다? 당신이 갖고 있는 아파트가 1급지가 아니기 때문이다. 2급지 이하를 팔려면 상승 랠리, 호황기가 올 때까지 기다려야 한다.

상승 랠리로 추격매수가 일어나려면 최소한의 거래량이 동반되어야 한다. 나는 최소한의 거래량을 서울 아파트 매매거래량 기준으로 월 7천 건 이상으로 보고 있다. 인사이트를 갖고 싶다면 2017년 9월 이후, 2018년 7월 이후 상승 랠리가 왔을 때 거래량을 복기해보라.

서울 아파트 마지막 폭등장에 올라타라

9·13대책 이후 상승 랠리가 오려면 대출규제로 1주택자나 일시적 2주택자가 보유 중인 아파트가 먼저 팔려야 한다. 지금 수도권 규제지역 매매시장은 유주택자의 선매도 후매수 시장이다.

유주택자 대출차단 시대에 1주택자의 유동성 확보는 거래량을 늘리는 데 매우 중요하다. 보유하는 아파트를 먼저 팔려면 조정장세에서 시장이 반등해야 한다. 시장이 반등하려면 거래량이 늘어나야 한다. 4월 이후 반등을 넘어 8월 이후 추격매수가 오려면 거래량은 지금보다 2배 이상 늘어나야 한다. 서울의 5월 거래량 3,300건으로는 부족하다. 최소한 7천 건이 넘어야 추격매수가 가능하다. 그래야 내가 파는 아파트값도 올려 팔고, 사는 아파트도 매도자가 올린 가격으로 추격매수할 수 있는 것이다.

8월이든 9월이든 12월이든 언제 상승하느냐가 중요한 것이 아니다. 어떤 전문가가 맞췄느냐가 중요한 것이 아니다. 매수자 우위시장이 끝나기 전 '잊힐' 아파트를 팔고 '슈퍼스타' 아파트로 갈아타는 것이 중요하다. 4년 이상 장기보유해 2020년대에 빛날 슈퍼스타를 내 것으로 만드는 것이 중요하다. 슈퍼스타가 꼭 강남 3구에만 있다고 생각하지 않는다. 동마용성에도 있다. 과천에도 있고, 안양의왕에도 있다. 성남에도 있고, 광명에도 있고, 구리에도 있다. 수원, 화성, 용인도 물론이다. (2019.6.3.)

정부는 왜 2020년까지 아파트를 팔라는 걸까?

2019.12.26.

2019년 12·16대책이 발표된 이후 강도 높은 규제책이 연속되면서 시장은 내성이 강해졌다. 2016년 이후 시장참여자들도 산전수전 실전 경험이 쌓여가면서 일희일비하지 않고 있다. 9억 원 이하는 강세장, 15억 원 이하는 보합세, 15억 원 초과는 아직 낙폭이 미미한 조정장세다.

잠실주공5단지나 대치 은마처럼 시가가 15억 원이 넘는 재건축 초기단지는 주택담보대출이 금지된 데다 전세 끼고 사두기에는 갭이 너무 크고 30년 이상 된 구축이라 몸테크 하기도 힘들다. 조정장세를 맞고 있다. 따라서 잠실주공5단지, 대치 은마의 낙폭이

서울 아파트 마지막 폭등장에 올라타라

멈추는 시점, 즉 저가매물이 소진되는 시점이 반등하는 시점이라고 봐도 무방할 것이다.

문재인 정부가 왜 다주택자에게 2020년까지 아파트를 팔라고 하는지 들여다보자.

2020년까지 팔라는 규제책들

2020년까지 팔라고 하는 첫 번째 규제책으로는 우선 1주택자 장기보유특별공제 축소가 대표적이다.

2020년 12월 말까지 양도한다는 전제로(잔금 기준) 2년만 거주하고 1주택(일시적 2주택 포함) 요건만 갖추면 10년 보유할 경우 장특공제율이 80%에 달한다. 그러나 2021년 1월 이후 매도하면 똑같은 조건으로 10년을 보유했을 경우 장특공제율이 40%에 불과하다. 20억 원에 매도할 경우 양도차익에 따라 양도세액이 1억 원 안팎 늘어나게 된다.

2021년 이후 양도 시 장특공제율은 보유기간에 따라 3년 이상 12%부터 시작해 매년 4%씩 늘어나 10년 보유하면 40%까지 받을 수 있다. 이와 별개로 거주기간에 따른 장특공제율이 적용되어 10년 거주할 경우 마찬가지로 40% 받을 수 있다. 주의할 점은 2020년은 물론 2021년 이후 양도 시 최소 2년 거주요건을 갖추지 않으면 10년 보유해도 장특공제율이 20%에 그친다.

2020년까지 팔라고 하는 두 번째 규제책으로는 2년 미만 보유주택에 대한 양도세율 인상이 있다.

2021년 6월 이후 양도 시 보유기간이 2년 미만이면 기본세율에서 단기 매도에 따른 양도세가 40%로 크게 올라간다(1년 미만은 40%에서 50%로 10%포인트 인상). 입주권도 똑같이 적용된다. 2020년 취득세율 인상(최대 12%)과 함께 1년 보유하고 단타로 치고 빠지는 갭 투자를 막기 위한 규제책이다.

2020년까지 팔라고 하는 세 번째 규제책으로는 일시적 2주택 양도세 비과세 요건 강화가 있다.

일시적 2주택자로서 2020년 12월까지 종전주택을 매도할 경우 2년 이상 보유(2017년 8·2대책으로 조정대상지역은 2년 이상 거주요건 추가)하면 9억 원까지 양도세가 비과세된다.

하지만 2021년 1월 이후 종전주택 양도 시 종전주택 보유기간은 취득시점이 아니라 직전주택을 양도한 후 최종적으로 1주택이 되는 날부터 기산한다. 일시적 2주택을 유지하며 사고파는 투자가 힘들어진다.

여기에 12·16대책에 따라 2019년 12월 17일 이후 조정대상지역에서 신규주택을 취득한 경우 신규주택 취득일로부터 1년 이내(전세 끼고 매수할 경우 전세계약 종료일까지) 신규주택으로 전입하고 신규주택 취득일로부터 1년 이내 조정지역 종전주택을 매도해야(전세 끼고 매수할 경우 전세계약 종료일까지 매도해야) 양도세 비과세를 받을 수 있다.

2020년에 팔라고 하는 네 번째 규제책으로는 2021년부터 조정지역 다주택자 양도세 중과 시 분양권 주택 수 포함이 있다.

서울 아파트 마지막 폭등장에 올라타라

2020년 4월 총선 이후 그해 하반기부터 수도권은 물론 지방에 조정지역이 크게 늘어날 것이다. 현재의 매수나 보유 시점에서 비규제지역이더라도 2021년 이후 매도한다면 조정지역 등 규제지역으로 지정될 것이다. 이에 선제적으로 대비해야 한다.

이번에는 2020년 6월 말까지 조정대상지역 주택을 팔라는 정책이다. 다주택자 양도세 중과 한시적 유예. 그런데 10년 이상 보유한 주택만 적용된다. 2016년 이후 다주택자가 크게 늘어났는데 2010년 6월 이전에 매수한 주택만 양도세 중과를 7개월 남짓 완화한다고 하니… 유통매물을 늘리는 데 별 도움이 안 될 것이다.

마지막으로 2020년에 팔라는 규제책은 종합부동산세 추가 인상이다.

초고가 아파트를 많이 보유한 다주택자에게는 가장 큰 부담이 될 것이다. 2021년 납부분(11월 말 고지, 12월 15일까지 납부)부터 종부세액이 크게 늘어날 것이다. 우선 3주택 이상과 조정지역 2주택인 경우 2021년 종부세율이 1.2~6.0%(2020년의 경우 0.6~3.0%) 포인트까지 올라간다.

그럼 왜 2020년까지 팔라는 걸까?

8·2대책, 9·13대책에 이어 12·16대책까지 문재인 정부의 3대 부동산 정책 기조는 투자수요는 물론 실수요의 주택구입을 차단하는 것이다. 그런데 서울 등 투기과열지구 9억 원 초과만 대출규제

등으로 주택구입을 차단하면 수도권 아파트값이 안정될까?

15억 원 넘는 아파트를 산다는 이유로 무주택자에게까지 주담대를 차단하고 유주택자에게 취득세율과 거래세율을 올리면 아파트 수요는 2023년 이후 3기 신도시 분양시점(본청약)까지 사그라들까?

지금 시장에는 신규아파트 공급물량도 적지만 자유롭게 사고 팔 수 있는 유통매물이 너무 부족하다. 양도세 중과, 임사(주택임대사업) 등록, 증여, 재건축 조합원지위 양도금지 등으로 줄어든 유통물량을 2020년에 늘리기 위해 앞에 언급한 규제책을 쏟아냈다.

12·16대책이 급하게 나온 데는 4월 총선 영향이 크다고 본다. 집값 급등은 여당 필패라는 공식이 유효하기 때문이다. 정부는 최소한 4월 15일 총선 전까지 초고가 아파트 구입을 차단하고 유통물량을 늘려 조정장세를 만들어놓겠다는 것이다.

조정장세가 오려면 거래가 되어야 한다. 그런데 거래가 되려면 12·16대책 이전 실거래가보다 아주 낮게 매물이 나와 거래되어야 한다. 이어 낮게 거래된 실거래가를 보고 심약한 대기 매도자들이 추가로 매물로 내놓아야 조정장세가 4월 총선 전까지 유지될 것이다.

현재 시장참여자들은 12·16대책 이후 매물이 얼마나 늘어났나, 매도호가가 얼마나 하락했나에 관심이 집중되어 있다. 12·16대책 이후 장세는 대책 이전보다 매물이 조금씩 늘어나고 있지만 매도호가는 일부 단지를 제외하고 직전 실거래가 수준으로 나오고 있다. 이에 실망한 매수자들은 관망하고 있다.

결론으로 들어가 정부가 2020년에 팔라고 규제책을 쏟아내는 이유는 2020년에 수도권·아파트값 상승폭이 클 가능성이 높기 때문이 아닐까?

2020년 수도권 입주물량을 보면 서울의 경우 신길뉴타운과 고덕지구를 제외하고는 거의 없다. 서울 전셋값과 수도권 매매가 전셋값 안정에 기여한 동탄2 등 2기 신도시 입주물량이 사라지고 있다.

더욱이 12·16대책 이후 양도세 비과세를 받거나 장특공제율을 높이려면 실거주와 전입 요건을 충족해야 해 입주아파트의 전세물량이 갈수록 줄어들고 있다. 강남부터 전셋값 상승폭이 커지고 있다. 이로 인해 4월 총선 전후 전월세상한제와 계약갱신청구권이 이슈로 부상할 것이다. 2020년은 문재인 정부에서 매매물량 전세물량 모두 수급 밸런스가 무너지는 한 해가 될 것이다.

2020년은 시중에 돈이 넘쳐날 것이다. 시중 통화량이 늘어나 아파트 등 자산가격이 올라갈 가능성이 높다. 통화량 중 M1(협의통화=주머니통화=단기부동자금) 증가율은 2019년 2월 바닥을 치고 상승하고 있다. 지난 10월 M1 증가율은 전년 동기 대비 5.3%로 2018년 9·13대책 이전 수준으로 회복했다. 아파트시장만 보면 지난 6월 이후 매매거래량이 늘어나 주머니에 현금을 쥐고 있는 유효수요가 많아지고 있다는 것을 의미한다. 대출이나 전세금을 레버리지 삼아 언제든지 매수할 수 있다.

2020년 SOC(Social Overhead Capital, 사회간접자본) 예산은 전년 대비 18% 늘어난 23조 2천억 원에 달한다. 또 수도권에만 토지보상금이 엄청나다. 성남 복정1, 2지구(1조 1천억 원), 성남 금토지구(1조 원), 과천 주암지구(9천억 원), 강남구 구룡마을&성뒤마을(9천억 원) 토지보상이 임박했다. 또 한강시네폴리스(6천억 원), 풍무역세권(7천억 원), 일산테크노밸리(5천억 원), 고양방송영상밸리(5천억 원), 광명시흥테크노밸리 내 일반산업단지·첨단R&D단지·유통단지, 학온지구 등 광명(1조 원), 시흥 거모지구, 남양주 진접2지구, 구리 갈매역세권, 군포 대야미지구, 의왕 월암지구 등도 토지보상 중이거나 대기 중이다.

2020년에만 수도권에서 토지보상금이 최소 20조 원 이상 될 것으로 추정한다. 여기에 2021년부터 하남교산지구 등 수도권 3기 신도시가 예정되어 있다.

2006년에는 전국 토지보상금이 전년보다 73% 늘어난 30조 원에 달했다. 집값, 땅값 모두 폭등했다. 데자뷔일까? 다만 참여정부 시절의 토지보상은 90%가 현금으로 지급되었다. 현재는 대토보상제로 현금보상이 50% 안팎으로 낮아졌다. 그럼에도 2020년 토지보상금 급증은 M1 증가율을 끌어올릴 것이다. 토지보상 지역 인근 땅값은 물론 아파트값에 영향을 미칠 것이다.

서울 아파트 마지막 폭등장에 올라타라

상승장 후반기
정비사업 투자자를 위한 충고

2019.10.17.

재건축을 추진 중인 노원구 월계동 미미삼(미성·미륭·삼호3차)과 송파구 방이동 올선(올림픽선수촌)이 각각 예비안전진단과 정밀안전진단을 통과하지 못했다. 재추진이 가능하지만 문재인 정부에서 재건축사업이 매우 힘들다는 것을 방증하고 있다.

  또 정부는 최근 재개발 임대주택 의무비율(상업지역 포함)을 최소 15%에서 20%로 5%포인트 올리고 최대 30%까지 상향할 수 있도록 도시 및 주거환경정비법 시행령 개정안을 입법 예고했다. 이르면 2019년 11월 말 이후 사업시행인가를 신청하는 구역부터 적용될 예정이다.

정부가 오는 2022년 3기 신도시 분양까지 민간택지 분양가상한제의 로또분양으로 무주택자를 잡아두고 정비사업 규제로 멸실주택과 이주수요를 줄여 수도권 매매가와 전셋값을 안정시키려고 한다는 음모론이 있다. 나름 설득력 있어 보인다.

수도권에서 실수요자에게 최소한으로 필요한 주택 수는 멸실주택 수에 늘어난 가구 수(세대수)를 더한 것이다. 서울 멸실주택은 2015년 2만 5천 가구에서 2017년 이후 5만 가구 이상으로 2배 이상 늘어나는 추세를 보였다. 2017년 기준으로 서울 필요 주택 수는 아파트 등 8만 가구(다세대, 다가구, 오피스텔 포함)에 달한다.

하지만 2019년 들어 각종 규제로 멸실주택 증가세가 주춤해지고 있다. 특히 서울의 경우 정비사업은 안전진단 통과, 정비구역 지정 등 사업 초기 단계부터 사업 속도가 늘어지고 있다. 또 조합설립인가를 받더라도 건축심의, 경관심의, 교육환경영향평가 등으로 인해 사업시행인가 단계에서도 갈수록 늦어지고 있다.

재건축의 경우 통상 정비구역 지정에서 준공 입주까지 9년이 걸린다고 한다. 하지만 이는 평균을 의미한다. 그러니까 평균의 오류다. 내가 투자하는 재건축단지가 9년이 걸린다는 보장은 없다. 특히 사업시행인가 전 시행 준비 단계에서 투자한다면 정비사업 소요기간을 예측하기가 힘들다.

예를 들어 개포 저층 주공단지의 경우 개포주공2단지, 개포래미안블레스티지는 사업 속도에서 대표적인 성공 사례로 꼽힌다. 2012년 9월 정비구역으로 지정되고 2019년 2월 준공인가를 받았으니 재건축 소요기간이 6년 5개월에 불과했다. 기록적이다. 반면 이웃한 개포주공1단지의 경우 2단지보다 6개월 이른 2012년 3월 정비구역으로 지정되었음에도 아직 착공도 하지 못해 2023년 상반기에나 준공이 가능하다. 재건축하는 데 11년 이상이 걸릴 전망이다.

과천 저층 주공단지도 마찬가지다. 정비구역 지정시기는 비슷했지만 입주까지 재건축은 단지별로 많은 차이를 보였다. 사업 속도가 가장 빨랐던 과천주공11단지(래미안에코팰리스)의 경우 2003년 6월 정밀안전진단을 통과한 이후(정비구역 지정 의무화 이전) 3년 10개월 만인 2007년 4월 말 입주해 재건축 사상 역대 최단기간이 걸렸다. 반면 11단지와 비슷한 시기에 조합설립추진위원회를 구성(2003년 11월)한 2단지(위버필드)는 2011년 8월 정비구역으로 지정받고 2021년 1월 입주 예정이다. 조합설립 추진위부터 입주 예정일인 2021년 1월까지 17년 2개월이 소요되었다. 재건축 후분양으로 유명해진 1단지(과천푸르지오써밋)는 정비구역 지정에서 입주(2020년 4월)까지 8년 7개월이 걸리게 된다.

개포와 과천 주공은 모두 5층 소형 단지로 투자수요가 많아 상대적으로 사업 속도가 빠른 편이다. 역시 5층이었던 가락시영(송파헬리오시티)은 정비구역 지정(2006년 6월)부터 입주(2018년 12월)까지 12년 6개월이 소요되었다.

중층 재건축 시대를 맞아 규제의 누적효과까지 더해져 2020년대 재건축 소요기간은 더욱 길어질 것이다. 서울 정비사업은 현재 정비구역 지정을 받았더라도 입주까지 최소 10년 이상 소요될 것이다. 가락시영이나 과천주공2단지처럼 참여정부 규제정책의 시대에 상승장에서 재건축사업을 시작한 후 하락장을 맞으면 소요 기간은 15년 이상 걸릴 수 있다.

재개발은 사업성과 별개로 사업 속도 리스크가 재건축보다 높다. 예측 가능성이 낮고 불확실성이 높다. 사업시행인가 신청 전까지 정비구역 직권해제 리스크부터 시작해 비대위 리스크, 감정평가액 리스크, 조합원 분양가 리스크, 이주철거 리스크가 높다.

재개발사업인 성수전략정비구역에서 가장 사업 속도가 빠른 성수4지구는 개포, 과천과 비슷한 시기인 2011년 2월에 정비구역으로 지정되었다. 그러나 현재 건축심의 단계에 머물러 있어 정비구역 지정에서 입주까지 15년 이상 소요될 가능성이 높다.

2015년 이후 시작된 대세상승장 후반기에 정비사업 투자자를 위한 조언을 정리했다. 자본소득을 극대화하려는 순수 투자자를 위한 조언이다.

- 상승장 후반기에는 입지보다 사업 속도가 최우선이다. 강남 3구 중층 재건축에 5년 이상 장기투자를 하더라도 2019년 10월이면 최소한 안전진단 통과와 정비구역 지정이 끝난 곳에 투자해야 한다. 상승장 후반기에 재건축은 서울보다 상대적으로 사업 속도가 빠른 경기권을 공략하는 것이 낫다.
- 비투기과열지구는 핵심 입지라도 현재 사업시행인가를 받은 단지에 투자하라. 투기과열지구는 조합설립인가 이후 조합원 지위 양도가 금지되지만 비강남3구는 사업시행인가 전후 매수를 추천한다. 매수 후 투기과열지구로 지정되면 소급 적용

되니 주의해야 한다.

- 재개발 투자는 투기과열지구가 아니더라도, 특히 성남, 수원 팔달구, 구리, 고양처럼 조정대상지역인 경우에는 가급적 2018년 1월 23일까지 최초로 사업시행인가를 신청한 단지가 안전하다. 2018년 1월 24일 이후 사업시행인가를 신청한 단지는 투기과열지구로 지정되면 관리처분인가 후 소유권이전등기까지 재개발 조합원지위 양도금지가 소급 적용되기 때문이다.

- 인천부천, 안양의왕, 수원 등 인천·경기권 비규제지역에서는 관리처분인가를 받았거나 6개월 내에 관리처분인가를 받을 수 있는 곳이 안전하다. 2020년 상반기 이후 로또분양으로 인해 조정대상지역으로 지정될 가능성이 높기 때문이다. 만약 이주비 지급 전 조정대상지역으로 지정될 경우 다주택자는 이주비대출을 받을 수 없다. 1주택자는 종전주택을 처분하는 조건으로 이주비대출을 받을 수 있다. 이때 종전주택이 투자하려는 입주권보다 입지가 뛰어난 아파트라면 '곤경'에 처할 수 있다.

- 상승장 후반기에 재개발은 서울이든 인천·경기든 최소한 사업시행인가를 받은 구역에 투자하는 것이 안전하다. 특히 초보투자자라면 사업시행인가 후 감정평가액이 조합원에게 통보된 뒤에 투자하라. 현재로서는 입주권 프리미엄이 1억 원 이상이라고 하더라도 '관리처분인가+역세권(서울 도심 접근성이 좋은)+1천 가구 이상 대단지+메이저 브랜드'가 가장 안전한 투

자 조합이다.

- 상승장에서는 사업시행인가 이후 시공사 선정(서울)~조합원 분양신청~감정평가액 통보~시공사 본 계약 및 관리처분인가 총회~관리처분인가~이주~철거~착공~일반분양~입주~소유권이전등기 시점까지 단계마다 입주권 프리미엄이 우상향한다.
- 상승장 후반기에 매수하고 상승장이 끝나기 전 매도할 생각이라면 2020~2022년 일반분양이 가능한 재개발 입주권을 공략하라. 늦어도 일반분양 전에 매수하라.

사족이지만 서울에서 60점 이상 고가점자가 아니라면 정비사업 일반분양분을 분양받으려고 무주택자 신분을 유지하는 내 집 마련 전략은 바람직하지 않다. 상승장 후반기에 내 것으로 만드는 게 중요하다.

만약 2020년 서울 정비사업에서 고분양가 관리나 민간택지 분양가상한제로 로또 분양물량 2만 가구가 분양된다고 하자. 최소한 140만 명 이상이 청약할 것이다. 일반분양분 대부분을 차지하는 전용면적 85타입 이하는 100% 가점순이기 때문에 낙첨자는 미리 정해져 있다. 가점순이든 추첨순이든 138만 명 이상은 낙첨자가 된다.

2020년에 당첨이 안 되면 2021년을 기다린다고? 또 서울이 안 되면 3기 신도시를 기다리면 된다고? 하남교산지구, 고양창릉지구는 과거 판교처럼 당첨 가능성이 희박하다. 당첨되더라도 2025년 이후 입주장 때 하락장을 만나면 어떻게 버틸 것인가.

2019년 주택시장
최대 해프닝을 꼽는다면

2019.9.5.

주택시장은 냉정하다. 민간택지 분양가상한제(분상제) 시행 여부와 상관없이 시장참여자들의 '집단지성', 시장의 힘이 발휘되고 있다.

2019년 8·12대책, 분상제 발표 후 낙폭이 컸던 잠실주공5단지와 둔촌주공은 2주 만에 가격이 원상회복되었다. 9월 들어 잠실주공5단지 36평형은 전고점을 돌파했다. 둔촌주공도 전용면적 84타입이 총 매매가 14억 원을 돌파했다. 개포주공1, 4단지 등 분상제 영향권에 있는 강남 재건축단지도 모두 강보합세다. 84타입은 21억 원을 향하고 있다.

압구정 구현대, 신현대 등도 중대형 중심으로 매수세가 다시 늘어나고 있다. 분상제를 피한 강남 입주아파트는 초강세다. 개포래미안블레스티지 84타입은 26억 원을 호가한다. 신반포자이는 최근 27억 원에 거래되어 전고점(24억 5천만 원)을 가볍게 돌파했다. 고덕그라시움은 8월에 13억 4천만 원에 거래되면서 로열동호수는 14억 원 이상을 호가한다.

매수세 증가는 무엇을 의미할까? 수도권 분양시장은 분상제라는 규제책이 트리거가 되었다. 이수역푸르지오를 시작으로 녹번역e편한세상캐슬2차, 부천일루미스테이트, 송도더샵센트럴파크 3차 및 프라임뷰 등 규제지역, 비규제지역 가릴 것 없이 청약률이 고공행진이다. 송도더샵 3개 단지에는 수도권 1순위 청약자 11만 2천 명이 몰렸다.

이번에는 내가 생각하는 2019년 수도권 주택시장에서 일어난 최대 해프닝(정보가 아닌 소음) 2가지, '계단식 하락'과 '6년 연속 상승 불가의 법칙'에 대해 정리했다.

해프닝 1: "계단식 하락이다"

다시 생각해도 참으로 어처구니없는 뉴스다. 부동산 초보자가 대부분인 30대 기자들이 한국부동산원과 일부 전문가의 코멘트를 기사화했다. 언제나 새로운 뉴스에 목말라하는 기자들에게는 좋은 '먹잇감'이었을 것이다.

계단식 하락이라는 해프닝은 2019년 1월 일어났다. 9·13대책

서울 아파트 마지막 폭등장에 올라타라

이후 급매물도 거래가 안 되면서 갈수록 매도호가가 낮아져 계단식 하락이 이어질 것이라는 주장이었다. 2019년 4월에도 압구정 현대, 잠실주공5단지 등에서 저가매물이 소진되고 있음에도 일시적 반등, 계단식 하락이라고 주장하는 해프닝은 계속되었다. 전년 대비 거래량이 너무 적고, 급매물이 소진되면서 일시적 반등에 따른 착시 현상으로 전셋값도 하락하고 있어, 계단식 하락이 계속될 것이라고 주장했다.

하지만 실수요가 매수세를 주도한 4월 거래량 3천 건(계약일 기준)은 9·13대책 이전 4,500건 수준으로 결코 적지 않았다. 2개월 후 6월에는 7천 건(9·13대책 이전 1만 건 이상 수준)으로 거래량이 폭발하며 상승 랠리가 시작되었다.

그런데 전셋값 하락과 계단식 하락은 무슨 상관인가? 대세상승장 후반기에는 매매가는 전셋값과 상관없이 계단식 상승이 계속된다. 동탄2신도시를 보면 9·13대책 이전까지 입주물량 폭탄에도 전셋값은 하락했지만 매매가는 이번 상승장에서 꾸준히 올랐다. 2019년은 물론 2020~2021년은 전셋값 등락에 상관없이(전셋값이 오르고 있지만) 매매가 상승폭이 커지는 구간이다.

주택시장에서 계단식 하락이 오려면 반드시 대세하락장이 와야 한다. 9·13대책 이후 하락장으로 착각한 사람들이 있었지만 결과적으로 7개월 조정장세였음이 판명 났다. 9·13대책으로 실수요장으로 바뀌었는데, 하락장이 와서 투자수요가 투매해야 일어나는 계단식 하락이 올 거란 주장은 한마디로 난센스였다.

계단식 하락은 지난 2010~2012년처럼 하락장일 때만 가능하다. 그럼 하락장을 미리 알 수 있을까? 미리 알 수는 없지만 하락장을 추론할 수 있는 단 하나의 통계를 꼽는다면 바로 미분양 물량이다. 수도권 미분양이 1만 5천 가구가 넘어가면 하락장이 올 위험이 높아진다는 신호다. 이어 2만 가구가 넘고 미분양 증가세가 계속된다면 하락장이 온다고 보면 될 것이다. 수도권 하락장에서 미분양 물량은 서울의 경우 2천~4천 가구를 오갔다. 경기는 2만 가구 안팎, 인천은 3천~5천 가구였다.

지난 하락장에서 수도권 미분양은 2만~3만 가구 수준을 유지했다. 2013년 8월 3만 6천여 가구로 고점을 찍고 감소세로 돌아섰다. 2015년 3월 1만 4천 가구로 떨어지면서 대세상승장이 시작되었다. 상승장이든 하락장이든 경기의 미분양 물량이 최대 변수다. 2019년 7월 말 기준 수도권 미분양은 1만 789가구다. 이 중 경기가 7,821가구다.

해프닝 2: "서울 집값 6년 연속 상승한 적 없다"

서울 아파트값 6년 연속 상승 불가의 법칙은 이렇다.

KB부동산 시세를 기준으로 서울 아파트값 상승기는 1987~1990년, 1994~1997년, 1999~2003년, 2005~2009년, 2014~2018년으로 상승 연속 기간이 최장 5년이라는 것이다. 1987년 이후 한 번도 6년 연속 상승한 적이 없으니 2019년 서울 집값은 오르지 않는다는 주장이다.

그런데 상식적으로 법칙으로 인정받으려면 시장을 최소한 50년 이상 들여다봐야 하지 않을까? 미국 경제학자 엘빈 한센은 1860년부터 1930년까지 70년간 미국의 주택가격 등락을 분석해 건축순환(Building Cycles)이 17년 주기로 반복된다고 주장했다. 미국 주택시장에서 1973년, 1990년, 2007년의 17년 주기로 고점을 맞았다고 해서 2024년에 미국 집값의 고점이 온다는 보장은 없다. 다만 2010년대 들어 글로벌 주택시장 동조화가 더욱 강해지고 있어, 미국 20개 대도시뿐만 아니라 한국 수도권 주택시장에서도 '한센 사이클'은 참고할 만한 법칙이라고 생각한다.

본론으로 들어가 6년 연속 상승 불가의 법칙을 신뢰할 수 없는 이유는 수도권 상승장 기간에도 규제정책에 따라 변동폭이 매우 심해 연속 상승의 의미가 없기 때문이다. 2018년 9·13대책이 없었다면 2019년 서울 아파트값은 20% 이상 폭등했을 것이다.

2017년 이후 규제책으로 수요를 억제해(주로 매매거래를 막는 수법으로) 집값을 일시적으로 하락시키는 경우가 지나치게 자주 일어나고 있다. 특히 참여정부, 문재인 정부에서 그렇다. 예를 들어 KB부동산 통계상 1% 안팎 하락한 참여정부의 2004년을 하락장으로 봐야 할까? 나는 조정장세로 본다.

이때 이례적으로 조정장세가 길었던 이유는 1년간 다주택자 양도세 중과의 한시적 유예 때문이다. 다주택자가 내놓은 매물, 즉 유통물량이 일시적으로 쏟아지면서 시장이 하향안정세를 보였다. 하지만 2005년 다시 폭등장이 시작되었다. 참고로 아파트 매매가 통계는 전년 동기 대비로 1년 전과 비교해야 의미가 있다.

계절적 요인이 강하기 때문이다.

2007~2008년도 마찬가지다. 이 시기를 하락장으로 보기 힘든 게 노도강으로 대표되는 강북 시장은 '단기 급등 단기 급락'한 반면, 강남3구 재건축단지는 '단기 급락 단기 급등'했기 때문이다. 2009년 9월 전후로 강남 재건축단지의 가격이 떨어지면서 수도권 하락장이 시작되었다고 봐야 한다.

최근 한미 주택시장 사이클을 보면 미국은 금융위기가 찾아온 2007년부터 2011년까지 5년간 하락장이 이어졌다. 이어 2012년 상반기에 바닥을 치고 2013년부터 상승장이 시작되었다. 그리고 2019년 9월까지 7년 이상 상승장이 지속되고 있다. 2019년 들어 모기지 금리 하락으로 밀레니얼 세대의 저가주택 매수세가 다시 늘어나고 있다. 한국 수도권은 2009년 하반기부터 2013년 상반기까지 4년간 하락장이 이어졌다. 2014년에 상승률을 기록하며 회복기로 돌아서고, 2015년부터 계단식 상승장이 계속되고 있다.

하락장은 금융위기 또는 경제위기에서 오거나 공급이 넘친 뒤 유동성 장세로 생긴 주택가격의 거품이 꺼질 때 온다. 경제위기는 예측할 필요가 없으며 대응하고 대비할 뿐이다. 공급과잉은 미분양 물량으로 적정 재고량을 파악할 수 있다. 유동성 장세로 인한 가격 거품은 꺼져야 알 수 있다.

주택시장은 단순하지 않다. 수요를 예측할 수 없기 때문이다. 9·13대책으로 '더 이상 투자수요는 없다.' '실수요는 태부족하다.' 라는 예측이 틀린 이유는 아무리 고강도 규제책이라는 '그물'도 수요라는 '바람'을 막을 수 없기 때문이다.

서울 아파트 마지막 폭등장에 올라타라

부동산 투자는
타이밍일까, 방향일까?

'투자는 타이밍이다. 떨어지는 칼날을 잡아라.' vs. '투자는 방향이다. 달리는 말에 올라타라.'

부동산 투자에서는 타이밍과 방향 모두 중요하다. 특히 방향의 경우, 상승장에서 내재가치에 집중해 입지가치 모멘텀(상승동력)으로 퀀텀점프(대약진)까지는 아니더라도 한 단계 이상 아파트값 평당가를 끌어올릴 수 있는 지역을 적극 공략해야 한다. 동작구 흑석뉴타운이나 마포구 아현뉴타운처럼 말이다. 하지만 이보다 더 중요한 것은 시장을 낙관하고 내재가치가 높은 부동산을 저가 매수해 장기보유하는 가치투자를 하는 것이다.

지난 2006년 수도권 아파트에 투자한 사람은 손절매를 하지 않았다면 '잃어버린 10년'을 감내해야 했다. 가치투자의 핵심인 안전마진을 확보하지 않고 고가 매수했다는 것이 가장 큰 패착이었다. 안전마진이란 아파트값이 아파트 내재가치(입지·희소가치·수익가치·미래가치 등)보다 낮을 때 그 차이를 말한다.

2010년 이후 수도권 주택시장에서 안전마진이 가장 큰 시점은 2012년 또는 2013년이었다. 문제는 안전마진이 큰 시점도 결국 지나가야 알 수 있다는 것이다. 안전마진을 알 수 있다면 아파트도 무릎에서 사서 어깨에 파는 게 가능할 것이다.

부동산 가치투자를 위해 아파트를 살 때 가장 중요한 것은 매수가다. 비싸게 사지 말고 싸게 사야 한다. 안전마진을 확보한 적정가에 사야 한다. 적정가로 사야 수익률이 높은 것은 물론 침체기나 일시적 조정장세가 왔을 때 버티는 힘이 강해진다. 예를 들어 잠실주공5단지 34평형을 2017년 8월 14억 원에 산 사람이 2018년 1월 18억 원에 산 사람보다 조정장세에 버티는 힘이 강할 것이다.

그러나 낮은 가격, 저평가된 아파트를 찾는 데 집착해서는 매수 타이밍을 번번이 놓치기 마련이다. 2018년에 공급과잉 등으로 대세하락한다는 뉴스나 전문가의 말을 믿고 매수하지 않은 부동산 개미들이 대표적인 경우다. 투자자 스스로도 저평가된 아파트를 찾기란 어렵다.

여기에서 매입단가를 낮춰 아파트를 살 수 있는 3가지 방법을 추천한다.

첫 번째 방법은 미분양·미계약 아파트를 사는 것이다. 분양아파트를 원가로 사는 것이다. 분양시장이 뜨거워질수록 미계약 물량을 내 것으로 만드는 것이 힘들지만 적극적으로 매수할 가치가 있다. 1층이라도 내재가치가 높다면 매수해야 한다.

두 번째 방법은 신문·방송 등 언론에 노출되기 전에 아파트를 사는 것이다. 언론에 노출되기 전 살 수 있는 아파트는 재개발·재건축 등 정비사업 입주권이 대표적이다. 일반분양을 하는 재개발 구역은 연초부터 언론에 노출된다. 언론에 노출되면 투자수요에 실수요까지 몰려 단기 급등하는 경우가 많다. 이럴 때는 다음해 또는 다다음해에 일반분양하는 정비사업을 매수하는 것을 추천한다.

매수 타이밍은 사업시행인가를 받고 시공사선정 또는 감정평가액 통보시점 이후로 잡는 것이 좋다. 사업시행인가 후 일반분양까지는 3~4년이 걸린다. 관리처분인가~이주~철거~착공~일반분양 등 사업 단계마다 수익률이 극대화되는 시점이다. 보수적인 투자자라면 정비사업이 일반분양하기 2~3년 전 또는 이주하기 1년 전에 인근 구축 아파트에 전세레버리지 투자를 추천한다.

마지막으로 상승장에서는 2016년 11·3대책, 2017년 8·2대책, 2018년 2월 이후처럼 일시적 조정장세에 3~4개월 유지되는 매수자 우위 시장에서 수도권 핵심입지, 즉 내재가치 높은 아파트를 저가 매수하는 것이다.

(2018.6.12.)

서울 아파트
마지막 폭등장에 올라타라

초판 1쇄 발행 2021년 3월 10일
초판 2쇄 발행 2021년 3월 17일

지은이 | 오윤섭
펴낸곳 | 원앤원북스
펴낸이 | 오운영
경영총괄 | 박종명
편집 | 최윤정 김효주 이광민 강혜지 이한나 김상화
디자인 | 윤지예
마케팅 | 송만석 문준영 이태희
등록번호 | 제2018-000146호(2018년 1월 23일)
주소 | 04091 서울시 마포구 토정로 222 한국출판콘텐츠센터 319호(신수동)
전화 | (02)719-7735   팩스 | (02)719-7736
이메일 | onobooks2018@naver.com   블로그 | blog.naver.com/onobooks2018
값 | 18,500원
ISBN 979-11-7043-182-4 03320